刑法
基本判例解説

川端 博 著

立花書房

は　し　が　き

　本書は，刑法を学ぶうえで必要な基本的な重要判例を簡潔に解説するものである。判例は，現実の裁判において問題となった事項について，国家の司法機関である裁判所が示した公式見解である。個々の「裁判例」が「判例」としての意義を有するに至るのは，その判示内容が「普遍的意義」を有するからにほかならない。わたくし達が刑法として認識するのは，いわゆる「六法」全書の中に収録されている「刑法」という法律の条文である。しかし，それは，非常に抽象的な表現で規定されているから，たんに読んだだけではなかなか理解できない。それで，刑法は分からないという嘆きがよく聞かれることになる。

　刑法においては，「罪刑法定主義」の原則がみとめられているので，刑法は行為前に「法律」によって規定されていなければならない。その内容は，前に述べたように，「抽象的な法文」で示される。刑法の内容は，法律に書かれた条文の中に表現されている「規範的意味」なのである。その規範的意味は，「具体的」事実との関係において明らかになる。そのような「具体的事実」との関連で規範的意味の内容を公権力が明らかにしたのが，「判例」にほかならない。そこで，刑法を学ぶばあいには，判例を知り，より具体化された状況における規範的意味を理解する必要があることになる。本書は，それを分かりやすく解説するものなのである。

　本書の特徴を述べると次のとおりである。

　まず形式面からいうと，①１つの判例を見開き２頁に収めてある。これにより非常に読みやすくなっているはずである。また，文献の摘示も省略して読みやすさに徹している。気軽に本書を読んで判例を身近に感じていただきたいとおもう。

　②この種の本は，通常Ａ４判が多いが，本書は，基本書などと同一サイズのＡ５判にして携帯・参照の便宜を図っている。その特徴を生かして本書を大いに活用していただきたい。

　次に内容面についていえば，③本書は，総論および各論において学習上必

要な論点を包含する基本的判例を選んで収録してある。その意味において，重要判例が包含されていることになる。

④判例は，一定の事実との関係で意味を有するのであるから，本書は，判例として重要な意味を付与する「事実」を明解に摘示するように努めた。そして，各審級の判断の関係を簡潔に示してある。すなわち，「第1審」，第2審としての控訴審である「原審」と最高裁の「判決」または「決定」について明解に述べているのである。

⑤裁判例における「争点」を明示し，網かけにしてある。単なる論点として抽象的に提示するのではなくて，あくまで「事件」における「争点」として意味づけるようにしている。

⑥判示事項は，「判旨」・「決定要旨」として網かけにし，一見して分かるようにした。

⑦「解説」は，簡潔を旨として分かりやすく説明してある。「事実」，「争点」，「判旨」・「決定要旨」のそれぞれの字数は，類書と異なりあえて統一しないで，各事案ごとに自由に設定した。これにより，それぞれの事案に柔軟に対応して，気楽に読めるように工夫したつもりである。気楽に読んで判例がもつ意義を理解していただけると幸いである。

刑法を学んでいる法学部学生・法科大学院生や警察官はもとより，いつか裁判員となる可能性を有する市民のみなさんにも役立つことを期待しつつ本書を世に送る。

本書の出版に当たって，企画段階から白石政一専務取締役に御世話になったので御礼を申し上げたい。また，編集担当の今野義久氏には，変則的な入稿・校正のやり方などでいろいろ御面倒をお掛けしたにもかかわらず，辛抱強く編集作業を遂行していただいたので，感謝の意を表する。橘英明社長から御配慮賜ったので，ここに記して厚く御礼を申し上げたいとおもう。

　2012年（平成24年）1月4日

川　端　　博

凡　例

[判例集等略語]

刑　録	大審院刑事判決録
刑　集	大審院刑事判決集
刑　集	最高裁判所刑事判例集
刑裁集	最高裁判所刑事裁判集
民　集	最高裁判所民事判例集
高刑集	高等裁判所刑事判例集
高検速報	高等裁判所刑事裁判速報（各高等検察庁編）
特　報	高等裁判所刑事判決特報
刑裁特	高等裁判所刑事裁判特報
東高刑時報	東京高等裁判所判決時報（刑事）
下刑集	下級裁判所刑事裁判例集
刑　月	刑事裁判月報
新　聞	法律新聞
判　時	判例時報
判　タ	判例タイムズ
ジュリ	ジュリスト

目　　次

はしがき

第1部　総　　論

I　総　　則 …………………………………………………………… 2

1　罪刑法定主義 ……………………………………………………… 2

❶　刑罰法規の明確性・広汎性──福岡県青少年保護育成条例事件（最［大］判昭60・10・23刑集39巻6号413頁）　*2*

❷　刑罰法規の解釈（最判平8・2・8刑集50巻2号221頁）　*4*

II　構成要件該当性 …………………………………………………… 6

1　主体─法人・両罰規定 …………………………………………… 6

❸　両罰規定と法人の過失（最判昭40・3・26刑集19巻2号83頁）　*6*

2　不　作　為 ………………………………………………………… 8

❹　不作為犯における主観的要素（放火罪のばあい）（最判昭33・9・9刑集12巻13号2882頁）　*8*

❺　不真正不作為犯における実行行為・作為義務の根拠・共同正犯（殺人罪のばあい）──シャクティパット事件（最決平17・7・4刑集59巻6号403頁）　*10*

3　因果関係 ……………………………………………………………… *12*

❻　行為者の行為の介在と因果関係──熊撃ち誤射事件（最決昭53・3・22刑集32巻2号381頁）　*12*

❼　被害者の行為の介在と因果関係──高速道路進入事件（最決平15・7・16刑集57巻7号950頁）　*14*

❽　他人の行為の介在と因果関係(1)──大阪南港事件（最決平2・

❾　他人の行為の介在と因果関係(2)——夜間潜水訓練事件（最決平4・12・17刑集46巻9号683頁）　*18*

❿　他人の行為の介在と因果関係(3)——トランク追突死事件（最決平18・3・27刑集60巻3号382頁）　*20*

⓫　結果の回避可能性と過失（最判平15・1・24判時1806号157頁）　*22*

4　故意・錯誤 …………………………………………………………*24*

⓬　故意の内容（最決平2・2・9判時1341号157頁，判タ722号234頁）　*24*

⓭　未必の故意（最判昭23・3・16刑集2巻3号227頁）　*26*

⓮　法定的符合説(1)——故意の個数（びょう打銃事件）（最判昭53・7・28刑集32巻5号1068頁）　*28*

⓯　法定的符合説(2)——符合の限界（最決昭61・6・9刑集40巻4号269頁）　*30*

⓰　規範的構成要件要素の認識——チャタレイ事件（最[大]判昭32・3・13刑集11巻3号997頁）　*32*

5　過　　　失 …………………………………………………………*34*

⓱　過失犯の処罰と明文規定の要否（最決昭57・4・2刑集36巻4号503頁）　*34*

⓲　構成要件的事実の錯誤と違法性の錯誤の区別——無鑑札犬事件（最判昭26・8・17刑集5巻9号1789頁）　*36*

⓳　予見可能性の意義——生駒トンネル火災事件（最決平12・12・20刑集54巻9号1095頁）　*38*

⓴　信頼の原則（最判昭42・10・13刑集21巻8号1097頁）　*40*

㉑　監督過失——ホテルニュージャパン事件（最決平5・11・25刑集47巻9号242頁）　*42*

㉒　業務上過失致死傷罪における業務の意義（最決昭60・10・21刑集39巻6号362頁）　*44*

III 違法性 …………………………………………………………………… 46

1 違法性一般 ………………………………………………………… 46
㉓ 可罰的違法性——マジックホン事件（最決昭 61・6・24 刑集 40 巻 4 号 292 頁） *46*
㉔ 取材活動の限界——外務省機密漏えい事件（最決昭 53・5・31 刑集 32 巻 3 号 457 頁） *48*

2 一般的正当行為 ……………………………………………………… 50
㉕ 被害者の承諾（最決昭 55・11・13 刑集 34 巻 6 号 396 頁） *50*
㉖ 被害者による危険の引受け——ダートトライアル事件（千葉地判平 7・12・13 判時 1565 号 144 頁） *52*

3 緊急行為 ……………………………………………………………… 54
㉗ 侵害の急迫性と積極的加害意思（最決昭 52・7・21 刑集 31 巻 4 号 747 頁） *54*
㉘ 防衛意思と攻撃意思の併存（最判昭 50・11・28 刑集 29 巻 10 号 983 頁） *56*
㉙ 防衛行為の相当性（最判平元・11・13 刑集 43 巻 10 号 823 頁） *58*
㉚ 現在の危難（最判昭 35・2・4 刑集 14 巻 1 号 61 頁） *60*
㉛ 自招危難（大判大 13・12・12 刑集 3 巻 867 頁） *62*

4 正当化事情の錯誤 …………………………………………………… 64
㉜ 過剰防衛か誤想防衛か（最判昭 24・4・5 刑集 3 巻 4 号 421 頁） *64*
㉝ 誤想過剰防衛——英国騎士道事件（勘違い騎士道事件）（最決昭 62・3・26 刑集 41 巻 2 号 182 頁） *66*
㉞ 誤想過剰避難（大阪簡判昭 60・12・11 判時 1204 号 161 頁） *68*

IV 責任 …………………………………………………………………… 70

1 責任能力 ……………………………………………………………… 70
㉟ 責任能力の判定基準（最決昭 59・7・3 刑集 38 巻 8 号 2783 頁） *70*

㊱ 過失犯と原因において自由な行為（最[大]判昭26・1・17刑集5巻1号20頁）　*72*

㊲ 限定責任能力と原因において自由な行為（最決昭43・2・27刑集22巻2号67頁）　*74*

2 違法性の認識・違法性の錯誤……………………………………*76*

㊳ 違法性の認識――百円札模造事件（最決昭62・7・16刑集41巻5号237頁）　*76*

3 期待可能性………………………………………………………*78*

㊴ 期待可能性（最判昭33・7・10刑集12巻11号2471頁）　*78*

V 未　　　遂……………………………………………………*80*

1 実行の着手………………………………………………………*80*

㊵ 窃盗罪における実行の着手（最決昭40・3・9刑集19巻2号69頁）　*80*

㊶ 強姦罪における実行の着手（最決昭45・7・28刑集24巻7号585頁）　*82*

㊷ 間接正犯における実行の着手（大判大7・11・16刑録24輯1352頁）　*84*

2 中　止　犯………………………………………………………*86*

㊸ 中止行為の任意性（福岡高判昭61・3・6高刑集39巻1号1頁）　*86*

㊹ 実行未遂と着手未遂（東京高判昭62・7・16判時1247号140頁，判タ653号205頁）　*88*

㊺ 結果防止行為の真摯性（大阪高判昭44・10・17判タ244号290頁）　*90*

㊻ 予備の中止（最[大]判昭29・1・20刑集8巻1号41頁）　*92*

3 不　能　犯………………………………………………………*94*

㊼ 不　能　犯(1)――方法の不能（空気注射事件）（最判昭37・3・23刑集16巻3号305頁）　*94*

㊽ 不　能　犯(2)――客体の不能（広島高判昭36・7・10高刑集14

巻5号310頁） *96*

Ⅵ 共　　犯 ……………………………………………………………98

1 共同正犯……………………………………………………………98

㊾ 共謀共同正犯⑴――基礎づけと要件（練馬事件）（最大判昭33・5・28刑集12巻8号1718頁） *98*

㊿ 共謀共同正犯⑵――黙示の意思連絡による共謀（スワット事件）（最決平15・5・1刑集57巻5号507頁） *100*

(51) 共同正犯と幇助犯（最決昭57・7・16刑集36巻6号695頁） *102*

(52) 承継的共同正犯（大阪高判昭62・7・10高刑集40巻3号720頁） *104*

2 幇　助　犯 …………………………………………………………106

(53) 不作為による幇助（札幌高判平12・3・16判時1711号170頁） *106*

(54) 間 接 幇 助（最決昭44・7・17刑集23巻8号1061頁） *108*

3 共犯の諸問題 ……………………………………………………110

(55) 共犯関係からの離脱（最決平元・6・26刑集43巻6号567頁） *110*

(56) 共同正犯と正当防衛・過剰防衛（最判平6・12・6刑集48巻8号509頁） *112*

(57) 共犯と中止犯（最判昭24・12・17刑集3巻12号2028頁） *114*

(58) 共犯と身分犯（最判昭42・3・7刑集21巻2号417頁） *116*

(59) 共犯と過剰防衛（最決平4・6・5刑集46巻4号245頁） *118*

(60) 必要的共犯（最判昭43・12・24刑集22巻13号1625頁） *120*

Ⅶ 罪　　数 ……………………………………………………………122

(61) 包括一罪か併合罪か（最決昭62・2・23刑集41巻1号1頁）

- ❷ 牽連犯か併合罪か（最決昭58・9・27刑集37巻7号1078頁）*124*
- ❸ 観念的競合か併合罪か（最[大]判昭49・5・29刑集28巻4号114頁）*126*
- ❹ 不作為犯の罪数（最[大]判昭51・9・22刑集30巻8号1640頁）*128*
- ❺ 牽連犯と「かすがい」現象（最決昭29・5・27刑集8巻5号741頁）*130*
- ❻ 共犯と罪数（最決昭57・2・17刑集36巻2号206頁）*132*

第2部　各　　論

Ⅰ　個人法益に対する罪 …………………………………………… *136*

1　生命および身体に対する罪 ………………………………… *136*

- ❶ 偽装心中と殺人罪（最判昭33・11・21刑集12巻15号3519頁）*136*
- ❷ 胎児性傷害・致死罪（最決昭63・2・29刑集42巻2号314頁）*138*
- ❸ 暴行の意義（最決昭39・1・28刑集18巻1号31頁）*140*
- ❹ 暴行によらない傷害（最決平17・3・29刑集59巻2号54頁）*142*
- ❺ 危険運転致傷罪（最決平18・3・14刑集60巻3号363頁）*144*
- ❻ 凶器準備集合罪の罪質——清水谷公園事件（最決昭45・12・3刑集24巻13号1707頁）*146*
- ❼ 凶器の意義（最判昭47・3・14刑集26巻2号187頁）*148*
- ❽ 保護責任者の意義（最決昭63・1・19刑集42巻1号1頁）*150*

2 自由に対する罪 …………………………………………… *152*

- ❾ 脅迫罪の罪質（最判昭35・3・18刑集14巻4号416頁） *152*
- ❿ 親権者による未成年者略取（最決平17・12・6刑集59巻10号1901頁） *154*
- ⓫ 安否を憂慮する者の意義（最決昭62・3・24刑集41巻2号173頁） *156*
- ⓬ 強制わいせつ罪における主観的要素（最判昭45・1・29刑集24巻1号1頁） *158*

3 プライバシーに対する罪 ……………………………………… *160*

- ⓭ 住居侵入罪の保護法益（最判昭58・4・8刑集37巻3号215頁） *160*

4 名誉および信用・業務に対する罪 …………………………… *162*

- ⓮ 名誉毀損罪における公然性の意義（最判昭34・5・7刑集13巻5号641頁） *162*
- ⓯ 名誉毀損罪における「公共の利害に関する事実」——月刊ペン事件（最判昭56・4・16刑集35巻3号84頁） *164*
- ⓰ 名誉毀損罪における事実の真実性に関する錯誤（最[大]判昭44・6・25刑集23巻7号975頁） *166*
- ⓱ 法人に対する侮辱罪（最決昭58・11・1刑集37巻9号1341頁，判時1099号35頁，判タ515号126頁） *168*
- ⓲ 公務に対する業務妨害（最決昭62・3・12刑集41巻2号140頁） *170*
- ⓳ 威力業務妨害罪の成否（最決平14・9・30刑集56巻7号395頁） *172*

5 財　産　犯 ……………………………………………………… *174*

- ○ 財産犯総論
- ⓴ 不法原因給付と詐欺罪（最判昭25・7・4刑集4巻7号1168頁） *174*
- ㉑ 不法原因給付と横領罪（最判昭23・6・5刑集2巻7号641頁） *176*

㉒　権利の実行と恐喝罪（最判昭30・10・14刑集9巻11号2173頁）　*178*

○　窃　盗　罪

㉓　窃盗罪の保護法益（最決平元・7・7刑集43巻7号607頁）　*180*

㉔　窃盗か占有離脱物横領か（最判昭32・11・8刑集11巻12号3061頁）　*182*

㉕　死者の占有（最判昭41・4・8刑集20巻4号207頁）　*184*

㉖　自動車の一時使用と不法領得の意思（最決昭55・10・30刑集34巻5号357頁）　*186*

㉗　親族相盗（最決平6・7・19刑集48巻5号190頁）　*188*

㉘　不動産侵奪罪における「占有」の意義（最決平11・12・9刑集53巻9号1117頁）　*190*

㉙　不動産侵奪罪における「侵奪」の意義（最決平12・12・15刑集54巻9号1049頁）　*192*

○　強　盗　罪

㉚　強盗罪における暴行・脅迫の意義（最決昭23・11・18刑集2巻12号1614頁）　*194*

㉛　2項強盗における不法の利得の意義（最判昭32・9・13刑集11巻9号2263頁）　*196*

㉜　事後強盗罪の成否（最判平16・12・10刑集58巻9号1047頁）　*198*

㉝　事後強盗罪の予備（最決昭54・11・19刑集33巻7号710頁）　*200*

㉞　逃走中の暴行と強盗致死傷（最判昭24・5・28刑集3巻6号873頁）　*202*

㉟　強盗殺人罪の未遂（大判昭4・5・16刑集8巻251頁）　*204*

○　詐欺罪・恐喝罪

㊱　詐欺罪と財産上の損害(1)（最決昭34・9・28刑集13巻11号2993頁）　*206*

㊲ 詐欺罪と財産上の損害(2)（最判平13・7・19刑集55巻5号371頁） *208*
㊳ 誤振込みと詐欺罪（最決平15・3・12刑集57巻3号322頁） *210*
㊴ 無銭飲食・宿泊(最決昭30・7・7刑集9巻9号1856頁） *212*
㊵ クレジットカードの不正使用（最決平16・2・9刑集58巻2号89頁） *214*
㊶ 訴 訟 詐 欺（最判昭45・3・26刑集24巻3号55頁） *216*
㊷ 2項詐欺における処分行為と利得との関係（最判昭30・4・8刑集9巻4号827頁） *218*
○ **横領罪・背任罪**
㊸ 使途を定めて寄託された金銭の他人性（最判昭26・5・25刑集5巻6号1186頁） *220*
㊹ 横領か背任か（大判昭9・7・19刑集13巻983頁） *222*
㊺ 二重抵当と背任罪の成否（最判昭31・12・7刑集10巻12号1592頁） *224*
㊻ 背任罪における図利加害目的——平和相互銀行事件（最決平10・11・25刑集52巻8 号570頁） *226*
○ **盗品等に関する罪**
㊼ 有償処分あっせん罪の成否（最決平14・7・1刑集56巻6号265頁） *228*
㊽ 盗品保管罪における知情の時期（最決昭50・6・12刑集29巻6号365頁） *230*
㊾ 盗品の同一性（最判昭24・10・20刑集3巻10号1660頁） *232*
○ **毀棄罪・隠匿罪**
㊿ 損壊の意義（最判昭32・4・4刑集11巻4号1327頁） *234*
(51) 境界損壊罪（最判昭43・6・28刑集22巻6号569頁） *236*

Ⅱ 社会的法益に対する罪 ……………………………… *238*

1 **公共の危険に対する罪** ……………………………………… *238*

- ㊵ 騒乱罪の成立要件——新宿騒乱事件（最決昭59・12・21刑集38巻12号3071頁）*238*
- ㊶ 放火罪の既遂時期（最判昭25・5・25刑集4巻5号854頁）*240*
- ㊷ 不燃性建造物に対する放火（最決平元・7・7判時1326号157頁，判タ710号125頁）*242*
- ㊸ 建造物の現住性⑴——平安神宮放火事件（最決平元・7・14刑集43巻7号641頁）*244*
- ㊹ 建造物の現住性⑵（最決平9・10・21刑集51巻9号755頁）*246*
- ㊺ 公共の危険の意義（最決平15・4・14刑集57巻4号445頁）*248*
- ㊻ 公共の危険の認識（最判昭60・3・28刑集39巻2号75頁）*250*
- ㊼ 往来の危険の意義（最決平15・6・2刑集57巻6号749頁）*252*
- ㊽ 電車転覆致死罪の成否——三鷹事件（最[大]判昭30・6・22刑集9巻8号1189頁）*254*

2 **公共の信用に対する罪** ……………………………………… *256*

- ㊿ 写真コピーの文書性（最判昭51・4・30刑集30巻3号453頁）*256*
- ㊷ 事実証明に関する文書の意義——大学入試替え玉受験事件（最決平6・11・29刑集48巻7号453頁）*258*
- ㊸ 補助公務員の作成権限（最判昭51・5・6刑集30巻4号591頁）*260*
- ㊹ 虚偽公文書作成罪の間接正犯（最判昭32・10・4刑集11巻10号2464頁）*262*
- ㊺ 代表名義の冒用と私文書偽造罪（最決昭45・9・4刑集24巻10号1319頁）*264*

- ⑯ 通称の使用と人格の同一性（最判昭 59・2・17 刑集 38 巻 3 号 336 頁） *266*
- ⑰ 同姓同名の使用と人格の同一性（最決平 5・10・5 刑集 47 巻 8 号 7 頁） *268*
- ⑱ 資格の冒用（最決平 15・10・6 刑集 57 巻 9 号 987 頁） *270*
- ⑲ 名義人の承諾と私文書偽造罪の成否（最決昭 56・4・8 刑集 35 巻 3 号 57 頁） *272*
- ⑳ 権限の内部的制限と有価証券偽造罪（最決昭 43・6・25 刑集 22 巻 6 号 490 頁） *274*
- ㉑ 行使の意義（最[大]判昭 44・6・18 刑集 23 巻 7 号 950 頁） *276*

3 風俗に対する罪 ……………………………………………… *278*

- ㉒ 「わいせつ性」の判断方法――「四畳半襖の下張」事件（最判昭 55・11・28 刑集 34 巻 6 号 433 頁） *278*
- ㉓ わいせつ物・公然陳列の意義（最決平 13・7・16 刑集 55 巻 5 号 317 頁） *280*
- ㉔ 「販売の目的」の意義（最決平 18・5・16 刑集 60 巻 5 号 413 頁） *282*

Ⅲ 国家法益に対する罪 ……………………………………………… *284*

1 公務執行妨害罪 ……………………………………………… *284*

- ㉕ 職務行為の適法性（最[大]判昭 42・5・24 刑集 21 巻 4 号 505 頁） *284*
- ㉖ 職務行為の適法性の判断基準（最決昭 41・4・14 判時 449 号 64 頁，判タ 191 号 146 頁） *286*
- ㉗ 「職務を執行するに当たり」の意義（最決平元・3・10 刑集 43 巻 3 号 188 頁） *288*
- ㉘ 公務執行妨害罪における「暴行」の程度（最判昭 33・9・30 刑集 12 巻 13 号 3151 頁） *290*
- ㉙ 仮処分の公示札の有効性（最決昭 62・9・30 刑集 41 巻 6 号 297 頁） *292*

⑧⓪　強制執行妨害罪と債務名義の存在（最判昭35・6・24刑集14巻8号1103頁）　*294*

2　犯人蔵匿罪・証拠隠滅罪 ……………………………………………*296*

⑧①　犯人蔵匿罪における「犯人」の意義（最判昭24・8・9刑集3巻9号1440頁）　*296*

⑧②　捜査段階における参考人の隠匿と証拠隠滅罪の成否（最決昭36・8・17刑集15巻7号1293頁）　*298*

⑧③　身代り犯人と犯人隠避罪の成否（最決平元・5・1刑集43巻5号405頁）　*300*

3　偽　証　罪 ……………………………………………………………*302*

⑧④　「偽証」の意義（大判大3・4・29刑録20輯654頁）　*302*

4　汚　職　の　罪 ………………………………………………………*304*

⑧⑤　賄賂罪の客体——殖産住宅事件（最決昭63・7・18刑集42巻6号861頁）　*304*

⑧⑥　社交儀礼と賄賂罪（最判昭50・4・24判時774号119頁，判タ321号66頁）　*306*

⑧⑦　「職務に関し」の意義(1)——大学設置審事件（最決昭59・5・30刑集38巻7号2682頁）　*308*

⑧⑧　「職務に関し」の意義(2)——ロッキード事件（丸紅ルート）（最[大]判平7・2・22刑集49巻2号1頁）　*310*

⑧⑨　抽象的職務権限の変更と賄賂罪の成否（最決昭58・3・25刑集37巻2号170頁）　*312*

⑨⓪　公務員職権濫用罪の成否——盗聴事件（最決平元・3・14刑集43巻3号283頁）　*314*

判例索引 ………………………………………………………………………*317*

第1部 総 論

- I 総　則
  - 1 罪刑法定主義 *2*
- II 構成要件該当性
  - 1 主体—法人・両罰規定 *6*
  - 2 不作為 *8*
  - 3 因果関係 *12*
  - 4 故意・錯誤 *24*
  - 5 過失 *34*
- III 違法性
  - 1 違法性一般 *48*
  - 2 一般的正当行為 *50*
  - 3 緊急行為 *54*
  - 4 正当化事情の錯誤 *64*
- IV 責任
  - 1 責任能力 *70*
  - 2 違法性の認識・違法性の錯誤 *76*
  - 3 期待可能性 *78*
- V 未遂
  - 1 実行の着手 *80*
  - 2 中止犯 *86*
  - 3 不能犯 *94*
- VI 共犯
  - 1 共同正犯 *98*
  - 2 幇助犯 *106*
  - 3 共犯の諸問題 *110*
- VII 罪数 *122*

1 刑罰法規の明確性・広汎性
——福岡県青少年保護育成条例事件
最[大]判昭 60・10・23（刑集 39 巻 6 号 413 頁）

被告人 X（当時 26 歳）は，A 子（当時 16 歳）が 18 歳未満であることを知りながら，ホテルの客室で性交し，もって青少年に対し淫行をしたとして起訴された。福岡県青少年保護育成条例 10 条 1 項は「何人も，青少年に対し，淫行又はわいせつの行為をしてはならない」と規定し，その違反者に 2 年以下の懲役または 10 万円以下の罰金を科している（16 条 1 項）。第 1 審は，同条違反に当たるとして X に罰金 5 万円の刑を言い渡した。原審も淫行に該当するとして控訴を棄却した。被告人側から上告がなされたが，最高裁は次のように判示して上告を棄却している。

本条例は，結婚を前提とする真摯な合意に基づくようなばあいを含め，すべて一律に規制しようとするものであるから，処罰の範囲が不当に広汎に過ぎ，また「淫行」の範囲は不明確であって，広く青少年に対する性行為一般を処罰する危険があるから，憲法 31 条に違反するか。

判旨　「本条例 10 条 1 項の規定にいう『淫行』とは，広く青少年に対する性行為一般をいうものと解すべきではなく，青少年を誘惑し，威迫し，欺罔し又は困惑させる等その心身の未成熟に乗じた不当な手段により行う性交又は性交類似行為のほか，青少年を単に自己の性的欲望を満足させるための対象として扱っているとしか認められないような性交又は性交類似行為をいうものと解するのが相当である。けだし，右の『淫行』を広く青少年に対する性行為一般を指すものと解するときは，『淫らな』性行為を指す『淫行』の用語自体の意義に添わないばかりでなく，例えば婚約中の青少年又はこれに準ずる真摯な交際関係にある青少年との間で行われる性行為等，社会通念上およそ処罰の対象として考え難いものをも含むこととなって，その解釈は広きに失することが明らかであり，また，前記『淫行』を目して単に反倫理的あるいは不純な性行為と解するのでは，犯罪の構成要件として不明確である

との批判を免れないのであって，前記の規定の文理から合理的に導き出され得る解釈の範囲内で，前叙のように限定して解するのを相当とする。このような解釈は通常の判断能力を有する一般人の理解にも適うものであり，『淫行』の意義を右のように解釈するときは，同規定につき処罰の範囲が不当に広過ぎるとも不明確であるともいえないから，本件各規定が憲法31条の規定に違反するものとはいえず，憲法11条，13条，19条，21条違反をいう所論も前提を欠くに帰し，すべて採用することができない。」

青少年保護育成条例は，各地方公共団体が青少年（18歳未満）の健全な保護育成を図るためこれに対する有害行為の規制等について規定している。本判決は，最高裁がそのいわゆる淫行処罰規定に関し，その合憲性と「淫行」の解釈について初めて判断したものである。ここでは構成要件の明確性と広汎性の問題について解説する。

「明確性の理論」とは，国民に予測の基準を与え得ないような漠然で不明確な構成要件の刑罰法規は，罪刑法定主義違反として憲法31条に違反するというものである。

「過度の広汎性の理論」とは，法律の適用範囲が過度に広汎で憲法上規制することが許されない行為までも含むばあいには，その法律は違憲であるとする原則をいう。

刑罰法規がこれらの原則に抵触するばあいには，その法規を限定的に解釈して違憲ではないとする「合憲的限定解釈論」が有力に主張されており，本判決は，この立場に立っている。

合憲的限定解釈が許される要件について本判決は，通常の判断能力を有する一般人の理解を基準にして，①その解釈が「規定の文理から合理的に導き出され得る解釈の範囲内」であること，および②その限定解釈の結果が「不明確」でも「過度に広汎」でもないことの2つを示していると解されている。

最高裁が限定解釈によってみとめる「淫行」の概念の中核は，①青少年の心身の未成熟に乗じた不当な手段による性交または性交類似行為，および②相手を自己の性的欲望の満足の対象としてしか扱っていないとみとめられる性交または性交類似行為の2類型である。

刑罰法規の解釈

最判平 8・2・8（刑集 50 巻 2 号 221 頁）

 被告人 X は，狩猟免許を有していなかったにもかかわらず，1994 年 2 月 5 日午後 1 時 30 分頃，静岡県内の河川敷で，食用にする目的で，クロスボウを使用してマガモまたはカルガモを目掛けて矢 4 本を発射したが，いずれも命中せずカモを捕ることができなかった。被告人の 2 月 5 日の行為について，当時の(旧)鳥獣保護及狩猟ニ関スル法律(以下，鳥獣保護法という) 1 条の 4 第 3 項を受けた昭和 53 年環境庁告示 43 号 3—リが禁止する「弓矢を使用する方法」による狩猟鳥獣の「捕獲」(同法 1 条の 4 第 1 項により殺傷を含む) に当たり同法 22 条 2 号の罰則違反を理由として起訴された。

X は，現実にカモを捕っていないので「捕獲」に当たらないと主張したが，第 1 審は，これを退け，X を罰金 5 万円に処した。原審は，本件行為は「たとえ殺傷しなくとも，狙った鳥ばかりでなく，その周辺の鳥類を脅かすことになる」と判示して控訴を棄却した。さらに被告人側から上告がなされた。

最高裁の本判決は，上告趣意は適法な上告理由に当たらないとしたうえで，次のように判示して上告を棄却した。

 クロスボウ（洋弓銃）で狩猟鳥獣であるマガモまたはカルガモを狙って矢を射かけたばあい，矢がはずれたため鳥獣を自己の実力支配内に入れられず，かつ，殺傷しなくても，「捕獲」といえるか。

 「食用とする目的で狩猟鳥獣であるマガモ又はカルガモをねらい洋弓銃（クロスボウ）で矢を射かけた行為について，矢が外れたため鳥獣を自己の実力支配内に入れられず，かつ，殺傷するに至らなくても，鳥獣保護及狩猟ニ関スル法律 1 条の 4 第 3 項を受けた同告示〔上記環境庁告示—筆者注〕3—リが禁止する弓矢を使用する方法による捕獲に当たるとした原判断は，正当である（最高裁昭和 52 年(あ)第 740 号同

53年2月3日第三小法廷決定・刑集32巻1号23頁，最高裁昭和54年(あ)第365号同年7月31日第三小法廷決定・刑集33巻5号494頁参照)。」

　本件においては，狩猟鳥獣であるマガモまたはカルガモを狙って洋弓銃すなわちクロスボウで矢を射かけたが，矢がそれたため鳥獣を自己の実力支配内に入れることができず，かつ殺傷しなかったばあい，弓矢を使用する方法による「捕獲」に当たるかどうか，が問題となった。「捕獲」とは，通常，「とらえること，いけどること，とりおさえること」(広辞苑)をいうとされる。上記のようなばあいをも「捕獲」に当たるとすると，それは，あまりにも語義の範囲を超えるものであって類推解釈となり，罪刑法定主義に反するのではないか，という疑問が生ずる。

　鳥獣保護法1条の4第3項の「捕獲」の意義に関して，鳥獣を現実に捕捉できる状態で実質的支配内に帰属させなければ「捕獲」に当たらないとする下級審判例もあったが，福岡高判昭48・11・29（高刑集26巻5号578頁）は，鳥獣を狙って散弾を発射するような捕獲行為も「捕獲」に当たるとした。すなわち，散弾の発射は命中しなくても周辺の鳥獣を脅かして保護繁殖を阻害するので，目的論的解釈によってその結論に到達したのである。本件第1審判決および原判決も，これと同様に捕獲行為説をとっている。

　最高裁の本判決は，原審の判断を是認した。その理由は示されていないが，同法11条・15条の「捕獲」に関して捕獲行為説をとった2つの最高裁判例を援用しつつ原判断を正当としていることから見て，鳥獣保護法における「捕獲」の概念の統一的理解と，原判決の言う鳥獣の保護繁殖という立法目的が理由であると解されている。すなわち，本判決は，「食用とする目的で狩猟獣であるマガモ又はカルガモをねらい洋弓銃（クロスボウ）で矢を射かけた行為について，矢がはずれたため鳥獣を自己の実力支配内に入れられず，かつ，殺傷するに至らなくても」禁止された「弓矢を使用する方法による捕獲に当たるとした原判断は正当である」と判示しているのである。これは，「捕獲」の観念の拡張解釈であって，類推解釈ではない旨を述べたものと解される。

　本判決は，「捕獲」の解釈を確立したものとして判例上，重要な意義を有する。

3 両罰規定と法人の過失

最判昭 40・3・26（刑集 19 巻 2 号 83 頁）

貿易業を営んでいた被告人 X 株式会社は, その平取締役などが, 会社の業務に関して, 法定の除外事由なしに, 非居住者のためにする居住者に対する支払いを受領し, または居住者と非居住者の間の債権発生の当事者となるなどして, 当時の外国為替及び貿易法（以下, 外為法と称する。）27 条 1 項 3 号後段・30 条 3 号（罰則は 70 条 8 号・11 号）に違反したとして 73 条の両罰規定により起訴された。73 条は「法人の代表者又は法人若しくは人の代理人, 使用人その他の従業者が, その法人又は人の業務又は財産に関し, ……条の違反行為をしたときは, 行為者を罰する外, その法人又は人に対して各本条の罰金刑を科する」と規定していた。第 1 審および原審とも X を有罪としたため, 上告がなされた。

上告趣意においては, 外為法 73 条の両罰規定は, 従業者の違反行為に関する事業主の過失を推定したものであるが, 過失の推定は責任主義に反し, 無過失の立証は事実上不可能であり, 事業主の無過失責任をみとめるに帰するから, この規定は, 憲法 31 条に違反するとの主張がなされた。最高裁の本判決は, 次のように判示して上告を棄却している。

両罰規定は, 従業者の違反行為に関して事業主に従業者らの選任, 監督その他違反行為を防止するために必要な注意を尽さなかった過失の存在を推定するものなのか, 事業主が法人であるばあいも同じことがいえるか。

「事業主が人である場合の両罰規定については, その代理人, 使用人その他の従業者の違反行為に対し, 事業主に右行為者らの選任, 監督その他違反行為を防止するために必要な注意を尽さなかった過失の存在を推定したものであって, 事業主において右に関する注意を尽したことの証明がなされない限り, 事業主もまた刑責を免れ得ないとす

る法意と解するを相当とすることは，すでに当裁判所屡次の判例……の説示するところであり，右法意は，本件のように事業主が法人（株式会社）で，行為者が，その代表者でない，従業者である場合にも，当然推及されるべきであるから，この点の論旨は，違憲の主張としての前提を欠き理由がない。」

　本件においては，両罰規定は事業主の過失の存在を推定するものかどうか，が問題となった。両罰規定における事業主の責任の内容について，判例・通説は，従業者の違法行為に対し，違法行為を防止するための選任・監督上の注意を尽くさなかった過失責任であると解する点で一致している。しかし，その規定の性格については見解が分かれている。すなわち，過失擬制説，過失推定説および純過失説が主張されてきている。現在では過失推定説が判例・通説となっている。

　最高裁の判例は，事業主が自然人であるばあい，キャバレーの支配人などによる入場税の逋脱に関し，当時の入場税法 17 条の 3 の両罰規定が問題となった事案について，「同条は……事業主として右行為者らの選任，監督その他違反行為を防止するために必要な注意を尽くさなかった過失の存在を推定した規定と解すべく，したがって事業主において右に関する注意を尽くしたことの証明がなされない限り，事業主もまた刑責を免れ得ないとする法意と解するを相当とする」と判示した（最[大]判昭 32・11・27 刑集 11 巻 12 号 3113 頁）。これは，過失推定説をとることを最高裁としてはじめて明言したものであり，判例としてきわめて重要な役割を果たしてきたものである。

　そして本判決は，事業主が法人であるばあいについても，過失推定説が適用されることをみとめている。すなわち，両罰規定は「従業者の違反行為に対し，事業主に右行為者らの選任，監督その他違反行為を防止するために必要な注意を尽くさなかった過失の存在を推定したもの」であり，その「法意」は，「事業主が法人（株式会社）」のばあいにも推及されるべきであると判示しているのである。これは，事業主が法人であるばあいの両罰規定が多数存在するので，判例としてきわめて重要な意義を有することになる。

4 不作為犯における主観的要素（放火罪のばあい）

最判昭 33・9・9（刑集 12 巻 13 号 2882 頁）

電力会社のある営業所において集金係の業務に従事していた被告人 X は，昭和 29 年 12 月 20 日，同営業所事務室にて残業中，原符 3 万 7000 枚くらいをボール箱 3 個に詰めて机下に保管してある四脚木机の下へ内側ブリキ張り木製火鉢 1 個に多量の木炭をついで股火鉢をしながら執務した。翌 21 日の午前 2 時頃，火鉢を机外の安全場所に移すか，炭火を減弱させるなどの処置をとらずに営業所内の工務室で仮眠をとった。X は，仮眠を終えて午前 3 時 45 分頃事務室に戻ると，炭火の過熱からボール箱入原符に引火し，自席の上記机に延焼しているのを発見したが，このまま放置すれば火勢は拡大して営業所建物に延焼し焼損（焼燬）に至ることを認識しながら，驚きと，自己の失策の発覚を恐れるあまり，あるいは焼損の結果が発生することを認容しつつ，営業所玄関から表に出て立ち去った。同日午前 4 時過ぎ頃には上記宿直員などが現在する営業所建物 1 棟が全焼したほか，隣接する家屋など多数の建物が全焼または半焼した。

控訴審判決は，放火罪の成立を肯定した。それに対して被告人側から上告がなされ，上告趣意において，原判決が被告人に既発の火力を利用する意思が全然なかったにもかかわらず不作為による放火をみとめたのは，大審院判例（大判大 7・12・18 刑録 24 輯 1558 頁および大判昭 13・3・11 刑集 17 巻 237 頁）に反し，焼損の結果の認容程度で当該不作為が「火を放つ」と言うに相当するだけの否定的価値判断あるいは道義的非難可能性を根拠づけないなどの主張がなされた。本判決は，次のように判示して上告を棄却している。

争　点　不作為による放火罪が成立するためには，「既発の火力を利用する意思」という主観的要素が必要か。

判　旨　「被告人の重大な過失によって右原符と木机との延焼という結果が発生したものというべきである。この場合，被告人は自己の過失行為

により右物件を燃焼させた者（また，残業職員）として，これを消火するのは勿論，右物件の燃焼をそのまま放置すればその火勢が右物件の存する右建物にも燃え移りこれを焼燬するに至るべきことを認めた場合には建物に燃え移らないようこれを消火すべき義務あるものといわなければならない。」

「被告人は自己の過失により右原符，木机等の物件が焼燬されつつあるのを現場において目撃しながら，その既発の火力により右建物が焼燬せられるべきことを認容する意思をもってあえて被告人の義務である必要かつ容易な消火措置をとらない不作為により建物についての放火行為をなし，よってこれを焼燬したものであるということができる。されば結局これと同趣旨により右所為を刑法 108 条の放火罪に当たるとした原判示は相当であり，引用の大審院判例の趣旨も本判決の趣旨と相容れないものではなく，原判決には右判例に違反するところはない。」

本件は，股火鉢事件と称される。本件においては，不作為による放火罪の主観的要件として「既発の火力を利用する意思」を必要とするか否か，が問題となった。本判決は，まず不作為の放火罪における「作為義務」に関して，「自己の過失行為」を重視してその過失行為によって物件を焼損させた者には，建物に燃え移らないように消火すべき義務があると判示している。これは，自己の過失行為を「先行行為」として作為義務の発生根拠とするものといえる。

主観的要件に関して，前記の大審院判例は，故意のほかに「既発の火力を利用する意思」を要求した。本判決は，この点につき，「その既発の火力により右建物が焼燬せられるべきことを認容する意思をもってあえて被告人の義務である必要かつ容易な消火措置をとらない不作為により建物についての放火行為をな」すことで足りるとしている。これは，既発の火力が建物の焼損をもたらすことの「認容」で足りるとするものであって，必ずしも既発の火力を「利用する」意思を要求するものではないと解すべきである。既発の火力を利用する意思は，放火罪における特別な主観的要素としては不要であり，この結論は妥当である。しかし，本判決は上記大審院判例の趣旨と相容れないものではないと判示している。

5 不真正不作為犯における実行行為・作為義務の根拠・共同正犯（殺人罪のばあい）——シャクティパット事件

最決平17・7・4（刑集59巻6号403頁）

被告人Xは，手の平で患者の患部をたたいてエネルギーを患者に通すことにより自己治癒力を高めるという「シャクティパット」と称する独自の治療（以下「シャクティ治療」という）を施す特別の能力をもつなどとして信奉者を集めていた。その信奉者であったAは，脳内出血で倒れて病院に入院し，意識障害のため痰の除去や水分の点滴などを要する状態にあり，生命に危険はないものの，数週間の治療を要し，回復後も後遺症が見込まれた。Aの息子Bは，Xの信奉者であったので，後遺症を残さずに回復できることを期待して，Aに対するシャクティ治療をXに依頼した。Xは，脳内出血などの重篤な患者にシャクティ治療したことはなかったが，Bの依頼を受け，滞在中のホテルで同治療をおこなうとして，Aを退院させることはしばらく無理であるとする主治医の警告や，その許可を得てからAをXのもとに運ぼうとするBら家族の意図を知りながら，Bらに指示して，なお点滴などの医療措置が必要な状態にあるAを入院中の病院から運び出させ，その生命に具体的な危険を生じさせた。Xは，前記ホテルで運び込まれたAに対するシャクティ治療をBらから委ねられ，Aの容態を見て，そのままでは死亡する危険があることを認識したが，シャクティ治療をAに施すにとどまり，未必的な殺意をもって，痰の除去や水分の点滴などAの生命維持のために必要な医療措置を受けさせないままAを約1日の間放置し，痰による気道閉塞に基づく窒息によりAを死亡させてしまった。

第1審は，作為と不作為の複合した一連の行為が殺人罪の実行行為であり，保護責任者遺棄致死罪の限度でBと共同正犯が成立するとした。原審は，ホテルに搬入されAの様子を被告人が自ら認識した時点以後の不作為が不真正不作為犯たる殺人罪を構成するとした。被告人側が上告したが，最高裁は次のように判示して上告を棄却している。

　①先行の作為と後行の不作為の何れが実行行為か。②作為義務の根拠は何か。③殺意のない者との共同正犯の成否。

「被告人は，自己の責めに帰すべき事由により患者の生命に具体的な危険を生じさせた上，患者が運び込まれたホテルにおいて，被告人を信奉する患者の親族から，重篤な患者に対する手当てを全面的にゆだねられた立場にあったものと認められる。その際，被告人は，患者の重篤な状態を認識し，これを自らが救命できるとする根拠はなかったのであるから，直ちに患者の生命を維持するために必要な医療措置を受けさせる義務を負っていたものというべきである。それにもかかわらず，未必的な殺意をもって，上記医療措置を受けさせないまま放置して患者を死亡させた被告人には，不作為による殺人罪が成立し，殺意のない患者の親族との間では保護責任者遺棄致死罪の限度で共同正犯となると解するのが相当である。」

　　本件においては，殺人罪の不真正不作為犯の実行行為性，作為義務の根拠および殺意を有しない者との共同正犯の成否が問題となった。

　まず本決定は，最高裁が不作為による殺人罪を肯定した最初の判例である点で，非常に重要な意義を有する。

　①殺人罪の実行行為性について本決定は，運び込まれたホテルにおいて「未必的な殺意をもって，上記医療措置を受けさせないまま放置し」た不作為に殺人の実行行為性をみとめている。先行の作為は実行行為の一部をなすものとはされていないことになる。

　②作為義務の発生根拠を本決定は，「自己の責めに帰すべき事由により患者の生命に具体的な危険を生じさせた」こと，「患者の親族から，重篤な患者に対する手当てを全面的にゆだねられた立場にあった」ことに求めている。

　③殺意のない者との共同正犯につき，本決定は，被告人には不作為による殺人罪が成立し，殺意のない者との間では「保護責任者遺棄致死罪の限度で共同正犯となる」ことをみとめている。これは部分的犯罪共同説を採用したものなのか，それとも依然として行為共同説を採用したものなのか，について評価が分かれる。わたくしは，後者の立場が妥当であると考えている。

6 行為者の行為の介在と因果関係
——熊撃ち誤射事件

最決昭53・3・22（刑集32巻2号381頁）

被告人Xは，熊を狩猟するためにAとともに山中に入り，熊と間違えてAに猟銃を発射した（第1行為）。誤射に気づいたXは，Aが瀕死の状態であると考え，山中2人のみで目撃者はいないことから，Aを早く楽にさせたうえ，その場から逃走しようと決意し，至近距離からAに発砲した（第2行為）。第1行為によってAは，10数分以内に死亡する瀕死の重傷を負っており，第2行為がなくても間もなく死亡していたが，第2行為によってAの死期は早められた。

第1審は，Aは第2行為によって死亡させられたものであるから，第1行為による因果の進行はこれにより断絶し第1行為は業務上過失致傷罪にとどまるとした。

被告人側から控訴がなされ，業務上過失致死罪が成立するにとどまるとの主張がなされたが，原審は，殺人罪の成立をみとめたうえで，第1行為に業務上過失致死罪をみとめない第1審の判断を維持し第1行為と第2行為の罪数関係について，「業務上過失傷害罪と殺人罪とは，同一被害者に対する連続した違法行為ではあるが，前者は過失犯，後者は故意犯であって，両者は責任条件を異にする関係上併合罪の関係にある」と判示した。

被告人側から上告がなされたが，最高裁は，次のように判示して上告を棄却している。

争点 過失に基づく第1行為によって瀕死の重傷を負った者を殺意に基づく第2行為によって死期を早めたばあい，何罪が成立するか。罪数関係はどうなるか。

決定要旨 「本件業務上過失傷害罪と殺人罪とは責任条件を異にする関係上併合罪の関係にあるものと解すべきである，とした原審の罪数判断は，その理由に首肯しえないところがあるが，結論においては正当である

（当裁判所昭和……49年5月29日大法廷判決・刑集28巻4号114頁……参照）。」

解説　本決定は，被告人Xの第1行為と第2行為の罪数判断について原審の理由には賛成できないが，結論においては正当であるとして是認している。このような罪数判断の前提には，Xの行為とAの死亡との間の因果関係の問題が存在する。この点について，原判決は，「被告人の過失による傷害の結果が発生し，致死の結果が生じない時点で，被告人の殺人の故意による実行行為が開始され，既に生じていた傷害のほか，新たな傷害が加えられて死亡の結果を生じたものであつて，殺人罪の構成要件を充足する行為があつたものというべきである。そして殺人の実行行為が開始された時点までの被告人の犯罪行為は業務上過失傷害の程度にとどまり，殺人の実行行為が開始された時点以後は殺人罪の構成要件に該当する行為のみが存在したものというべきである。また以上の業務上過失傷害罪と殺人罪とは，同一被害者に対する連続した違法行為ではあるが，前者は過失犯，後者は故意犯であつて，両者は責任条件を異にする関係上併合罪の関係にあるものと解すべきである」と判示している。これは，Xによる過失致傷の結果が生じた後に，Xの「殺人の故意による実行行為が開始」され「殺人罪の構成要件を充足する行為」があったとするものである。ここでは，第2行為がなくてもAは第1行為によって死亡していたはずである事実は無視されている。そのことによって第1行為とAの死亡との間の因果関係は断絶されたものと解される。

　このように，過失行為が先行して，故意行為が介在するばあい，先行する過失行為と結果の間の因果関係を否定すれば，死亡の結果の二重評価を回避しながら，故意行為について結果に対する責任を問えることになる。第1の過失犯と第2の故意犯とは，「責任条件」を異にするから併合罪の関係にあるとされる。しかし，本決定によれば，この理由付けは，「法的評価」をはなれた「自然的観察」によるものとはいえないので（最[大]判昭49・5・29刑集28巻4号114頁）妥当でないが，併合罪とする結論は妥当であるとされている。構成要件基準説の見地からも併合罪とされるであろう。

7 被害者の行為の介在と因果関係
——高速道路進入事件
最決平 15・7・16（刑集 57 巻 7 号 950 頁）

　被告人 X ら 4 名は，他の 2 名と共謀のうえ，被害者 A を公園に誘い出して午後 11 時 50 分頃から約 2 時間 10 分にわたり A に激しい暴行を繰り返し，さらにマンション居室において，午前 3 時頃から約 45 分間，断続的に同様の暴行を加えた。隣人が騒音に対する苦情を伝えるために来訪した際，A はすきを見て，上記マンションの居室から靴下履きのまま逃走し，約 10 分後，マンションから約 763 m ないし約 810 m 離れた高速道路に進入し，疾走してきた自動車に衝突され，後続の自動車にれき過されて，死亡した。X らは，傷害致死罪で起訴された。

　第 1 審は，本件進入行為は「通常の予想の範囲外」であることを理由に暴行行為と死亡結果との因果関係を否定して傷害罪の成立をみとめた。原審は，本件進入行為は，「通常人の目からも異常なもの」ではなく，X らにとってみても予見可能であるとして，因果関係を肯定し傷害致死罪の成立をみとめた。被告人 4 名から上告がなされ，因果関係の存否が争われた。本決定は，次のように判示して上告を棄却している。

　被告人の暴行から逃れるために被害者が高速道路に進入し自動車にはねられて死亡したばあい，被告人の行為と死亡との間に因果関係がみとめられるか。

「以上の事実関係の下においては，被害者が逃走しようとして高速道路に進入したことは，それ自体極めて危険な行為であるというほかないが，被害者は，被告人らから長時間激しくかつ執ような暴行を受け，被告人らに対し極度の恐怖感を抱き，必死に逃走を図る過程で，とっさにそのような行動を選択したものと認められ，その行動が，被告人らの暴行から逃れる方法として，著しく不自然，不相当であったとはいえない。そうすると，被害者が高速道路に進入して死亡したのは，被告人らの暴行に起因するものと評価することができるから，被

告人らの暴行と被害者の死亡との間の因果関係を肯定した原判決は，正当として是認することができる。」

本件においては，Xらの暴行から逃れる方法としてAが高速道路に進入するという危険な行動に出たためにAが死亡したばあいに，Xらの行為とAの死亡との間の因果関係が問題となった。これは，被害者の行為の介在と因果関係の存否の問題である。従来の判例の中には，たとえば，①さらに加えられる暴行を避けるために被害者が海中に飛び込んで溺死した事案につき，因果関係が存在をみとめた事例（大判大8・7・31刑録25輯899頁），②暴行に耐えられなくなった被害者が逃走しようとして池に落ちて岩石に頭部を打ちつけ死亡した事案につき，因果関係の存在を肯定した事例（最決昭59・7・6刑集38巻8号2793頁）などがある。

従来の判例は，とくに理由を示さずに条件説の立場から，結論のみを示してきた。近時の判例は，「危険とその現実化」という観点から因果関係を判断するようになっていると一般に解されている。

「危険とその現実化」という観点から，被害者が危険な逃走手段を選択したばあいを，いかに解するかをめぐって，見解の対立が生じる。第1審判決は，Xらの追跡の継続性がみとめられないこと，現場の地理的条件から被害者の選択の可能性があったこと，高速道路への進入自体が高度の危険性を有することなどを理由に因果関係の存在を否定した。これに対して原判決および本決定は，被害者が公園およびマンション居室で長時間激しく執ような暴行を受け，Xらに対して強度の恐怖感を抱き必死に逃走を図った過程で，とっさにそのような行動を選択したものであり，その選択は「著しく不自然，不相当であったとはいえない」として因果関係の存在を肯定している。

相当因果関係説（折衷説）によれば，行為後の事情である介在事情は「判断基底」の問題として扱われ，介在事情が行為時において行為者または一般人にとって「予見可能」であるばあいには判断基底に組み入れられる。本件では，逃走手段として高速道路に進入することは一般人にとって予見可能であるから，判断基底に組み入れられ，それを基礎にして当該結果の発生は通常生じ得るので「相当性」がみとめられて因果関係が肯定される。

8 他人の行為の介在と因果関係（1）
——大阪南港事件

最決平 2・11・20（刑集 44 巻 8 号 837 頁）

被告人 X は，昭和 56 年 1 月 15 日の午後 8 時頃から午後 9 時頃までの間，三重県内の自己の営む飯場において，洗面器の底や皮バンドで A の頭部などを多数回殴打するなどの暴行を加えた結果，恐怖心による心理的圧迫などによって，A の血圧を上昇させ，内因性高血圧性橋脳出血を発生させて意識消失状態に陥らせた後，A をその場所からかなり離れた大阪南港にある建材会社資材置場に自動車で搬送し，同日午後 10 時 40 分頃，寒風吹きすさぶ同所に放置して立ち去った。A は，翌 16 日未明，脳出血により死亡した。A は，資材置場で倒れていた際，何者かに角材で頭頂部を数回殴打されており，その暴行は，既に発生していた脳出血を拡大させ数分死期を早めるものであった。

X は，南港における殴打も殺意をもっておこなったとして殺人罪で起訴されたが，第 1 審は，南港における殴打は被害者の死の原因でなく，かつ X が加えたとする証明もないとして，飯場における暴行により死亡させたと認定して，傷害致死罪の限度で有罪とした。原審も，南港における殴打は「幾分か死期を早める影響を与えたにとどまる」として，原判断を維持した。被告人側から上告がなされ，上告趣意において南港での殴打が被害者の死に影響を与えている以上，被告人の飯場における暴行と被害者の死との間の因果関係は否定されるべきであるとの主張がなされた。最高裁の本決定は，次のように判示して上告を棄却している。

 行為者の暴行により被害者の死因となった傷害が形成された後，第三者により加えられた暴行により死期が早められたばあい，行為者の暴行と被害者の死亡との間の因果関係は肯定されるか。

決定要旨　「犯人の暴行により被害者の死因となった傷害が形成された場合には，仮にその後第三者により加えられた暴行によって死期が早められ

たとしても，犯人の暴行と被害者の死亡との間の因果関係を肯定することができ，本件において傷害致死罪の成立を認めた原判断は，正当である。」

解説 本件においては，Xが被害者Aに死因となる重傷を負わせて意識を失わせたうえ，遠方の大阪南港まで運び，夜間，人気のない港の資材置場に放置した後，第3者がその被害者を角材で頭頂部を数回殴打して死期を早めているので，Xにつき傷害致死罪の成否が問題となった。これは，傷害行為と死亡の結果との間の因果関係を肯定してよいか，という問題である。この点につき本決定は，「犯人の暴行により被害者の死因となった傷害が形成された場合には，仮にその後第三者により加えられた暴行によって死期が早められたとしても，犯人の暴行と被害者の死亡との間の因果関係を肯定することができ，本件において傷害致死罪の成立をみとめた原判断は，正当である」と判示したのである。条件説を採る判例の立場からは，条件関係がみとめられる以上，上記の結論は当然である。ここでは，被告人が致命傷を与えたことが重視され，第3者によって死期が早められたことは軽視されている。さらに近時の判例の傾向とされる「危険の現実化」という観点からも，被害者の死亡は「死因となった傷害」が現実化したものと評価され得る。

相当因果関係説においては，本件は，行為後の介在事情をどのように扱うか，という形で争われる。従来の通説的見解によれば，第3者の行為の介入が判断基底に取り込まれるか否かは，行為者が予見していないかぎり，一般人の予見可能性にかかっている（客観的事後予測）。夜間，港の資材置場に重傷の者を放置したばあいに第3者がこの者に暴行を加えることは，一般人には予測できないであろう。したがって，これを判断基底に入れることはできないので，第3者の暴行により死期が早められた事実は相当性判断の基礎とはならない。そうすると，暴行を加え「被害者の死因となった傷害が形成された場合には」，上記傷害行為によって被害者が死亡することは通常，起こり得ることであるから，「相当性」が肯定され，傷害致死罪の成立がみとめられることになる。

9 他人の行為の介在と因果関係（2）
―― 夜間潜水訓練事件

最決平4・12・17（刑集46巻9号683頁）

事実　スキューバダイビングの潜水指導者として，潜水講習の受講生に対する潜水技術の指導業務に従事していた被告人Xは，午後9時ころ，海岸近くの海中において，指導補助者3名を指揮しながら，6名の受講生に対して圧縮空気タンクなどのアクアラング機材を使用しておこなう夜間潜水の講習指導を実施した。Xは，受講生2名ごとに指導補助者1名を配して各担当の受講生を監視するように指示したうえ一団となって潜水を開始し，100メートル余り前進した地点で魚を捕えて受講生らに見せた後，再び移動を開始した際，受講生らがそのまま自分についてくるものと考え，指導補助者らにも特別の指示を与えることなく，後方を確認しないまま前進し，後ろを振り返ったところ，指導補助者2名しか追従していないことに気付き，移動開始地点に戻った。この間，他の指導補助者1名と受講生6名は，Xの移動に気付かずにその場に取り残され，流れにより沖の方に流されたうえ，右指導補助者がXを探し求めて沖に向かって水中移動をおこない，受講生らもこれに追随したことから，移動開始地点に引き返したXは，受講生らの姿を発見できず，これを見失うに至った。指導補助者は，受講生らと共に沖へ数十メートル水中移動をおこない，被害者の圧縮空気タンク内の空気残圧量が少なくなっていることを確認して，いったん海上に浮上したものの，風波のため水面移動が困難であるとして，受講生らに再び水中移動を指示し，これに従った被害者は，水中移動中に空気を使い果たして恐慌状態に陥り，自ら適切な措置をとることができないままに，溺死した。被害者は，受講生らの中でも潜水経験に乏しく，技術が未熟で夜間潜水も初めてであったのであり，指導補助者らも，潜水指導の技術を十分に習得しておらず，夜間潜水の経験も2，3回しかなかった。

　Xは，業務上過失致死罪で起訴され，第1審および原審は同罪の成立をみとめた。被告人側から上告がなされ因果関係の不存在が主張された。

　最高裁の本決定は，次のように判示して上告を棄却している。

争点 行為後に被害者および第3者の不適切な行為が介入したばあいに、行為者の行為と死亡との間の因果関係がみとめられるか。

決定要旨 上記「事実関係の下においては、被告人が、夜間潜水の講習指導中、受講生らの動向に注意することなく不用意に移動して受講生らのそばから離れ、同人らを見失うに至った行為は、それ自体が、指導者からの適切な指示、誘導がなければ事態に適応した措置を講ずることができないおそれがあった被害者をして、海中で空気を使い果たし、ひいては適切な措置を講ずることもできないままに、でき死させる結果を引き起こしかねない危険性を持つものであり、被告人を見失った後の指導補助者及び被害者に適切を欠く行動があったことは否定できないが、それは被告人の右行為から誘発されたものであって、被告人の行為と被害者の死亡との間の因果関係を肯定するに妨げないというべきである。」

解説 本件においては、被告人Xの過失行為後に被害者および第3者の不適切な行為（落度ある行為）が介入したばあいに、Xと被害者の死亡との間の因果関係の存否が問題となった。この点について、本決定は、被告人の行為自体が被害者をでき死させる結果を引き起こしかねない危険性をもつものであること、および、指導補助者および被害者の不適切な行動が被告人の行為から誘発されたものであることを理由に因果関係の存在を肯定している。これは、「危険の現実化」の観点から因果関係の存否を判断したものと評価され得る。すなわち、本決定は、「被告人が、夜間潜水の講習指導中、受講生らの動向に注意することなく不用意に移動して受講生らのそばから離れ、同人らを見失うに至った行為、それ自体が」「でき死させる結果を引き起こしかねない危険性を持つものであ」ることを重視しているのである。そのような「危険」は、被害者のでき死を生じさせたことによって「結果」に「現実化」されていると評価することが可能であろう。その反面として、被害者および指導補助者の「適切を欠く行動」は、被告人の行為から「誘発されたもの」であるから、「因果関係を肯定するに妨げない」とされている。これは、被告人の危険な行為の延長線上にあるものであって、因果関係の存否にとっては重要でないとするものである。

10 他人の行為の介在と因果関係（3）
―― トランク追突死事件
最決平 18・3・27（刑集 60 巻 3 号 382 頁）

事実　被告人 X は，共犯者 2 名と共謀のうえ，午前 3 時 40 分ころ，A を普通乗用自動車後部のトランク内に押し込み，トランクカバーを閉めて脱出不能にし，そのまま同車を発進走行させ，呼び出した知人らと合流するため，市街地の道路（車道の幅員が約 7.5 m，片側 1 車線のほぼ直線の見通しのよい道路）上に停車させた。停車して数分後の午前 3 時 50 分ころ，後方から B 運転の普通乗用自動車が走行してきたが，B は前方不注意（脇見運転）のため，停車中の車両に至近距離に至るまで気付かず，ほぼ真後ろから時速約 60km でこれに追突し，同車後部のトランク内に押し込まれていた A は，重傷を負い，間もなく死亡した。

　第 1 審および原審は，トランク内に監禁した行為と A の死亡との間の因果関係をみとめ監禁致死罪の成立を肯定している。しかし，監禁行為の「危険性」の理解には違いがある。すなわち，第 1 審は，「自動車のトランクは，人が入ることを想定して設計・製作されたものではないため……A を自動車のトランク内に監禁した上で道路上を走行したこと自体，非常に危険な行為であった」と判断した。これに対して原審は，「停止中の前車の後部に衝突するという事故態様は，路上における交通事故としてなんら特異な事態ではない」から「前車に乗車中の者は，どのような形態で乗車する場合であっても，衝突の衝撃により死傷に至ることは，十分あり得る」と判示している。被告人側から上告がなされ，上告趣意において第 3 者 B の異常な行為が介入したため，X らの行為と A の死亡との間の因果関係は否定されるべき旨が主張された。最高裁は，次のように判示して上告を棄却している。

争点　被告人 X らが被害者 A を自動車のトランク内に監禁して停車していたところ，第三者 B の過失に基づく追突行為によって A が死亡したばあい，監禁行為と A の死亡との間の因果関係を肯定できるか。

> **決定要旨**　「以上の事実関係の下においては，被害者の死亡原因が直接的には追突事故を起こした第三者の甚だしい過失行為にあるとしても，道路上で停車中の普通乗用自動車後部のトランク内に被害者を監禁した本件監禁行為と被害者の死亡との間の因果関係を肯定することができる。したがって，本件において逮捕監禁致死罪の成立を認めた原判断は，正当である。」

解説　本件においては，監禁致死罪について，監禁行為後に，第3者の甚だしい過失行為によって被害者Aが死亡したばあいに，監禁行為とAの死亡との間の因果関係の肯否が問題となった。本決定は，①「Aの死亡原因が直接的には追突事故を起こした第三者の甚だしい過失行為にあるとしても」，②「道路上で停車中の普通乗用自動車後部のトランク内にAを監禁した本件監禁行為とAの死亡との間の因果関係を肯定することができる」と判示している。①は，監禁行為後に介入した「第三者の甚しい過失行為」がAの「直接的」な「死亡原因」であるばあいであっても，それは監禁行為と死亡との間の因果関係にまったく影響を及ぼさないことをみとめるものである。これは，最高裁の判例が従来，結論的にみとめてきた立場をより明確に判示したものといえる。②は，監禁行為と被害者の死亡との間の因果関係を肯定できるという結論を示すだけであって，その理由についてはまったく触れていない。「危険の現実化」という観点からは，停車中の前車の後部に他車が追突することは「特異な事態」ではないので，Aの死亡は前車のトランク内に監禁する行為が現実化したものと評価され得ることになろう。

相当因果関係説の折衷説の見地においては，Aがトランク内に監禁された車に第3者が過失により追突した事実は，一般人にとって予見不可能であると解されるので，判断基底には組み入れないことになる。したがって，自動車への監禁行為から被害者Aの死亡が発生することは通常，起こらないので，「相当性」がみとめられず，因果関係の存在は否定されることになる。

11 結果の回避可能性と過失

最判平 15・1・24（判時 1806 号 157 頁）

事実 被告人 X は，タクシーを運転中，左右の見通しがきかない交通整理のおこなわれていない交差点に，減速・徐行しないまま漫然時速約 30 ないし 40km の速度で進入し，折から左方道路より進行してきた A 運転の普通乗用自動車の前部に自車の左後側部を衝突させた結果，自車の後部座席に同乗の B を死亡させ，助手席に同乗の C に重傷を負わせた。

本件事故現場は，X 車が進行する幅員約 8.7 m の車道と，A 車が進行する幅員約 7.3 m の車道が交差する交差点であり，各進路にはそれぞれ対面信号機が設置されていたが，本件事故当時は，X 車の対面信号機は注意進行を意味する黄色灯火の点滅を表示し，A 車の対面信号機は，一時停止を意味する赤色灯火の点滅を表示していた。いずれの道路にも道路標識などによる優先道路の指定はなく，それぞれの道路の指定最高速度は時速 30km であり，X 車の進行方向から見て左右の交差道路の見通しは困難であった。

A は，酒気を帯び，指定最高速度である時速 30km を大幅に超える時速約 70km で，足元に落とした携帯電話を拾うため前方を注視せずに走行し，対面信号機が赤色灯火の点滅を表示しているにもかかわらず，そのまま交差点に進入してきたものであった。

第 1 審および原審は，X について業務上過失致死傷罪［現在の自動車運転過失致死傷罪に相当］の成立をみとめた。これに対して X 側から上告がなされ，本判決は，次のように判示して原判決を破棄し無罪を言い渡している。

争点 被告人が一定の速度に減速して交差点に進入していたとすれば，衝突を回避することは可能であったか。結果の回避可能性は，過失にとっていかなる意義を有するか。

判旨　「左右の見通しが利かない交差点に進入するに当たり，何ら徐行することなく，時速約30ないし40キロメートルの速度で進行を続けた被告人の行為は，道路交通法42条1号所定の徐行義務を怠ったものといわざるを得ず，また，業務上過失致死傷罪の観点からも危険な走行であったとみられるのであって，取り分けタクシーの運転手として乗客の安全を確保すべき立場にある被告人が，上記のような態度で走行した点は，それ自体，非難に値するといわなければならない。

　しかしながら，他方，本件は，被告人車の左後側部にA車の前部が突っ込む形で衝突した事故であり，本件事故の発生については，A車の特異な走行状況に留意する必要がある。……このようなA車の走行状況にかんがみると，被告人において，本件事故を回避することが可能であったか否かについては，慎重な検討が必要である。……被告人が時速10ないし15キロメートルに減速して交差点内に進入していたとしても，上記の急制動の措置を講ずるまでの時間を考えると，被告人車が衝突地点の手前で停止することができ，衝突を回避することができたものと断定することは，困難であるといわざるを得ない。そして，他に特段の証拠がない本件においては，被告人車が本件交差点手前で時速10ないし15キロメートルに減速して交差道路の安全を確認していれば，A車との衝突を回避することが可能であったという事実については，合理的な疑いを容れる余地があるというべきである」。

解説　本判決は，徐行なしの進入行為は業務上過失における「危険な走行であった」し，「乗客の安全を確保すべき立場」の被告人が，そのような「態様で走行した点は，それ自体，非難に値する」が，他方，「A車の特異な走行状況」にかんがみると，被告人が「減速して交差点内に進入していたとしても」，「衝突を回避することができたものと断定することは，困難である」と判示している。これは，一方において，過失の要素としての「危険な行為」が非難に値するものであることを要求し，他方において，その危険を除去する行為をおこなっていたとすれば，「結果の回避可能性」が存在することを要求するものといえる。本判決は，ほぼ同様の事案について信頼の原則を適用して注意義務を否定した最高裁の判例（最判昭48・5・22刑集27巻5号1077頁）とは異なり，結果の回避可能性の存否を重視している。

12 故意の内容

最決平 2・2・9（判時 1341 号 157 頁，判タ 722 号 234 頁）

事実 アメリカ合衆国の国籍を有する被告人 X は，台湾において A に脅されて荷物を日本に運ぶことを承諾し，A から化粧品だと聞かされて覚せい剤結晶約 3kg を隠匿した腹巻を着用して，飛行機で台湾から成田空港に到着し，当該覚せい剤を本邦内に持ち込んで密輸入したうえ，都内のホテルで覚せい剤結晶約 2kg を所持した。X は覚せい剤であることの認識がなかったと主張したが，X は，覚せい剤輸入・所持罪で起訴された。

第 1 審は，X には「日本に持ち込むことを禁止されている違法な薬物である，との認識」があったので，覚せい剤輸入罪の故意がみとめられるとした。X からの控訴に対して原審は，覚せい剤輸入罪・所持罪が成立するためには，「輸入・所持の対象物が覚せい剤であることを認識していることを要する」としたうえで，「確定すべきその対象物につき概括的認識予見を有するにとどまるものであっても足り」るが，「単に抽象的になんらかの違法な薬物類を漠然と認識予見していたという程度では足りず」，「具体的な違法有害な薬物を概括的に認識予見する際に，認識予見の対象から覚せい剤が除外されていないことが必要である」として，X はそのような認識を有していたとして控訴を棄却した。

被告人側から上告がなされたが，最高裁の本決定は，次のように判示して上告を棄却している。

争点 故意がみとめられるためには，いかなる事実を認識する必要があるのか。とくに薬物事犯における事実の認識はいかなる程度のものであれば足りるか。

決定要旨 「被告人は，本件物件を密輸入して所持した際，覚せい剤を含む身体に有害で違法な薬物類であるとの認識があったというのであるか

ら，覚せい剤かもしれないし，その他の身体に有害で違法な薬物かもしれないとの認識はあったことに帰することになる。そうすると，覚せい剤輸入罪，同所持罪の故意に欠けるところはないから，これと同旨と解される原判決の判断は，正当である。」

解説　本件においては，覚せい剤輸入罪・同所持罪の故意がみとめられるためには当該物件が「覚せい剤」であることの認識を必要とするか否か，が問題となった。これは，同罪の故意の内容をどのように把握すべきか，という問題にほかならない。

　構成要件的故意の内容は，犯罪事実の表象・認容である。表象とは認識を意味する。そこで，故意があるといえるためには，いかなる程度の認識が必要か，が問題となる。このばあい，単なる外形的事実の認識では足りず，さらに具体的に「どの程度の認識」を要するか，が問われるのである。すなわち，構成要件的故意の観念を充足するために必要な認識の「程度」が重要な意義を有することになるわけである。

　本件のような「薬物事犯」においては，対象物の認識の有無ないし認識の程度が争われることが多い。なぜならば，薬物は外形上，きわめてよく似ているので，それを正確に認識するのは難しいからである。本件においても，対象物の外形的認識ないし認識の程度が争われたのである。

　本決定は，被告人の「覚せい剤を含む身体に有害で違法な薬物類であるとの認識」があれば，「覚せい剤かもしれないし，その他の身体に有害で違法な薬物かもしれないとの認識」としての故意を肯定してよいとしている。これは，抽象的事実の錯誤に関して覚せい剤と認識して麻薬を輸入した事案において，「両罪の構成要件は実質的に全く重なり合っている」ことを理由に麻薬輸入罪の故意の成立を肯定した最高裁の判例と同列のものといえる（最決昭54・3・27刑集33巻2号140頁，最決昭61・6・9刑集40巻4号269頁など）。

　本決定は，故意をみとめるためには，対象物件が「覚せい剤」であることの認識までは必要ではなく，「覚せい剤を含む身体に有害な薬物類であるとの認識」で足りるとした点で，薬物事犯における故意の内容を明らかにした判例として非常に重要な意義を有する。

13 未必の故意

最判昭 23・3・16（刑集 2 巻 3 号 227 頁）

事実 被告人 X は，A から 2 度にわたって盗品である衣類（計約 120 点）を買い受けたが，その際に盗品であることの確定的な認識を有していなかった。

原審は，X に対する司法警察官の聴取書の中にその衣類は A らが盗んで来たものではなかろうかと思った旨の供述の記載などから，贓物故買罪（現在の盗品有償譲受罪）の成立をみとめた。

被告人側から上告がなされ，上告趣意において，上記程度の供述から故意をみとめるのは違法である旨の主張がなされた。最高裁の本判決は，次のように判示して上告を棄却している。

争点 盗品有償譲受罪（贓物故買罪）の故意は，買い受ける客体が盗品であること（贓物性）を確定的に認識していることを必要とするのか，それとも盗品であるかもしれないと思いながらあえてこれを買い受ける意思（未必の故意）があれば足りるのか。

判旨 「贓物故買罪は贓物であることを知りながらこれを買受けることによって成立するものであるがその故意が成立する為めには必ずしも買受くべき物が贓物であることを確定的に知って居ることを必要としない或は贓物であるかも知れないと思いながらしかも敢てこれを買受ける意思（いわゆる未必の故意）があれば足りるものと解すべきである故にたとえ買受人が売渡人から贓物であることを明に告げられた事実が無くても苟くも買受物品の性質，数量，売渡人の属性，態度等諸般の事情から『或は贓物ではないか』との疑を持ちながらこれを買受けた事実が認められれば贓物故買罪が成立するものと見て差支ない。」「本件に於て原審の引用した被告人に対する司法警察官の聴取書によれば被告人は判示(一)の事実に付き『(1)衣類は A が早く処置せねばいけんといったが　(2)近頃衣類の盗難が各地であり殊に　(3)売りに来た

のが××人であるからA等が盗んで売りに来たのではなからうかと思った』旨自供したことがわかる右(1)乃至(3)の事実は充分人をして『贓物ではないか』との推量をなさしむるに足る事情であるから被告人がこれ等の事情によって『盗んで来たものではなかろうかと思った』旨供述して居る以上此供述により前記未必の故意を認定するのは相当である。」

解説　本件においては，盗品有償譲受罪（贓物故買罪）における故意がみとめられるためにはどの程度の認識を必要とするか，が問題となった。いいかえると，客体が「盗品であること」（盗品性）を確定的に認識する必要があるのか，それともその未必的認識で足りるのか，が争われたのである。大審院の判例は，「贓物〔盗品〕たるやも知れずと考へ而かも敢て之が買受を辞せざりしことを以て足るものとす」と判示した（大判昭2・11・15新聞2780号14頁）。これは，認容説をとったものと解されている。すなわち，盗品性を認識したうえで「敢て」盗品の買受けを辞しなかったことを理由に故意をみとめているのである。最高裁の判例も，認容説をとっている。すなわち，最高裁判例は，「自己の行為が他人を死亡させるかも知れないと意識しながら敢えてその行為に出た場合が殺人罪のいわゆる未必の故意ある場合に当たることは言うまでもない」と判示しているのである。このように「敢えて」という表現を使用し故意を認定する判例の立場について，「敢えて」とは認容を意味するとして，認容説に立っているとの理解が示されている（最判昭24・11・8刑裁集14号477頁）。

　本判決は，盗品有償譲受罪における「盗品（贓物）」であることの認識について，確定的認識だけでなく未必的な認識で足りるとし，その未必的認識について「贓物であるかも知れないと思いながらしかも敢てこれを買受ける意思」であると判示した最初の最高裁判例である。そして本判決は，未必の故意について「或は贓物であるかもしれないと思いながらしかも敢てこれを買受ける意思」と表現しているので，認容説をとるものといえる。

14 法定的符合説（1）
――故意の個数（びょう打銃事件）
最判昭53・7・28（刑集32巻5号1068頁）

事実　被告人Xは，警ら中の巡査Aからけん銃を強取しようと決意してAを追尾し，歩道上で周囲に人影が見えなくなったとみて，Aを殺害するかも知れないことを認識し，かつ，あえてこれを認容し，建設用びょう打銃を改造しびょう1本を装てんした手製装薬銃1丁を構えてAの背後約1メートルに接近し，Aの右肩部付近をねらい，ハンマーでその手製装薬銃の銃針後部をたたいてびょうを発射させたが，Aに右側胸部貫通銃創を負わせたにとどまり，かつ，Aのけん銃を強取することができず，さらに，Aの身体を貫通したびょうを，たまたまAの30メートル右前方の道路反対側の歩道上を通行中のBの背部に命中させ，Bに腹部貫通銃創を負わせた。Xは，AおよびBに対する強盗殺人未遂罪の観念的競合として起訴された。

第1審は，Aに対する殺意の存在を否定して強盗傷人罪の成立をみとめ，Bに対する強盗傷人との観念的競合に当たるとした。検察官および被告人側からの控訴に対して，原審は，Aに対する未必的殺意の存在を肯定して強盗殺人未遂罪の観念的競合とした。

被告人側から上告がなされ，上告趣意において，Bに対して強盗殺人未遂罪の成立をみとめたのは判例違反であるとの主張がなされた。最高裁の本判決は，次のように判示して上告を棄却している。

争点　殺意をもって狙った客体に傷害を負わせたうえ，別の客体にも傷害を負わせたばあい，両者に対する殺意をみとめることができるか。

判旨　「被告人が人を殺害する意思のもとに手製装薬銃を発射して殺害行為に出た結果，被告人の意図した巡査Aに右側胸部貫通銃創を負わせたが殺害するに至らなかったのであるから，同巡査に対する殺人未遂罪が成立し，同時に，被告人の予期しなかった通行人Bに対し腹

部貫通銃創の結果が発生し，かつ，右殺害行為とBの傷害の結果との間に因果関係が認められるから，同人に対する殺人未遂罪もまた成立し（大審院昭和8年（れ）第831号同年8月30日判決・刑集12巻16号1445頁参照），しかも，被告人の右殺人未遂の所為は同巡査に対する強盗の手段として行われたものであるから，強盗との結合犯として，被告人のAに対する所為についてはもちろんのこと，Bに対する所為についても強盗殺人未遂罪が成立するというべきである。」

解説 本件においては，強盗殺人の意思でびょう打銃を発砲して，意図した客体に傷害を負わせ，さらに別の客体に傷害を負わせたばあいに，強盗殺人未遂罪の観念的競合がみとめられるか否か，が問題となった。これは，故意の個数の問題にほかならない。

方法の錯誤により行為者が意図しなかった客体に対して結果を発生させたばあい，判例は，法定的符合説の立場から，その結果に対して既遂の故意責任をみとめる。これは，通説によって支持されている。当初意図した客体に対して所期の結果が発生し，さらに予想外の客体に対しても結果が発生したばあい，どのように解すべきか。これが過剰結果の併発事例である。これを錯誤論によって処理すべきか否か，ということ自体が学説上，争われている。さらに本件事案は，意図した客体と予想外の客体の双方について「未遂」という「結果」を発生させたケースなので，いっそう問題が多くなる。

本判決は，従来の判例（大判昭6・7・8刑集10巻312頁，最判昭25・7・11刑集4巻7号1261頁）を援用して法定的符合説をとる旨を明らかにし，本事案を錯誤論の適用の問題として扱っている。そして，Aに対する殺意がある以上，予想外のBに対して発生した傷害の結果についても殺人未遂罪が成立することになり，その殺人未遂の行為は，Aに対する強盗の手段としておこなわれたから，強盗との結合犯として，Aに対する行為についてはもとより，Bに対する行為についても強盗殺人未遂罪が成立する，と判示した。これは，Aに対する故意があれば，符合する限度でBに対しても故意をみとめるものであり，数故意犯説の立場に立つことを意味する。そうすると，本判決は，過剰結果が併発したばあいにも，発生した結果すべてに故意をみとめ，数故意犯説をとることを明らかにする判例として重要な意義を有する。

30 〈総 論〉II 構成要件該当性

15 法定的符合説（2）
——符合の限界

最決昭61・6・9（刑集40巻4号269頁）

事実　被告人Xは，昭和59年10月から昭和60年3月までの間に，数回にわたって，大麻を譲り受け，譲渡し，または所持して大麻法違反行為をおこない，昭和60年3月6日に，覚せい剤であるフェニルメチルアミノプロパン塩酸塩を含有する粉末0.044グラムを麻薬であるコカインと誤認して所持して麻薬取締法違反行為をおこなった。押収された覚せい剤は覚せい剤取締法41条の6本文によって没収された。第1審は，「覚せい剤を麻薬であるコカインと誤認した点は麻薬取締法66条1項，28条1項にそれぞれ該当する」と判示し，覚せい剤の没収も覚せい剤取締法41条の6本文によっている。被告人側から控訴がなされたが，原審は控訴を棄却した。被告人側から上告がなされ，上告趣意において初めて錯誤の取扱いと没収の適条が問題とされた。

最高裁の本決定は，職権で次のように判示して上告を棄却し，結論的に第1審判決の法令の適用を是認している。

争点　覚せい剤を麻薬と誤認して所持したばあいの抽象的事実の錯誤をいかに取り扱うか。

決定要旨　「まず，本件において，被告人は，覚せい剤であるフェニルメチルアミノプロパン塩酸塩を含有する粉末を麻薬であるコカインと誤認して所持したというのであるから，麻薬取締法66条1項，28条1項の麻薬所持罪を犯す意思で，覚せい剤取締法41条の2第1項1号，14条1項の覚せい剤所持罪に当たる事実を実現したことになるが，両罪は，その目的物が麻薬か覚せい剤かの差異があり，後者につき前者に比し重い刑が定められているだけで，その余の犯罪構成要件要素は同一であるところ，麻薬と覚せい剤との類似性にかんがみると，この場合，両罪の構成要件は，軽い前者の罪の限度において，実質的に重なり合っているものと解するのが相当である。被告人には，所持にかか

る薬物が覚せい剤であるという重い罪となるべき事実の認識がないから，覚せい剤所持罪の故意を欠くものとして同罪の成立は認められないが，両罪の構成要件が実質的に重なり合う限度で軽い麻薬所持罪の故意が成立し同罪が成立するものと解すべきである（最高裁昭和52年(あ)第836号同54年3月27日第一小法廷決定・刑集33巻2号140頁参照）。」

解説 本件においては，抽象的事実の錯誤における故意阻却の肯定が問題となった。具体的には，軽い麻薬所持罪の故意で重い覚せい剤所持罪の結果を生じさせたばあい，何罪の故意とされるのか，が争われたのである。

本決定は，最決昭54・3・27（刑集33巻2号140頁）を援用して，軽い麻薬所持罪（7年以下の懲役）と重い覚せい剤所持罪（10年以下の懲役）の構成要件は，軽い麻薬所持罪の限度で実質的に重なり合っているので，麻薬所持罪の故意が肯定されて同罪が成立すると解している。昭和54年決定は，抽象的事実の錯誤につき，構成要件的符合説（法定的符合説）の立場をとって，故意の抽象化を構成要件によって制約し，構成要件の「実質的重なり合い」を重視し，法定刑が等しいばあいには，発生した結果について犯罪の成立をみとめ，法定刑に違いがあるばあいには，行為者が認識した軽い事実について犯罪の成立を肯定し，科刑もその罪について規定されている法定刑によるとしたのである。本決定はこの考えを踏襲している。すなわち，本決定は，覚せい剤所持罪と麻薬所持罪の「両罪は，その目的物が麻薬か覚せい剤かの差異があ……るだけで，その余の構成要件要素は同一であるところ，麻薬と覚せい剤との類似性にかんがみると，この場合，両罪の構成要件は，軽い前者の限度で，実質的に重なり合っている」のであり，「被告人には，所持にかかる麻薬が覚せい剤であるという重い罪となるべき事実の認識がないから，覚せい剤所持罪の故意を欠くものとして同罪の成立は認められないが，両罪の構成要件が実質的に重なり合う限度で軽い麻薬所持罪の故意が成立し同罪が成立するものと解すべきである」と判示しているのである。

本決定は，昭和54年決定によって明確に打ち出された実質的構成要件的符合説の立場を堅持することを明示したものとして，判例上，きわめて重要な意義を有する。

16 規範的構成要件要素の認識
——チャタレイ事件
最[大]判昭 32・3・13（刑集 11 巻 3 号 997 頁）

事実 　出版業 A 書店社長 X は，D.H ロレンス著『チャタレイ夫人の恋人』の翻訳出版を企図して，被告人 Y にその翻訳を依頼し日本語訳を得たうえ，その内容に性的描写の記述があることを知りながら出版し，約 15 万冊を販売した。X および Y は，わいせつ（猥褻）文書販売罪で起訴された。

上記の事実につき，第 1 審は，本訳書はわいせつ文書とはみとめられないが，X が煽情的・刺激的広告をして多量に販売したことによってわいせつ性を帯びた文書になるとして，X を有罪，Y を無罪とした。検察官および被告人側双方から控訴がなされ，原審は，販売方法や広告方法いかんがわいせつ文書か否かの判断に影響するとの原判決は誤りであるとして，原判決を破棄し，X および Y はわいせつ文書販売罪の共同正犯であるとして有罪判決を言い渡した。これに対して被告人側から上告がなされ，上告趣意において，本件訳書の出版は「警世的意図」に出たもので，被告人らに犯意はないとの主張がなされた。

最高裁の本判決は，次のように判示して上告を棄却している。

争点 ①わいせつ文書販売罪における「わいせつ」性の認識は，構成要件の要素なのか，それとも違法性の認識の内容なのか。②わいせつ文書販売罪における故意は，どの程度の認識を必要とするか。

判旨 　「刑法 175 条の罪における犯意の成立については問題となる記載の存在の認識とこれを頒布販売することの認識があれば足り，かかる記載のある文書が同条所定の猥褻性を具備するかどうかの認識まで必要としているものではない。かりに主観的には刑法 175 条の猥褻文書にあたらないものと信じてある文書を販売しても，それが客観的に猥褻性を有するならば，法律の錯誤として犯意を阻却しないものといわな

> ければならない。猥褻性に関し完全な認識があったか，未必の認識があったのにとどまっていたか，または全く認識がなかったかは刑法38条3項但書の情状の問題にすぎず，犯意の成立には関係がない。従ってこの趣旨を認める原判決は正当であり，論旨はこれを採ることを得ない。」

解説 本件においては，わいせつ文書販売罪における故意がみとめられるためには，どの程度の認識が必要なのか，「わいせつ性」に関する錯誤は違法性の錯誤ないし法律の錯誤なのか，が問題となった。これは，規範的構成要件要素の意義とその認識の程度の問題にほかならない。

通説によれば，わいせつ文書販売罪における「わいせつ性」のように，価値判断を必要とする構成要件要素を「規範的構成要件要素」といい，規範的構成要件要素の認識を「意味の認識」という。すなわち，本罪のばあい，文書に活字が印刷されていることの認識だけでなく，それが性的描写の記述であり，わいせつ性を有しているということの認識があってはじめて，意味の認識があったことになるのである。

その「わいせつ性」の認識の程度については，見解が分かれている。通説は，行為者の属する「素人領域における並行的評価」で足りると解している。つまり，一般人が理解できる程度の社会的意味が把握されていればよいとされるわけである。

本判決は，わいせつ文書販売罪の故意の成立につき，「問題となる記載の存在の認識とこれを頒布販売することの認識があれば足り，かかる記載のある文書が同条所定の猥褻性を具備するかどうかの認識まで必要としているものではな」く，わいせつ性の錯誤は故意を阻却しない法律の錯誤であると解している。これは，「わいせつ」性は規範的構成要件要素ではなく，意味の認識を不要とするものである。そして「わいせつ」性の認識は違法性の認識の内容であると解するものである。しかし，このような立場は，わいせつ性の認識を規範的構成要件要素としてみとめない点で妥当でないとして，通説から批判されている。

17 過失犯の処罰と明文規定の要否

最決昭 57・4・2（刑集 36 巻 4 号 503 頁）

事実 被告人 X は，昭和 46 年 11 月 30 日から 12 月 1 日にかけて，油送船に使用する燃料油の補給を受けるに際し，その受入れ作業の現場監督として，油の船外への流出を防止すべき業務上の注意義務を負っていたが，補給中，タンク内の油面の確認を怠り，代わりの作業員を置かずに，アクセス・ハッチを開放したまま持場を離れたなどの過失により，燃料油を海面に流出させて「油を排出」した。これは，「船舶の油による海水の汚濁の防止に関する法律」（以下「旧法」という）5 条 1 項，36 条に当たるとして起訴された。5 条 1 項は，「船舶……は，次の海域において油を排出してはならない」と規定し，36 条は，「第 5 条第 1 項……の規定の違反となるような行為をした者は，3 月以下の懲役又は 10 万円以下の罰金に処する」と規定していた。X の過失行為があった当時，旧法は廃止され，「海洋汚染及び海上災害の防止に関する法律」（以下「新法」という）が公布・施行され，55 条 2 項に過失処罰の明文規定が置かれ，新法の附則 8 条により，X の過失行為には旧法が適用されるものとされていた。

差戻し前の第 1 審は，旧法 36 条は「過失の処罰」を欲していないとして公訴棄却の決定をした。検察官から特別抗告がなされ，抗告審は，過失犯を処罰しないことが「至極明白であるとはいえない」として原決定を取り消し，本件を原裁判所に差し戻した。差戻し後の第 1 審は，旧法 5 条 1 項にいう油の「排出」には過失による場合を含むとして，X を罰金 5 万円に処した。被告人側から控訴がなされ，原審は，旧法 5 条 1 項の「排出」は，不可抗力的事由を原因とする場合を除いて，原因の如何を問わず油の流出結果自体を指す概念であり，過失による排出を含まないと解すべきではないこと，などを根拠にして，控訴を棄却した。

被告人側から上告がなされ，上告趣意において，過失犯処罰の明文規定がないのに過失犯の処罰をみとめた原判決は罪刑法定主義を定める憲法 31 条に違反するとの主張がなされた。本決定は，次のように判示して上告を棄却

している。

> **争点** 過失犯を処罰する旨の明文規定がなくても，過失行為を処罰することができるか。

> **決定要旨** 「船舶の油による海水の汚濁の防止に関する法律 36 条，5 条 1 項は過失犯をも処罰する趣旨であると解した原審の判断は正当である。」

解説 本件においては，過失犯を処罰する旨の明文規定がないばあいでも，解釈によって過失犯を処罰できるかどうかが争われた。刑法 38 条 1 項は，原則として故意犯を処罰し，例外的に「法律に特別の規定がある場合」に過失犯を処罰する旨を規定している。この問題について，学説は，明文必要説と明文不要説に分かれている。大審院の判例は，明文必要説をとっていたが（大判大 3・12・24 刑録 20 輯 2615 頁，大判大 9・5・4 刑録 26 輯 329 頁），最高裁の判例は，明文不要説をとるに至った。すなわち，最高裁は，旧外国人登録令違反事件に関して，「外国人登録令 13 条で処罰する同 10 条の規定に違反して登録証明書を携帯しない者とは，その取締る事柄の本質に鑑み故意に右証明書を携帯しないものばかりでなく，過失によりこれを携帯しないものをも包含する法意と解するのを相当とする」と判示したのである（最決昭 28・3・5 刑集 7 巻 3 号 506 頁）。その後の判例もこれを踏襲している（古物営業法違反事件に関する最判昭 37・5・4 刑集 16 巻 5 号 510 頁など）。判例は，当該法律の「取締る事柄の本質に鑑み」故意犯だけでなく過失犯をも「包含する法意」であると解している点に特徴がある。

本決定は，明文不要説をとることを明らかにしており，従来の立場を踏襲するものである。たしかに，「その取締る事柄の本質に鑑みる」という表現を用いていないので，従来の立場とは異なるかの観を呈している。しかし，「過失犯をも処罰する趣旨であると解した原審の判断は正当である」と判示しているのは，従来の立場を承認したものであると解され得るのである。

18 構成要件的事実の錯誤と違法性の錯誤の区別
——無鑑札犬事件

最判昭26・8・17（刑集5巻9号1789頁）

事実　被告人Xは，養鶏業，養兎業のかたわら鳥獣の標本製作を業としていたが，野犬による被害のために養鶏を中止せざるを得なかったうえ，生計の主要部分である種兎が野犬に殺傷され，標本製造用の皮類も被害を受けたので，その防止策として罠を仕掛けたところ，その罠に，翌日，革製の首輪をつけた鑑札のないポインター種の犬がかかった。Xは，警察規則（大分県令「飼犬取締規則」）などを誤解し，無鑑札の犬は他人の飼犬であっても直ちに無主犬とみなされると信じて，この犬を撲殺し，その皮を剝いでなめした。

Xは，これらの行為につき器物損壊罪と窃盗罪で起訴された。原審は，両罪の成立をみとめ併合罪としXを懲役4月執行猶予3年に処した。被告人側から上告がなされ，上告趣意において，被告人は無鑑札の犬は無主犬とみなされるものと信じ，また，無主犬の死体は一般に財物とは考えられていないから，毀棄，窃盗の故意はなかったなどの主張がなされた。

最高裁の本判決は，次のように判示して原判決を破棄し原審に差戻している。

争点　警察の規則などを誤解し，鑑札をつけていない犬は無主犬とみなされると信じて他人が所有する犬を殺したばあい，その錯誤は事実の錯誤（構成要件的事実の錯誤）なのか法律の錯誤（違法性の錯誤）なのか。

判旨　「被告人の各供述によれば被告人は本件犯行当時判示の犬が首環はつけていたが鑑札をつけていなかったところからそれが他人の飼犬ではあっても無主の犬と看做されるものであると信じてこれを撲殺するにいたった旨弁解していることが窺知できる。そして明治34年5月14日大分県令第27号飼犬取締規則第1条には飼犬証票なく且つ飼主分明ならざる犬は無主と看做す旨の規定があるが同条は同令第7条

の警察官吏又は町村長は獣疫其の他危害予防の為必要の時期に於て無主犬の撲殺を行う旨の規定との関係上設けられたに過ぎないものであって同規則においても私人が檀に前記無主犬と看做される犬を撲殺することを容認していたものではないが被告人の前記陳述によれば同人は右警察規則等を誤解した結果鑑札をつけていない犬はたとい他人の飼犬であっても直ちに無主犬と看做されるものと誤信していたというのであるから，本件は被告人において右錯誤の結果判示の犬が他人所有に属する事実について認識を欠いていたものと認むべき場合であったかも知れない。されば原判決が被告人の判示の犬が他人の飼犬であることは判っていた旨の供述をもって直ちに被告人は判示の犬が他人の所有に属することを認識しており本件について犯意があったものと断定したことは結局刑法 38 条 1 項の解釈適用を誤った結果犯意を認定するについて審理不尽の違法があるものとはいわざるを得ない。」

解説 本件においては，行為者の錯誤が「構成要件的事実の錯誤」（事実の錯誤）に当たるのか，それとも「違法性の錯誤」（法律の錯誤）に当たるのか，が問題となった。行為者の錯誤が「構成要件的事実の錯誤」なのか「違法性の錯誤」なのかは，故意犯の成否に重要な差異をもたらす。とくに構成要件的事実の錯誤は故意を阻却することがあるが，違法性の錯誤は故意を阻却しないとする判例の主流の立場（違法性の認識不要説）にとっては，両者の区別は実際上もきわめて重要な意義を有する。

本判決は，構成要件的事実の錯誤と違法性の錯誤の区別が問題となった事案につき，行為者の錯誤が構成要件的事実の錯誤となり得ることをみとめたものである。すなわち，本件においては，鑑札をつけていない犬は他人の飼犬であっても無主犬とみなされると誤信していることが，他人所有の犬であることの認識（器物損壊罪および窃盗罪の「客体の他人性」の認識）を失わせる可能性を肯定しているのである。つまり，客体の他人性の認識が欠けたばあいには，故意阻却がみとめられることになるわけである。本判決は，両錯誤の区別については明確な基準を示していない。

本判決は，法令（「飼犬取締規則」）を誤解した結果，故意阻却をもたらす構成要件的事実の錯誤が生じ得ることをみとめた重要な事例判例である。

19 予見可能性の意義
――生駒トンネル火災事件

最決平 12・12・20（刑集 54 巻 9 号 1095 頁）

事実　K鉄道生駒トンネル内における電力ケーブルの接続工事に際し，施工資格を有してその工事に当たった被告人Xは，ケーブルに特別高圧電流が流れるばあいに発生する誘起電流を接地するための接地銅板のうちの1種類を分岐接続器に取り付けるのを怠ったため，誘起電流が，大地に流されずに，本来流れるべきでない分岐接続器本体の半導電層部に流れて炭化導電路を形成し，長期間にわたり同部分に集中して流れ続けたことにより，火災が発生した。トンネル内を通過中の電車の乗客らが，火災により発生した有毒ガスなどを吸引し，1名が死亡し，43名が傷害を負った。なお，炭化導電路の形成という現象は，本件以前には報告されたことのないものであった。

　第1審は，結果発生に対する予見可能性があるといえるためには，因果経路の基本的な部分に関しても予見可能性が必要であり，本件火災の原因であり，因果経路の基本部分を構成する炭化導電路の形成現象については予見可能性がなく，本件火災発生の結果自体の予見が不可能であるとして，Xの過失責任を否定した。原審は，Xが接地銅板の取付けを怠ったことにより，ケーブルの遮へい銅テープに発生した誘起電流が長期間にわたり，本来流れてはいけない分岐接続器本体の半導電層部に流れ続けたことが本件事故の中核を成すとし，因果の経路の基本的部分とは，そのこととそれにより同部が発熱し発火に至るという最終的な結果とを意味するとした。Xにおいてこれらのことを大筋において予見，認識できたので，予見可能性を肯定することができ，半導電層部に流れ続けた誘起電流が招来した炭化導電路の形成，拡大，可燃性ガスの発生，アーク放電をきっかけとする火災発生というプロセスの細目までも具体的に予見，認識し得なかったからといって，予見可能性は否定されないとして，Xの過失責任を肯定した。

　これに対して被告人側から上告がなされたが，本決定は次のように判示して上告を棄却している。

争点 過失犯における予見可能性は，因果経過を具体的に詳細に予見可能であることを必要とするのか。すなわち，本件火災発生の予見可能性があるといえるためには，どの程度の因果経過の認識可能性が要求されるのか。

決定要旨 「右事実関係の下においては，被告人は，右のような炭化導電路が形成されるという経過を具体的に予見することはできなかったとしても，右誘起電流が大地に流されずに本来流れるべきでない部分に長期間にわたり流れ続けることによって火災の発生に至る可能性があることを予見することはできたものというべきである。したがって，本件火災発生の予見可能性を認めた原判決は，相当である」。

解説 過失犯においては，構成要件該当事実の具体的予見可能性が必要であると解するのが，判例・通説の立場である。問題は，構成要件的結果発生に至る因果関係・因果経過についての予見可能性の内容である。この点について，北大電気メス事件控訴審判決は，因果経路の具体的な詳細についてまで予見可能であることは必要ではなく，「特定の構成要件的結果及びその結果の発生に至る因果関係の基本的部分」の予見可能性があれば足りると判示している（札幌高判昭51・3・18高刑集29巻1号78頁）。その後の判例も，因果関係の「基本的部分」ないし「重要な部分」についての予見可能性で足りると解している（東京高判昭53・9・21刑月10巻9＝10号1191頁，福岡高判昭57・9・6高刑集35巻2号85頁，東京地判昭58・6・1判時1095号27頁，大阪地判昭60・4・17刑月17巻3＝4号314頁，東京高判平2・4・24判時1350号156頁，大阪高判平3・3・22判タ824号83頁など）。

本決定は，炭化導電路の形成という具体的な経過は予見不能でも，「誘起電流が大地に流されずに本来流れるべきでない部分に長期間にわたり流れ続けることによって火災の発生に至る」ことの予見可能性を肯定できる以上，過失をみとめることができるとしている。これは，実際の因果経路は予見不能であっても，より幅広く理解された因果経路が予見可能であれば足りると解したものであると学説上，評価されている。本決定は，予見可能性の内容について一定の判断を示した事例判例として重要な意義を有する。

20 信頼の原則

最判昭42・10・13（刑集21巻8号1097頁）

事実 被告人Xは，いまだ灯火の必要がない午後6時25分ごろ，第1種原動機付き自転車を運転して，幅員約10 mの一直線で見通しがよく，他に往来する車両がない路上において，進路の右側にある幅員約2 mの小路に入るため，センターラインより若干左側を，右折の合図をしながら時速約20km で進行し，右折を始めたが，その際に右後方を瞥見(べっけん)しただけで，安全を十分確認しなかった。そのため，Xの右後方約15 mないし17.5 mを，時速約60km ないし70km の高速度で第2種原動機付き自転車を運転し，Xを追い抜こうとしていた被害者AをXは発見せず，危険はないものと軽信して右折し，センターラインを越えて斜めに約2 m進行した地点で，Aをして，その自転車の左側をXの自転車の右側のペダルに接触させて転倒させ，よってAを頭部外傷などにより死亡するに至らせた。Xは，業務上過失致死罪（現在の自動車運転過失致死罪に相当）で起訴された。

第1審および原審は，Xに右後方を注意して安全を確認する義務があったとして業務上過失致死罪の成立を肯定した。被告人側から上告がなされ，本判決は，次のように判示して原判決を破棄して自判し，無罪を言い渡している。

争点 交通法規に違反した運転者に対しても信頼の原則は適用されるのか。

判旨 「本件Xのように，センターラインの若干左側から，右折の合図をしながら，右折を始めようとする原動機付自転車の運転者としては，後方からくる他の車両の運転者が，交通法規を守り，速度をおとして自車の右折を待って進行する等，安全な速度と方法で進行するであろうことを信頼して運転すれば足り，本件Aのように，あえて交通法規に違反して，高速度で，センターラインの右側にはみ出してまで自

車を追越そうとする車両のありうることまでも予想して，右後方に対する安全を確認し，もって事故の発生を未然に防止すべき業務上の注意義務はないものと解するのが相当である（なお，本件当時の道路交通法34条3項によると，第一種原動機付自転車は，右折するときは，あらかじめその前からできる限り道路の左端に寄り，かつ，交差点の側端に沿って徐行しなければならなかったのにかかわらず，Xは，第一種原動機付自転車を運転して，センターラインの若干左側からそのまま右折を始めたのであるから，これが同条項に違反し，同121条1項5号の罪を構成するものであることはいうまでもないが，このことは，右注意義務の存否とは関係のないことである。）。」

解説　本件においては，行為者が交通法規に反して自動車を運転しているばあいに，他の運転者が適切な運転することを信頼することが許されるか，が問題となった。つまり，交通法規に違反している者についても「信頼の原則」の適用がみとめられるか，が問われたのである。「信頼の原則」とは，行為者がある行為をなすに当たって，被害者または第3者が適切な行動をすることを信頼するのが相当であるばあいには，たとえその被害者または第3者の不適切な行動によって結果が発生したとしても，それに対して行為者は責任を負わないとする法原則をいう。この原則は，交通事犯に関して発展・確立されたもので，チーム医療などにも適用されている。最高裁は，昭41・12・20第3小法廷判決（刑集20巻10号1212頁）において道路交通の領域で初めて信頼の原則の適用をみとめた。

　本判決は，行為者が交通法規に違反したばあいにも信頼の原則の適用をみとめている。すなわち，本判決は，「右折を始めようとする原動機付自転車の運転者としては，後方からくる他の車両の運転者が，交通法規を守り，速度をおとして自車の右折を待って進行する等，安全な速度と方法で進行するであろうことを信頼して運転すれば足り」ると判示しているのである。このようなばあいに信頼の原則を適用することに対しては，学説上，批判があるが，本判決の結論は妥当であるとおもう。なぜならば，信頼の原則は，クリーンハンズの原則を基礎とするものではなく，注意義務を軽減する法原理であると解すべきであるからである。

21 監督過失
——ホテルニュージャパン事件
最決平5・11・25（刑集47巻9号242頁）

事実 被告人Xは，地下2階，地上10階の鉄骨鉄筋コンクリート造りのホテルNの建物を所有し，Nを経営する会社の代表取締役社長であって，消防法上，本件建物の管理権原者であり，支配人兼総務部長である被告人Yは，防火管理者として防火管理業務に従事していた。ホテルNは，4階から10階までスプリンクラー設備がなく，防火設備の整備も不十分で，消防訓練もほとんどなされておらず，消防当局からの指導に従わなかった。

深夜に9階の宿泊客のたばこの不始末から火災が発生し，初期消火活動や避難誘導などはもとより，火災の拡大防止，被災者の救出のための効果的な行動を取ることができず，9，10階の宿泊客など32名が死亡し，24名が傷害を負った。

第1審は，X・Yに業務上過失致死罪の成立をみとめた。原審は，Xからの控訴を棄却した。Xから上告がなされたが，最高裁の本決定は，次のように判示して上告を棄却している。

争点 ①ホテルの代表取締役は，どのようなばあいに防火管理上の注意義務を負うか。②「管理権原者」の代表取締役社長と「防火管理者（支配人兼総務部長）」との間で信頼の原則が適用されるか。③具体的な火災の発生は，予見可能性の対象となるか。

決定要旨 「被告人は，代表取締役社長として，本件ホテルの経営，管理事務を統括する地位にあり，その実質的権限を有していたのであるから，多数人を収容する本件建物の火災の発生を防止し，火災による被害を軽減するための防火管理上の注意義務を負っていたものであることは明らかであり……〔防火管理者であるYの〕権限に属さない措置については被告人自らこれを行うとともに，右防火管理業務についてはYにおいて適切にこれを遂行するよう同人を指揮監督すべき立場にあったと

> いうべきである。そして，昼夜を問わず不特定多数の人に宿泊等の利便を提供するホテルにおいては火災発生の危険を常にはらんでいる上，被告人は……本件建物の9，10階等にはスプリンクラー設備も代替防火区画も設置されていないことを認識しており，……防火管理者であるYが行うべき消防計画の作成，これに基づく消防訓練，防火用・消防用設備等の点検，維持管理その他の防火防災対策も不備であることを認識していたのであるから，自ら又はYを指揮してこれらの防火管理体制の不備を解消しない限り，いったん火災が起これば，……宿泊客らに死傷の危険の及ぶおそれがあることを容易に予見できたことが明らかである。したがって，被告人は……宿泊客らの死傷の結果を回避するため，……あらかじめ防火管理体制を確立しておくべき義務を負っていたというべきである。そして，被告人がこれらの措置を採ることを困難にさせる事情はなかったのであるから，被告人において右義務を怠らなければ，これらの措置があいまって，本件火災による宿泊客らの死傷の結果を回避することができたということができる。

解説 本件においては，防火設備が不十分な大型建造物であるホテルで火災が発生し，その結果，多数人が死傷したばあいに，企業の役職員について業務上過失致死傷罪の成否が問題となった。その際，管理過失と狭義の監督過失が問われる。管理過失とは，死傷結果発生を防止するための人的・物的体制の不備それ自体が結果発生に直結する直接的な過失をいう。狭義の監督過失とは，結果を発生させる過失をおこなった直接行為者を指揮・監督する立場にある監督者がその過失を防止すべき義務を怠ったことをいう。管理過失のばあい，不作為たる安全体制義務違反における作為義務の発生根拠として，Xが代表取締役社長であり，消防法上，本件ホテルの管理権原者であったことおよび火災によって死傷者を出す危険のある建造物の経営等を自ら支配していたこと（危険源の支配）が重視されている。

本件においてXは，実質的権限を有していたので，Xが防火管理義務主体であり，防火管理者Yの安全対策が不十分であることを認識していたので，信頼の原則は適用されず，Yを指揮監督する義務を負うとされている。

結果発生の予見可能性について，本決定は，いったん火災が起これば宿泊客らに死傷の危険の及ぶおそれを容易に予見できたと判示している。

22 業務上過失致死傷罪における業務の意義

最決昭 60・10・21（刑集 39 巻 6 号 362 頁）

事実 被告人Xは、ウレタンフォームの加工販売業を営むA社の工場部門の責任者として、同社工場の機械設備の維持管理ならびに易燃物であるウレタンフォームの取扱保管およびこれに伴う火災の防止などの業務に従事していたが、昭和54年5月21日午後2時ころ、同社工場内の資材運搬用簡易リフトの補修工事に際し、これを請け負ったB社の工事主任Cが、鉄板をガス切断器で溶断するのに立ち会い監視していた。その際、同建物1階には、リフト昇降用通路に近接して大量の易燃性ウレタンフォームの原反および同半製品などが山積みされていて、溶断作業に伴って発生する火花が落下してこれらに着火して火災を発生させる危険があった。Xは、火災の発生を十分に予見することができたにもかかわらず、溶断作業を開始させる前に、何ら安全措置を講じず、Cに溶断作業を開始、継続させた過失により、前記工場建物を全焼させ、建物内にいた7名を一酸化炭素中毒死させた。

第1審は、上記の事実につき業務上失火罪および業務上過失致死罪の成立をみとめ、Xを禁錮1年6月に処した。被告人側から控訴がなされたが棄却されたため、さらに上告がなされた。最高裁は、適法な上告理由に当たらないとしたうえで、次のように判示して上告を棄却している。

争点 業務上失火罪における業務と業務上致死傷罪における「業務」は、それぞれいかなる内容を有するか。

決定要旨 「なお、刑法117条の2前段にいう『業務』とは、職務として火気の安全に配慮すべき社会生活上の地位をいうと解するのが相当であり（最高裁昭和30年(あ)第4124号同33年7月25日第二小法廷判決・刑集12巻12号2746頁参照）、同法211条前段にいう『業務』には、人の生命・身体の危険を防止することを義務内容とする業務も含まれると

解すべきであるところ，原判決の確定した事実によると，被告人は，ウレタンフォームの加工販売業を営む会社の工場部門の責任者として，易燃物であるウレタンフォームを管理するうえで当然に伴う火災防止の職務に従事していたというのであるから，被告人が第1審判決の認定する経過で火を失し，死者を伴う火災を発生させた場合には，業務上失火罪及び業務上過失致死罪に該当するものと解するのが相当である。」

解説　　判例は，業務上過失における「業務」について，「各人が社会生活上の地位に基き継続して行う事務」と定義し（最判昭26・6・7刑集5巻7号1236頁），それを基礎にしてそれぞれの犯罪類型の保護法益との関連において内容を定めてきている。業務上失火罪の「業務」概念について名古屋高判昭29・5・31（ジュリ62号58頁）は「業務上失火罪における業務はその者の社会生活上の地位において火気を取扱う事務を継続して行うことがその業務の内容をなしている場合に限られるものと解すべきである」と判示して限定的に解した。ところが最判昭33・7・25（刑集12巻12号2746頁）は，「当該火災の原因となった火を直接取扱うことを業務の内容の全部又は一部としているもののみに限定することなく，本件夜警の如きをもなお包含するものと解するを相当とする」と判示して限定解釈を否定したのである。最高裁は，一般的な定義をしないで本罪の成立をみとめてきたが，本決定において一般的定義を示している。すなわち，本罪の業務は「職務として火気の安全に配慮すべき社会生活上の地位」であると定義されているのである。

業務上過失致死傷罪における業務について最判昭33・4・18は，「その行為は他人の生命身体等に危害を加える虞あるものであることを必要とする」と判示したので（刑集12巻6号1090頁），行為の性質上生命身体に対する危険を作り出す行為に限定され，生命身体の危険を防止することを義務内容とする業務は含めない趣旨なのかという疑問が提示されていた。

この点に関して本決定は，「人の生命・身体の危険を防止することを義務内容とする業務も含まれる」と明確に判示することによってその疑問を解消している。その意味で本決定は，重要な意義を有する。

23 可罰的違法性
——マジックホン事件

最決昭61・6・24（刑集40巻4号292頁）

事実　被告人Xは，受信側電話機に取り付けると，課金のために必要な電気通信部分が送信されず，通話しても発信側の通話料が課金されなくなるマジックホンと称する装置をAに頼まれて2台購入した。Xは，そのうち1台を自社の加入電話に取り付け，社員Bに公衆電話から試みに通話させ，通話後投入した10円硬貨の戻ったことをBの報告で確認し，翌日，顧問弁護士に相談したうえ，その指示に従って取り外した。Xは，有線電気通信法上の電気通信妨害罪と刑法上の偽計業務妨害罪で起訴された。

　第1審は，①購入はAへの不義理の穴埋めまたはAの窮状の救済のためだったこと，②もっぱら私用に使用する電話の方に付設したこと，③通話はテストのため1度だけだったこと，④テストにより初めて機能を確定的に認識したこと，⑤翌日弁護士の指示により取り外したこと，⑥公社に与えた実害は僅か10円だったこと，⑦捜査官から，製造業者，販売業者の責任追及が目的でXには迷惑をかけないとの約束があったため，捜査に協力し，使用をみとめたこと，を認定し，可罰的違法性がないとして無罪を言い渡した。

　検察官から控訴がなされ，原審は，両罪は危険犯であるから，②のマジックホンを取り付けたことで成立し，③⑤⑥は犯行後の情状にすぎず，①⑦の事実はみとめられないとしたうえで，違法性を否定すべき事情はないとして，両罪の成立を肯定した。

　被告人側から上告がなされ，最高裁は，次のように判示して上告を棄却している。

争点　通話料を免れるための電気機器マジックホン1台を電気回線に取り付けて1回だけ試して取り外したばあい，可罰的違法性は否定されるか。

1 違法性一般 47

決定要旨　「Xがマジックホンと称する電気機器1台を加入電話の回線に取り付けた本件行為につき，たとえXがただ1回通話を試みただけで同機器を取り外した等の事情があったにせよ，それ故に，行為の違法性が否定されるものではないとして，有線電気通信妨害罪，偽計業務妨害罪の成立を認めた原判決の判断は，相当として是認できる。」

解説　最高裁の判例は，マジックホンを「取り付け使用して……課金装置の作動を不能にした行為」が偽計業務妨害罪に当たり，「取り付け使用して，応答信号の送出を妨害」した行為が電気通信妨害罪に当たることをみとめている（最決昭59・4・27刑集38巻6号2584頁，最決昭61・2・3刑集40巻1号1頁）。これらは，マジックホンの取付け使用が両罪に当たることをみとめたものである。

　本件においては，マジックホン1台を加入電話の回線に取り付け，1回だけ通話を試みてその機器を取り外したばあいに，偽計業務妨害罪および電気通信妨害罪の可罰的違法性が否定されるか否か，が争われた。可罰的違法性は，具体的に処罰に値する違法性を意味する。すなわち，違法性がみとめられる行為のうち，さらに量的に一定の程度以上の重さを有し，かつ，質的に刑法上の制裁としての刑罰を科するに適したものをいう。従来，大審院の判例において，法益侵害の結果や行為態様の逸脱がきわめて軽微なばあいに可罰的違法がないとされてきた。たとえば，1厘事件（大判明43・10・11刑録16輯1620頁）や旅館たばこ買い置き事件（最判昭32・3・28刑集11巻3号1275頁）などがそうである。

　本件の第1審は，被害がきわめて軽微だったことや行為事情が悪質でなかったことなどを理由にして可罰的違法性を否定した。これに対して原審は，偽計業務妨害罪および電気通信妨害罪は危険犯であるから，マジックホンの取付けによって両罪は成立し，違法性を否定すべき事情は存在しないと判断したのである。本決定も，この判断を支持している。これは，マジックホンを1回使用しただけでも，危険犯としての被害は軽微でないことを示し，被害軽微を根拠として可罰的違法性を否定する余地を排除するものと解される。しかし，その結論には疑問がある。

24 取材活動の限界
——外務省機密漏えい事件
最決昭 53・5・31（刑集 32 巻 3 号 457 頁）

事実 沖縄返還交渉中に新聞記者 X は，情交関係にあった外務省女性事務官 Y に懇願し，沖縄関係の秘密文書を持ち出させ，Y の持ち出す書類を閲覧したり，そのコピーを受け取ったりした。X は国家公務員法 111 条の秘密漏示そそのかし罪で，Y は同法 109 条 12 号・100 条 1 項前段の秘密漏示罪でそれぞれ起訴された。

第 1 審は，Y に漏示罪の成立をみとめたが，X の取材行為は正当行為性を具備しているとして X に無罪を言い渡した。原審は，本件行為はそのそそのかしに当たり，最初の電文については擬似秘密と認識したことに相当の理由はないので第 1 審判決を破棄し有罪とした。

被告人側から上告がなされ，上告趣意において，Y に対する慫慂(しょうよう)行為は，Y の自由な意思決定を何ら侵害していないからそそのかしに当たらないなどの主張がなされた。本決定は，次のように判示して上告を棄却している。

争点 ①新聞記者が，取材目的で交際中の外務省事務官に依頼して秘密文書を持ち出させて閲覧させたりする行為は，秘密漏示そそのかし罪に当たるか。②本件行為は，正当行為として違法性が阻却されるか。

決定要旨 「報道機関の国政に関する取材行為は，国家秘密の探知という点で公務員の守秘義務と対立拮抗するものであり，時としては誘導・唆誘的性質を伴うものであるから，報道機関が取材の目的で公務員に対し秘密を漏示するようにそそのかしたからといって，そのことだけで，直ちに当該行為の違法性が推定されるものと解するのは相当ではなく，報道機関が公務員に対し根気強く執拗に説得ないし要請を続けることは，それが真に報道の目的からでたものであり，その手段・方法が法秩序全体の精神に照らし相当なものとして社会観念上是認されるものである限りは，実質的に違法性を欠き正当な業務行為というべきである。しかしながら，報道機関といえども，取材に関し他人の権

> 利・自由を不当に侵害することのできる特権を有するものでないことはいうまでもなく，取材の手段・方法が贈賄，脅迫，強要等の一般の刑罰法令に触れる行為を伴う場合は勿論，その手段・方法が一般の刑罰法令に触れないものであっても，取材対象者の個人としての人格の尊厳を著しく蹂躙する等法秩序全体の精神に照らし社会観念上是認することのできない態様のものである場合にも，正当な取材活動の範囲を逸脱し違法性を帯びるものといわなければならない。」

解説 本件においては，秘密漏示「そそのかし」の意義と取材活動の正当行為性が問題となった。本決定は，国家公務員法111条にいう同法109条12号，100条1項所定の行為の「そそのかし」とは「秘密漏示行為を実行させる目的をもって，公務員に対し，その行為を実行する決意を新に生じさせるに足りる慫慂行為をすること」を意味し，Yに秘密文書の持出しを依頼した行為は，「そそのかし」に当たるとしている。

次に，取材活動の一環としてなされた「秘密漏示そそのかし」行為が正当行為として違法性が阻却されるかどうか，について本決定は，「報道機関が公務員に対し根気強く執拗に説得ないし要請を続けることは，それが真に報道の目的からでたものであり，その手段・方法が法秩序全体の精神に照らし相当なものとして社会観念上是認されるものである限りは，実質的に違法性を欠き正当な業務行為」であると判示し，実質的違法性の阻却の可能性を一般的にみとめている。そして，違法性阻却が否定されるばあいについて，「取材の手段・方法が贈賄，脅迫，強要等の一般の刑罰法令に触れる行為を伴う場合は勿論，その手段・方法が一般の刑罰法令に触れないものであっても，取材対象者の個人としての人格の尊厳を著しく蹂躙する等法秩序全体の精神に照らし社会観念上是認することのできない態様のものである場合にも，正当な取材活動の範囲を逸脱し違法性を帯びる」と判示している。これは，取材の手段・方法のいかんによって違法性の存在を肯定するものであり，妥当である。本件のばあい，「正当な取材活動の範囲を逸脱している」と判示されている。

25 被害者の承諾

最決昭 55・11・13（刑集 34 巻 6 号 396 頁）

事実　Xは，A・B・Cと共謀のうえ交通事故を装って保険金を詐取する目的で，自車をDの自動車に衝突させ，それをB・Cが同乗していたA運転の自動車に追突させて，A・B・C・Dに傷を負わせた。B・C・Dの傷害の程度は，長期の入院加療を必要としない軽微なものであった。

Xは，上記の偽装事故に関して業務上過失致傷罪（現在の自動車運転過失致傷罪に相当）の有罪判決を受け，控訴しなかったため同判決は確定した。しかし，その後，偽装事故が露見しXおよびAほか2名が保険金詐取について詐欺罪の有罪判決を受けた。そこで，Xは，Aほか2名に対する傷害は，被害者の承諾に基づくものであるから，業務上過失傷害は違法性が阻却されるとして再審請求をおこなった。第1審および原審は，Xの主張どおりの事実をみとめたが，被害者の承諾に基づく違法性阻却については判断を示さず，刑訴法435条6号にいう「証拠を新たに発見した」ときに当たらないとして請求を棄却した。Xは最高裁に特別抗告した。

最高裁は，次のように判示して抗告を棄却している。

争点　身体傷害について違法な目的で得られた被害者の承諾があるばあい，傷害行為の違法性は阻却されるか。

決定要旨　「被害者が身体傷害を承諾したばあいに傷害罪が成立するか否かは，単に承諾が存在するという事実だけでなく，右承諾を得た動機，目的，身体傷害の手段，方法，損傷の部位，程度など諸般の事情を照らし合わせて決すべきものであるが，本件のように，過失による自動車衝突事故であるかのように装い保険金を騙取する目的をもって，被害者の承諾を得てその者に故意に自己の運転する自動車を衝突させて傷害を負わせたばあいには，右承諾は，保険金を騙取するという違法

な目的に利用するために得られた違法なものであって、これによって当該傷害行為の違法性を阻却するものではないと解するのが相当である。」

解説　本件においては、身体傷害につき被害者の承諾があるばあい、当該傷害行為の違法性が阻却されるか否か、が問題となった。傷害罪における被害者の承諾が違法性の次元における問題であるとする点で、わが国の判例・通説は一致している。通説は、被害者の承諾があるばあい、原則として傷害行為の違法性阻却をみとめる。すなわち、「公序良俗」に反するばあい、または「社会的相当性」を欠くばあいには、違法性は阻却されないとする。しかし、判例上、この問題を正面から取り扱ったものはほとんど存在しない。したがって、本決定は、再審事件に関して間接的になされたものであるにもかかわらず、傷害罪における被害者の承諾に関する判例としてきわめて重要な意味をもっている。

本決定は、一般論として、「傷害罪における被害者の承諾」が違法性を阻却することを明確にみとめ、その際の一般的基準を初めて判示したものである。さらに違法な目的に利用するために得られた承諾の効果についても注目すべき判断を下している。

違法性阻却の肯否を判断するに当たって考慮すべき事項として、本決定は、①承諾を得た動機・目的、②傷害の手段・方法、③損傷の部位・程度をあげる。これらの事項は、「公序良俗」違反や「社会的相当性」の有無を判断するばあいに、重要な指標となるものであり、判例・通説の見地からは妥当な判断であるといえる。本件においては、とくに①承諾を得た動機・目的が重視されている。すなわち、保険金を詐取するという「違法な目的」に利用するために得られた被害者の承諾は違法であり、違法性を阻却しないとしている。これは、承諾を得る側の「目的」の違法性を重視するものであるが、被害者側の承諾を与える「目的」の内容に言及していない点に留意しておく必要がある。

本決定は、従来の実務が前提としてきた同意傷害の可罰性の範囲を拡大するものであるとの指摘もある。

26 被害者による危険の引受け
——ダートトライアル事件

千葉地判平 7・12・13（判時 1565 号 144 頁）

事実　被告人 X は，非舗装道路を自動車で走行し速さを競うダートトライアルの練習走行会に参加し，ダートトライアル用車両を運転してコースを走行中，左に鋭くカーブする下り急勾配の路面で，カーブを曲がりきれず，コース右側に寄りすぎて狼狽し，左右に急転把，急制動の措置を講じた。しかし，X は，自車の走行の自由を失い，これを左右に蛇行させたうえ，右前方に暴走させてコース右側に設置してあった丸太の防護策に激突，転覆させ，自車に同乗中の A（競技歴約 7 年の走行指導者）の頸部および胸部などを自車内部に突き刺さった右防護支柱の丸太で挟圧するに至らせ，窒息死させた。X は，ダートトライアルの運転技術が未熟で，コース状況も十分把握していなかったので，自己の運転技術とコース状況に即応できるよう，適宜速度を調整して安全な進路を保持しつつ進行すべき業務上の注意義務があるのにこれを怠り，コース状況を十分把握しないまま時速約 40km で進行した過失により A を死亡させたとして，業務上過失致死罪（現在の自動運転過失致死罪に相当）で起訴された。

X は，ダートトライアル競技は社会的相当行為として是認されており，結果発生の予見可能性もなかったので，X に過失はないとして無罪を主張した。本判決は，次のように判示して無罪を言い渡している（確定）。

争点　被害者による危険の引受けがあったばあい，行為の違法性は阻却されるか。

判旨　本件のように，上級者が初心者の運転を指導するような場合では，「同乗者の側で，ダートトライアル走行の前記危険性についての知識を有しており，技術の向上を目指す運転者が自己の技術の限界に近い，あるいはこれをある程度上回る運転を試みて，暴走，転倒等の一定の危険を冒すことを予見していることもある。また，そのような同乗者には，運転者への助言を通じて一定限度でその危険を制御する機

会もある」。「したがって，このような認識，予見等の事情の下で同乗していた者については，運転者が右予見の範囲内にある運転方法をとることを容認した上で（技術と隔絶した運転をしたり，走行上の基本的ルールに反すること——前車との間隔を開けずにスタートして追突，逆走して衝突等——は容認していない。），それに伴う危険（ダートトライアル走行では死亡の危険を含む。）を自己の危険として引き受けたとみることができ，右危険が現実化した事態については違法性の阻却を認める根拠がある」。「本件事故の原因となった被告人の運転方法及びこれによる被害者の死亡の結果は，同乗した被害者が引き受けていた危険の現実化というべき事態であり，また，社会的相当性を欠くものでないといえるから，被告人の本件走行は違法性が阻却されることになる。」

解説　本件においては，「被害者による危険の引受け」が問題となった。すなわち，被害者が，結果発生の危険を認識したが，結果は生じないであろうと考えてその危険に自らをさらしたところ，結果が発生したばあい，過失犯の成否が争われたのである。危険の引き受けが，違法性を阻却する根拠について，学説は，①被害者の承諾，②許された危険の法理，③自己答責的行為の法理などに分かれている。

　判例は，従来，スポーツ事故について，「正当行為」や「社会的相当行為」として違法性阻却をみとめてきたが，本判決は，「被害者が引き受けていた危険の現実化」を根拠にして違法性の阻却を肯定している。すなわち，本判決は，被害者がダートトライアル競技の危険性を認識しており，運転者に対する助言を通じて一定限度でその危険を制御する機会もあったのであり，「被害者の死亡の結果は，同乗した被害者が引き受けていた危険の現実化というべき事態であり，また，社会的相当性を欠くものではない」から，本件走行は違法性が阻却されるとする。このように本判決は，被害者が「引き受けていた危険の現実化」と「社会的相当性」を根拠にして行為の違法性の阻却をみとめている。本判決は，被害者により引き受けられた「危険の現実化」という観念を導入した点で，従来の判例と異なる。しかし，この観念だけで違法性阻却をみとめたのではなく，「社会的相当性」をも援用している点で，従来の判例と同じである。

27 侵害の急迫性と積極的加害意思

最決昭 52・7・21（刑集 31 巻 4 号 747 頁）

事実 政治集団 A 派の X らは，B 派の来襲を受けこれを撃退した後，再度の襲撃を予期して鉄パイプ類を準備し，現実に起こった第 2 次の襲撃の際，B 派数名に共同暴行を加えた。X らは，凶器準備集合罪および暴力行為等処罰法違反（共同暴行）で起訴された。

第 1 審は正当防衛の成立をみとめ，検察官からの控訴に対して原審は，来襲を予期していた以上，侵害の急迫性が欠けるとして正当防衛の成立を否定した。被告人側から上告がなされたが，最高裁の本決定は，次のように判示して上告を棄却している。

争点 確実に予期された侵害に対して積極的加害意思をもって防衛行為に出たばあい，「侵害の急迫性」は失われるのか。

決定要旨「刑法 36 条が正当防衛について侵害の急迫性を要件としているのは，予期された侵害を避けるべき義務を課する趣旨ではないから，当然又はほとんど確実に侵害が予期されたとしても，そのことからただちに侵害の急迫性が失われるわけではないと解するのが相当であり，これと異なる原判断は，その限度において違法というほかはない。しかし，同条が侵害の急迫性を要件としている趣旨から考えて，単に予期された侵害を避けなかったというにとどまらず，その機会を利用し積極的に相手に対して加害行為をする意思で侵害に臨んだときは，もはや侵害の急迫性の要件を充たさないものと解するのが相当である。そうして，原判決によると，被告人 X は，相手の攻撃を当然に予想しながら，単なる防衛の意図ではなく，積極的攻撃，闘争，加害の意図をもって臨んだというのであるから，これを前提とする限り，侵害の急迫性の要件を充たさないものというべきであって，その旨の原判断は，結論において正当である。」

解説 防御者が，確実に予期された侵害に備えて待機し侵害が現実化した時に侵害者に反撃を加えたばあい，正当防衛の要件である「侵害の急迫性」に影響があるか否か，が本件の争点の中核をなしている。将来の侵害に関して，「忍び返し」が講壇事例として挙げられる。本件も本質的にはこれと同じ範疇の問題であるが，行為類型としては，むしろ喧嘩闘争と侵害の急迫性という問題領域に属する。なぜならば，第1次と第2次の襲撃と迎撃とは連続的な争闘と見るのが妥当であり，予期される一回的な侵害に対する反撃としての忍び返しとは異なるからである。

従来，判例は，喧嘩闘争のばあい，正当防衛の観念をいれる余地はないとしてきた（大判昭7・1・25刑集11巻1頁，最判昭23・6・22刑集2巻7号694頁など）。喧嘩両成敗の見地から正当防衛が否定されたのであるが，しかし，その後，全体的に観察して正当防衛の成立するばあいがあるとされるに至っている（最判昭31・1・22刑集11巻1号31頁）。

侵害の予期と侵害の急迫性の存否に関する先例とされる最高裁の判例は，「刑法36条にいう『急迫』とは，法益の侵害が現に存在しているか，または間近に押し迫っていることを意味し，その侵害があらかじめ予期されていたものであるとしても，そのことからただちに急迫性を失うものと解すべきではない」と判示した（最判昭46・11・16刑集25巻8号996頁。この判決は防衛意思との関係でも重要である）。本決定は，上記の昭和46年判決の内容をさらに深化させ，①当然またはほとんど確実に侵害が予期されるばあいにも，ただちに侵害の急迫性が失われるわけではないこと，②予期される侵害の機会を利用し積極的に相手方に加害行為をする意思で侵害に臨んだばあいには，急迫性が失われること，を明らかにしている。これは，従来，明確に意識されてこなかった問題点であり，この点に関する判旨は重要である。

本決定に対する学説からの評価は，賛否あい半ばしている。すなわち，本判旨を支持し積極的加害意思や反撃の準備を「急迫性」の認定の基礎にしようとする立場が有力に主張されている。これに対して，積極的加害意思を急迫性の問題から排除し，これを防衛意思あるいは防衛行為の相当性の問題として扱おうとする見解も有力である。わたくしは，積極的加害意思と迎撃態勢は侵害の急迫性を失わせるので，前説が妥当であると解している。

28 防衛意思と攻撃意思の併存

最判昭 50・11・28（刑集 29 巻 10 号 983 頁）

事実 被告人 X は，A の侵害から B を救うために猟銃を持ち出してきたが，A が「このやろう。殺してやる」などと言って追って来た。そこで X は，「近寄るな」などと言いながら逃げたが A に追いつかれそうに感じ，A が死亡するかもしれないことを認識しながら，あえて，散弾銃を腰付近に構え，振り向きざま，約 5.2 メートルに接近した A を撃ち，A に全治 4 カ月の傷を負わせた。

第 1 審は，過剰防衛の成立を肯定したが，検察官からの控訴に対して原審は，「対抗的攻撃意図」があり「対抗闘争行為の一環」であるので，正当防衛の観念をいれる余地はなく過剰防衛の成立を否定して第 1 審判決を破棄した。被告人側から上告がなされ，最高裁の本判決は，次のように判示して原判決を破棄して原審に差し戻している。

争点 攻撃意思の併存は防衛行為としての性質を失わせるか。

判旨 「急迫不正の侵害に対し自己または他人の権利を防衛するためにした行為と認められる限り，その行為は，同時に侵害者に対する攻撃的な意思に出たものであっても，正当防衛のためにした行為にあたると判断するのが，相当である。すなわち，防衛に名を借りて侵害者に対し積極的に攻撃を加える行為は，防衛の意思を欠く結果，正当防衛のための行為と認めることはできないが，防衛の意思と攻撃の意思とが併存している場合の行為は，防衛の意思を欠くものではないので，これを正当防衛のための行為と評価することができるからである。」

解説 本件においては，防衛意思と攻撃意思が併存するばあいであっても正当防衛は成立し得るか，が問題となった。典型的な防衛行為は，もっぱら防衛意思に基づいてなされる。防衛意思を必要と解する通説・判例（大判昭 11・12・7 刑集 15 巻 1561 頁，最判昭 33・2・24 刑集

12巻2号297頁など）の見地からは，防衛行為に名を借りた積極的な攻撃が防衛意思を欠き正当防衛とは評価されないことは当然である。

それでは，本件のように防衛意思と同時に積極的な攻撃意思をも有してなされた反撃行為はどのように評価されるべきか，が問題となるのである。このばあい，2つの意思の何れを重視すべきか，ということが重要な論点となる。

第1審は，防衛行為とみとめ過剰防衛の成立を肯定した。これに対して原審は，対抗的攻撃意思がある以上，防衛行為とはいえず過剰防衛はみとめられないとした。つまり，前者は防衛意思を，後者は攻撃意思をそれぞれ重視したといえるのである。もっとも，本件事案は，急迫不正の侵害の存在が認定できるかどうかの限界ケースであるので，両者の結論に微妙な相違が生じたとの推測もなされている。

しかし，純法理的には，正当防衛において防衛意思と攻撃意思が併存できるか，ということが問題となるのである。この点につき本件最高裁判決は，両者の併存をみとめ，防衛意思がある以上，正当防衛行為として評価されるべきであることを肯定している。

すでに最高裁の判例は，手拳で2回位顔面を殴打し，さらに立ち向かい殴りかかってきた者を，憤激・逆上して，くり小刀で刺殺したという事案において，「刑法36条の防衛行為は，防衛の意思をもってなされることが必要であるが，相手の加害行為に対し憤激または逆上して反撃を加えたからといって，防衛の意思を欠くものと解すべきではない」と判示している（最判昭46・11・16刑集25巻8号996頁）。この昭和46年判決は，防衛行為のきっかけが憤激・逆上という感情的要因に基づくとしても，なお防衛意思が存在することをみとめたものである。防衛意思があるといえるためには，違法な侵害行為に対応する意思があれば足りるのであるから，憤激・逆上はその妨げとはならない。本件判決は，さらに歩を進め，攻撃意思が併存するばあいにも防衛意思を肯定しているのである。

本件判決は，この種の事案に関する最初の判例であり，学説によって好意的に受け入れられている。

29 防衛行為の相当性

最判平元・11・13（刑集 43 巻 10 号 823 頁）

事実　被告人Xは，軽貨物自動車を空地前の道路に駐車して近くの薬局に赴いた際，A（当時 39 歳）が貨物自動車を空地に入れるのにXの車が邪魔になるとして数回警笛を吹鳴したので，自車を移動させたが，それでも自車を空地を入れることができなかったAが，Xに対し怒号したため，再び車を移動させた。「言葉遣いに気をつけろ。」と言ったXに対し，Aが，「お前，殴られたいのか。」と言って手拳を前に突き出し，足を蹴り上げる動作をしながら近づいて来たので，Xは，恐くなり，車内に置いてある菜切包丁（刃体の長さ約 17.7 センチメートル）でAを脅してAからの危害を免れようと考え，菜切包丁を右手で腰のあたりに構えてAに対し「殴れるのなら殴ってみい。」と言ったのに近づいてきたので，さらに「切られたいんか。」と申し向けた。

　Xは，①脅迫罪（暴力行為等処罰ニ関スル法律 1 条違反の罪）および②銃砲刀剣類所持等取締法 22 条違反の罪で起訴された。第 1 審は両罪の成立を肯定した。原審は，①につき過剰防衛の成立を肯定した。被告人側から上告がなされ，最高裁の本判決は，次のように判示して原判決を破棄のうえ自判し被告人に無罪を言い渡している。

争点　①危害を免れるために，菜切包丁を腰のあたりに構えて脅迫する行為は，防衛手段としての相当性の範囲を逸脱するか。②菜切包丁の携帯は正当防衛行為の一部を構成しその違法性を阻却されるか。

判旨　「原判決が，素手で殴打しあるいは足蹴りの動作を示していたにすぎないAに対し，被告人が殺傷能力のある菜切包丁を構えて脅迫したのは，防衛手段としての相当性の範囲を逸脱したものであると判断したのは，刑法 36 条 1 項の『已ムコトヲ得サルニ出テタル行為』の解釈適用を誤ったものといわざるを得ない。……被告人は，年齢も若

く体力にも優れたAから,『お前,殴られたいのか。』と言って手拳を前に突き出し,足を蹴り上げる動作を示されながら近づかれ,さらに後ずさりするのを追いかけられて目前に迫られたため,その接近を防ぎ,同人からの危害を免れるため,やむなく本件菜切包丁を手に取ったうえ腰のあたりに構え,『切られたいんか。』などと言ったというものであって,Aからの危害を避けるための防御的な行動に終始していたものであるから,その行為をもって防衛手段としての相当性の範囲を超えたものということはできない。……Aを脅迫する際に刃体の長さ約17.7センチメートルの菜切包丁を携帯した……行為は,Aの急迫不正の侵害に対する正当防衛行為の一部を構成し,併わせてその違法性も阻却されるものと解するのが相当であるから,銃砲刀剣類所持等取締法22条違反の罪は成立しない。」

解説 最高裁の判例は,「刑法36条1項にいう『已ムコトヲ得サル出テタル行為』とは,急迫不正の侵害に対する反撃行為が,自己または他人の権利を防衛する手段として必要最小限度のものであること,すなわち反撃行為が侵害に対する防衛手段として相当性を有するものであることを意味する」と判示し(最判昭44・12・4刑集23巻12号1573頁),相当性の内容について「防衛行為が已むことを得ないとは当該具体的事態の下において当時の社会通念が防衛行為として当然性・妥当性を認め得るものをいう」と理解している(最判昭24・8・18刑集3巻9号1465頁)。本判決は,内容的にこれらの判例と同旨であり,争点①に関して,相当性の範囲内にあるとする。Xの脅迫行為が,身体に対する急迫不正の侵害を避けるための「防禦的な行動」に終始したかぎり,「身体」の直接的侵害との関係において「意思決定の自由」に対する侵害は低く評価される。本件事案は,「身体」対「自由」という異質の法益間の衡量を問題にしている点で,事例判例として重要な意義を有する。

争点②に関して,菜切包丁を持ったうえでの脅迫行為が正当防衛である以上,その所持も当然正当防衛である。

30 現在の危難

最判昭 35・2・4（刑集 14 巻 1 号 61 頁）

事実 道路委員等の立場にあった被告人Ｘらは，村所有の吊橋が腐朽して車馬の通行に危険が生じていたので，村に再三架替えを要請したが，実現しなかったので，人工的に橋を落下させ，表面は雪害による落橋を装って災害補償金の交付を受ければ架替えが容易になると考えて，他の数名と共謀のうえ，ダイナマイトを爆発させて橋を損壊し川中に落下させた。被告人Ｘらは，爆発物使用罪（爆発 1 条）と往来妨害罪（刑 124 条 1 項）の共同正犯で起訴されたが，Ｘ側は緊急避難の成立を主張した。

第 1 審は，「仮橋を設けて，架替工事をする等」他の方法があったから「已むことを得ない行為であったということはできない」として懲役 3 年 6 月に処した。原審は，「きわめて切迫した危険状態」はなく，他の方法があるため避難行為ともいえないとしたが，刑法 38 条 3 項ただし書きの「情状」をみとめて量刑不当で 1 審判決を破棄し，懲役 2 年執行猶予 3 年に処した。第 1 次上告審判決が破棄差し戻した後の原判決は，橋の「構造，経過年数，腐朽度等に鑑み通行の際の激しい動揺はまさに通行者の生命，身体等に対し直接切迫した危険を及ぼしていた」ので「現在の危難」があるとしたうえで，被告人らの行為は「広い意味の工事に着手したという趣旨」でやむをえない行為であったが，「仮橋を設置するなど利用者の往来に支障を来さないよう」にする措置のないまま通行を遮断した点で，害の程度を超えた過剰避難にあたるとして，再び第 1 審判決を破棄して控訴審と同じ刑に処した。これに対して検察官から上告がなされた。

本判決は，職権で次のように判示して原判決を破棄し差し戻している。

争点 ①緊急避難の要件である「現在の危難」が存在するか。②緊急避難の要件である「相当性」がみとめられるか。

判旨 「原審は，本件吊橋を利用する者は夏から秋にかけて 1 日平均約 2，

30人，冬から春にかけても1日平均2,3人を数える有様であったところ，右吊橋は腐朽甚しく，両3度に亘る補強にも拘らず通行の都度激しく動揺し，いつ落下するかも知れないような極めて危険な状態を呈していたとの事実を認定し，その動揺により通行者の生命，身体等に対し直接切迫した危険を及ぼしていたもの，すなわち通行者は刑法37条1項にいわゆる『現在の危難』に直面していたと判断しているのである。しかし，記録によれば，右吊橋は200貫ないし300貫の荷馬車が通る場合には極めて危険であったが，人の通行には差支えなく，しかも右の荷馬車も，村当局の重量制限を犯して時に通行する者があった程度であったことが窺えるのであって，果してしからば，本件吊橋の動揺による危険は，少くとも本件犯行当時たる昭和28年2月21日頃の冬期においては原審の認定する程に切迫したものではなかったのではないかと考えられる。更に，また原審は，被告人等の本件所為は右危険を防止するためやむことを得ざるに出でた行為であって，ただその程度を超えたものであると判断するのであるが，仮に本件吊橋が原審認定のように切迫した危険な状態にあったとしても，その危険を防止するためには，通行制限の強化その他適当な手段，方法を講ずる余地のないことはなく，本件におけるようにダイナマイトを使用してこれを爆破しなければ右危険を防止しえないものであったとは到底認められない。しからば被告人等の本件所為については，緊急避難を認める余地なく，従ってまた過剰避難も成立しえないものといわなければならない。」

解説 ①緊急避難における「現在の危難」は，「現に危険の切迫している」ことを意味し（最[大]判昭24・5・18刑集3巻6号772頁），正当防衛における「急迫」と「ほぼ同様に」解すべきである（最判昭24・8・18刑集3巻9号1465頁）。本判決は，これを前提にして，本件の吊橋は人の通行には差し支えなく，荷馬車も，村当局の重量制限を犯して時に通行する者があった程度であったので，吊橋の動揺による危険は，少くとも本件犯行当時の冬期には原審の認定する程に切迫していなかったと判断している。②については，原審認定のような切迫した危険があったとしても，その危険を防止するためには，通行制限の強化その他適当な手段，方法を講ずる余地があり，ダイナマイトを使用してこれを爆破しなければ危険を防止し得ないものではなかったとして，相当性を否定している。

31 自招危難

大判大 13・12・12（刑集 3 巻 867 頁）

事実 自動車運転手である X は，大正 13 年 3 月 19 日午後 9 時 30 分頃，自動車を運転して，道幅が十間程でその中央に複数の電車軌道があり，その両側が人車道となっている道路左側を走行中，数間の前方に同一方向に向かって並列して 3 人の通行者が歩いていて，警笛を鳴らしても容易に道をあけず，さらにその前方数間のところに同一側の電車軌道上を高さ数尺の貨物を積載して対向してくる荷車があり，そのさらに前方には対向してくる自動車があったため，そのまま前進することができなくなったので，進路を右前方に転じ荷車の右側をすれ違って通過しようとした。X は，業務上必要な注意を怠り漫然と，急速力ですれ違おうとしたところ，突然，荷車の背後から A（16 歳）が現れ，道路を右に横切ろうとしたので，これを避けようとして進路をさらに右方に転換したため，通行していた A の祖母 B（62 歳）に自車を衝突させ，B を死亡させた。

原審は緊急避難の成立を否定したので，上告がなされ本判決は次のように判示し上告を棄却している。

争点 行為者によって有責的に招来された危難に対して緊急避難がみとめられるか。

判旨「刑法 37 条に於て緊急避難として刑罰の責任を科せさる行為を規定したるは，公平正義の観念に立脚し他人の正当なる利益を侵害して尚自己の利益を保つことを得せしめんとするに在れは，同条は，其の危難は行為者が其の有責行為に因り自ら招きたるものにして社会の通念に照し已むを得さるものとして其の避難行為を是認する能はさる場合に，之を適用することを得さるものと解すへきに依り，原判決の判断は正当な」り。

解説 本件は、自招危難と緊急避難に関するリーディング・ケースである。自招危難とは、避難行為者によって有責的に（故意または過失に基づいて）招来された危難をいい、それに対して緊急避難が許されるか否かが問題となる。刑法37条は、たんに「現在の危難」に対する緊急避難をみとめ、制限を付していないので、自招危難に対する緊急避難を否定する法文上の制約は存在しない。実質的観点からは、「法秩序は危難を避けようとする本能的行動に対して寛容であるべきである」とする主張の是非について衡平の原則に即して検討する必要がある。自招危難に対する緊急避難に関して、学説は、①全面否定説、②全面肯定説、③形式的二分説（折衷説）、④実質的二分説（個別化説、個別的処理説）に大別される。③形式的二分説は、故意に基づく危難については緊急避難の成立を否定し、過失に基づく危難については緊急避難の成立を肯定する。自招性が故意によるのか過失によるのか、という形式的基準によって緊急避難の成否を決するのである。④実質的二分説は、実質的な観点から個別的に緊急避難の成立を肯定するばあいと否定するばあいとを区別する見解である。ただし、その基準は明らかではない。故意による自招危難であっても、当初予測した程度をはるかにこえる危難については緊急避難の成立をみとめるべきであるばあいがあるので、実質的観点から個別的に処理するのが妥当であり、自招性は一律に危難、補充性または相当性のいずれか1つにだけ関係するものではないから、緊急避難の成立要件に関して総合的に判断されるべきである。

本件の原判決は全面否定説の立場から、過失による自招避難に対する緊急避難の成立を否定したが、本判決は、一般命題として「行為者が其の有責行為に因り」自ら招いた危難に対して緊急避難が成立し得ることをみとめたうえで、本件事案についてはこれを否定しており、実質的二分説の立場に立っている。「社会の通念に照し已むを得ざるものとして其の避難行為を是認する」ことができるか否か、によって決めようとしているのは、総合判断説の立場に近いと解される。この問題に関する最高裁の判例はまだ存在しないが、下級審判例には、緊急避難の成立をしたものがいくつかある（名古屋高裁金沢支判昭32・10・29刑裁特4巻21号558頁、東京高判昭45・11・26判タ263号355頁、東京高判昭47・11・30刑月4巻11号1807頁など）。

32 過剰防衛か誤想防衛か

最判昭 24・4・5（刑集 3 巻 4 号 421 頁）

事実　被告人 X は，父 A らと屋外で口論になり，A が X の胸倉を捕まえるなどしたため自宅に逃げ帰ったところ，A がその後を追って勝手土間に入り，棒様の物を手にして X に打ちかかってきた。逃げ場を失った X は，自己の身体を防衛するため，その場にあった斧を斧ではない何か棒様の物と思ってこれを手に取って反撃し，興奮のあまり，その峯および刃で A の頭部を数回殴りつけてその場に昏倒させ死亡させた。X は，刑法旧 205 条 2 項の尊属致死罪で起訴された。

原審は，X の行為につき刑法旧 205 条 2 項の尊属傷害致死罪の構成要件該当性を肯定し過剰防衛の成立をみとめて刑を減軽し，X を懲役 2 年 6 月に処した。これに対して被告人側から上告がなされ，上告趣意において，X の行為は客観的に過剰であるとしても，X は単なる棒で反撃していると思っていたので過剰事実の認識を欠いており，過剰防衛ではなく誤想防衛として故意責任が阻却され無罪となるべきであり，もし過失があるとすれば過失致死をもって論ずべきであるとの主張がなされた。

本判決は，次のように判示して上告を棄却している。

争点　棒による急迫不正の侵害に対して，自己の身を護るため反撃するに当たって，斧を棒様の物と誤認して手に取ってその峯および刃で頭部を数回殴打して死亡させたばあい，過剰防衛となるのか，それとも誤想防衛となるのか。

判旨　「原審は斧とは気付かず棒様のものと思ったと認定しただけでたゞの木の棒と思ったと認定したのではない，斧はたゞの木の棒とは比べものにならない重量の有るものだからいくら昂奮して居たからといってもこれを手に持って殴打する為め振り上げればそれ相応の重量は手に感じる筈である，当時 74 歳（原審認定）の老父（原審は被害者が実

> 父Aであることの認識があったと認定して居るのである）が棒を持って打ってかゝって来たのに対し斧だけの重量のある棒様のもので頭部を原審認定の様に乱打した事実はたとえ斧とは気付かなかったとしてもこれを以て過剰防衛と認めることは違法とはいえない。」

解説 本件においては，過剰防衛が成立するのか，誤想防衛が成立するのか，が問題となった。その理由は，Xが斧と気付かずに棒様の物と「誤認」して「斧で」74歳の実父を殴打して死亡させた点をどのように評価すべきか，に由来する。本判決は，現在では廃止されている尊属致死罪（旧205条2項）に関して判示したものであるが，法理的には現行の傷害致死罪についても妥当するので，なお重要判例なのである。

過剰防衛における過剰性は，発生した結果ではなくて侵害行為と反撃行為とを比較して決められる。本判決も，これと同様の考えで過剰か否か，を判断しているといえる。すなわち，本判決は，原判決が認定したのは，「斧とは気付かず棒様のものと思った」という事実であって「ただの木の棒と思った」という事実ではないとしたうえで，「斧はただの木の棒とは比べものにならない重量の有るものだからいくら昂奮して居たからといってもこれを手に持って殴打する為め振り上げればそれ相応の重量は手に感じる筈である」と判示している。そして「棒を持って打ってかかって来たのに対し斧だけの重量のある棒様のもので頭部を原審認定の様に乱打した事実はたとえ斧とは気付かなかったとしても」過剰性があると判断している。これは，ただの木の棒による老父の「侵害行為」と斧だけの重量のある棒様の物で頭部を乱打する「防衛行為」を比較してこれを過剰と判定して過剰防衛の成立をみとめるものである。すなわち，防衛行為の「相当性」は，侵害「行為」と防衛「行為」を比較して，均衡がとれているばあいには，その防衛行為は「相当」である。しかし，防衛行為の方が侵害行為に比べて重大な法益侵害をもたらす危険を有する行為であるばあいには，相当性の枠を超えて「過剰」となるわけである。本判決は，急迫不正の侵害の存在をみとめ誤想防衛の主張を排斥している。

33 誤想過剰防衛
――英国騎士道事件（勘違い騎士道事件）
最決昭 62・3・26（刑集 41 巻 2 号 182 頁）

事実 被告人 X は，イギリス人の男性で空手 3 段の腕前を有する者であるが，某日の夜，帰宅途中の路上で，酩酊した A 女とこれをなだめていた B とが揉み合ううち A が倉庫の鉄製シャッターにぶつかって尻もちをついたのを目撃して，B が A に暴行を加えているものと誤解し，A を助けるために両者の間に割って入ったうえ，A を助け起こそうとしたところ，A から「ヘルプミー，ヘルプミー」と言われ，次いで B の方を振り向き両手を差し出して同人の方に近づいた。その際，B がこれを見て防御するため手を握って胸の前あたりにあげたのを見て，X は，B がボクシングのファイティングポーズのような姿勢をとり自分に殴りかかってくるものと誤信し，自己および A の身体を防衛しようと考え，とっさに B の顔面付近に当てるべく空手技である回し蹴りをして，左足を B の右顔面付近に当て，B を路上に転倒させて B に頭蓋骨骨折などの傷害を負わせた。B は，8 日後に同傷害による脳硬膜外出血および脳挫滅により死亡した。

　第 1 審は，B による急迫不正の侵害を誤想し，これに対する防衛行為として回し蹴り行為をなしたものであり，死亡の結果が生じていても防衛の程度を超えておらず，また，誤想について過失もなかったとして無罪を言い渡した。検察官から控訴がなされ，原審は，被告人が急迫不正の侵害があるものと誤想して反撃行為に出たことをみとめたうえで，被告人の行為は防衛行為としての必要かつ相当の限度を超えたものであり，その事実について被告人の認識に錯誤はないので，誤想防衛ではなくて誤想過剰防衛の成立を肯定して刑法 36 条 2 項の過剰防衛の規定により減軽し，懲役 1 年 6 月，執行猶予 3 年を言い渡した。これに対して被告人側から上告がなされ，最高裁の本決定は，次のように判示して上告を棄却している。

争点 ① X による回し蹴り行為は，誤信した急迫不正の侵害に対する防衛手段として相当性を逸脱しているか。すなわち，誤想過剰防衛に当

たるか。②誤想過剰防衛のばあい，36条2項を適用して刑を減軽することができるか。

決定要旨　「本件回し蹴り行為は，被告人が誤信したBによる急迫不正の侵害に対する防衛手段として相当性を逸脱していることが明らかであるとし，被告人の所為について傷害致死罪が成立し，いわゆる誤想過剰防衛に当たるとして刑法36条2項により刑を減軽した原判断は，正当である（最高裁昭和40年（あ）第1998号同41年7月7日第二小法廷決定・刑集20巻6号554頁参照）。」

解説　本件は，英国人で空手の有段者である被告人が急迫不正の侵害を誤想し騎士道精神に則って防衛行為に出たため，「英国騎士道事件」または「勘違い騎士道事件」と呼ばれる事件である。本件においては，被告人の行為が誤想防衛なのか，それとも誤想過剰防衛なのか，が争われた。すなわち，第1審は誤想防衛とし原審および本決定は誤想過剰防衛としているのである。

　このように結論が分かれるのは，回し蹴り行為の危険性の評価に相違があるからにほかならない。この点について，第1審は，被告人の左回し蹴りは相互の行為の性質，程度その他当時の具体的な客観的事情に照らして防衛手段として「相当性」を有するとしたが，原審は，空手の技の中でも危険な回し蹴りを相手の顔面付近に命中させたことは正当防衛の相当性を欠くとしたのである。最高裁の本決定は，誤信した「急迫不正の侵害に対する防衛手段として相当性を逸脱していることが明らかである」として，原審の判断を是認したのである。

　本件においては，さらに誤想過剰防衛に対して36条2項を適用できるか否かが問題となった。36条2項は過剰防衛の規定であるから，急迫不正の侵害が存在しない誤想過剰防衛に対しては直接適用されるべきでないのではないか，という疑問が生ずる。この点について本決定は，理由を明示しないで36条2項を適用して刑の減軽をみとめている。

34 誤想過剰避難

大阪簡判昭 60・12・11（判時 1204 号 161 頁）

事実 被告人 X は，昭和 60 年 9 月 13 日，国鉄天王寺駅構内中央コンコースの 2 階に上る階段に座っていたところ，やくざ風の 50 歳くらいの男 A から「仕事を探しているなら俺にまかせておけ」などと声をかけられ，酒を飲ませてもらい，そのころ同所に来た男の知り合いと見られる 35 歳くらいのやくざ風の男 B から外へ出ようと言われ手を引っ張られた。たくさんの酒を飲ませてくれたのは彼らに何か魂胆があり，蛸部屋のような飯場にでも連れて行かれるのではないかと不安になり立ち上がらなかったところ，B から頭をこづかれたりした。A らは，「また戻ってくるからそこにいろ」と言ってその場から立ち去った。X は，2 日前に近辺で数人の男から殴られて所持金を奪われ，前歯を折られるなどの負傷をしたことがあったことと思い合わせ，恐ろしくなり早く逃げ出さねばと考えたが，コンコース内のどこからか A らに見られている感じがし，逃げ出すのを見つかれば暴行を加えられるに違いないと思い込み，コンコースからそのまま外に出ることができなかった。X は，コンコース内の地下へ降りる階段から地下街に入り，C 理容店店内に散髪バサミを見付けたため，これを護身用にしようと思い同店に入って当該ハサミを勝手に持ち出し，階段を上ったが，同店の従業員らに追跡され，鉄道公安職員に逮捕された。

被告人は，窃盗罪で起訴され，弁護人が誤想避難による故意阻却を主張したが，大阪簡裁は，次のように判示して同罪の成立をみとめたうえで，37 条 1 項ただし書きにより刑を減軽し懲役 4 月の実刑判決を言い渡している。

争点 ① X が散髪バサミを窃取した行為は，誤想避難か誤想過剰避難か。
② 誤想過剰避難行為について 37 条 1 項ただし書きを適用できるか。

判旨「被告人の本件所為当時いまだ身体に対する切迫した危難があるということはできないが，被告人はいまにも 2 人のやくざ風の男から身

体に危害を加えられると思いこみ，この危難を避けるため護身用具が必要と考えて本件の散髪バサミを持ち出したことは疑いがないから被告人が現在の危難を誤想してこれを避けるため本件行為に出たものということができる。」

「被告人がコンコース内のどこかにいると思った2人の男から身を隠くした形になってからアベノ地下街に入っているのであり，同地下街には多数の店舗があるほか，地下鉄谷町線へ下る入口が4ヶ所，コンコースのある前記天王寺駅ステーションビルから相当離れた地上に出る階段が7ヶ所（そのうちすぐ目につくのは2ヶ所）あり，右の階段から地上に出て2人の男から逃避することができるばかりでなく，危難を怖れるのであれば同地下街の店の人に頼んで電話で警察に連絡して貰って救助を求める余裕もあったものと認められる。ただ被告人は，本件の4日前に大阪に出て来たものであり，地理が判らないことや誤想に基づく当時の被告人の心情を考慮すると，被告人に右のような方法をとることを現実に期待することは困難な面があったとみられる。それ故右のような状況下でなされた被告人の本件所為は現在の危難の誤想に基づく避難行為といえても止むを得ない程度をこえた過剰避難であるといわざるを得ない。」

「被告人は，前記のように地下1階に下りてからは2人の男から逃避可能な方法を見出そうとせず，専ら護身用具を探がしていたもので，他に避難の方法がないと思って本件所為に出たものではないと認められる。」

解説 本件においては，誤想避難または誤想過剰避難の成否が問題となった。争点①につき本判決は，誤想過剰防衛の成立をみとめた重要な事例判例である。誤想過剰避難とは，現在の危難が存在しないにもかかわらず，それがあると誤想しておこなった避難行為が避難の程度を超えているばあいをいう。本件は，現在の危難を誤想しておこなった避難行為が補充性の程度を逸脱し，かつその過剰性の認識があったケースであるとされている。②誤想過剰避難に37条1項ただし書きを適用ないし準用することの可否は，過剰避難の法的性質と関連するが，本判決は，この点については触れずにその適用をみとめている。本判決は，誤想過剰避難の成立をみとめて37条1項ただし書きを適用した重要判例である。

35 責任能力の判定基準

最決昭 59・7・3（刑集 38 巻 8 号 2783 頁）

事実 被告人Xは，友人Aの妹Bに結婚を申し込んで断られたことから，A，Bをはじめその家族を殺害して意趣を晴らそうと決意し，木に仮装した鉄棒を構え同家に上がり込み，A，Bの実姉CおよびCの子供Dの頭部と，駆けつけてきた近所の男性などの頭部をそれぞれ鉄棒で殴打し，よって，そのうち2名を即死させ，3名を病院で死亡させ，2名に重傷を負わせた。

第1審および原審は，完全責任能力を肯定した。第1次上告審は，精神分裂病（統合失調症）の影響により，行為の是非善悪を弁識する能力またはその弁識に従って行動する能力が著しく減退していたとの疑いがあるとして，原判決を破棄し高裁に差し戻した。差戻し後の原審は，統合失調症の状態にあったことをみとめて1審判決を破棄し，さらに被告人側から無罪を主張して上告がなされたが，最高裁は次のように判示して上告を棄却している。

争点 裁判所は，精神鑑定の結果，ならびに，被告人の犯行当時の病状，犯行前の生活状態および犯行の動機・態様などを総合して，統合失調症（精神分裂病）者を心神耗弱者と認定できるか。

決定要旨 「なお，被告人の精神状態が刑法39条にいう心神喪失又は心神耗弱に該当するかどうかは法律判断であるから専ら裁判所の判断に委ねられているのであって，原判決が所謂精神鑑定書（鑑定人に対する証人尋問調書を含む。）の結論の部分に被告人が犯行当時心神喪失の状況にあった旨の記載があるのにその部分を採用せず，右鑑定書全体の記載内容とその余の精神鑑定の結果，並びに記録により認められる被告人の犯行当時の病状，犯行前の生活状態，犯行の動機・態様等を総合して，被告人が本件犯行当時精神分裂病の影響により心神耗弱の状態にあったと認定したのは正当として是認することができる。」

解説 本件においては，統合失調症の状態にあった者の責任能力の有無が問題となった。その判定に当たって何を基準とすべきか，も問われたのである。

統合失調症（精神分裂病）とは，思春期以降の青年が，はっきりした外因，心因性の原因なしに発病し，幻聴，妄想などの特異な精神症状の出現とともに，しだいに自閉状態に陥り，人格の統一を失い，しばしば慢性の経過で進行し，その多くはついに特有の精神荒廃に陥るような精神疾患をいう。統合失調症といっても，それは実に複雑であり，その症状は必ずしも一定しているわけではないようである。しかも，その診断は，日常の行動や反応などの症状によって判断されるため，診断者によって微妙に異なるといわれる。精神科医による鑑定に影響力があるだけに，心神喪失か心神耗弱かの法律判断も微妙に揺れ動かざるを得ない。このように，精神病者の責任能力の有無は，実に困難な問題であるといえる。

責任能力の有無の判断は，法律判断であるから，精神鑑定書の意見に拘束されないとするのが，通説・判例の立場である。そして，その判定は，精神の障害の程度という生物学的基準と事物の理非善悪を弁識する能力はまたはこの弁識に従って行動する能力の程度という心理学的基準との混合的方法によってなされるべきであるとされる。

ところで，統合失調症者の責任能力については，判例上，心神喪失・心神耗弱のいずれと判定すべきかは確立されていない。このような状況の下において，本決定は，統合失調症の影響がみとめられるばあいでも，精神鑑定結果や他の証拠を総合考察して，当時の病状，犯行前の生活状態，犯行の動機・態様から心理学的能力を判断し，心神耗弱の判定をなし得るとしている。すなわち，本決定は，「心神喪失又は心神耗弱に該当するかどうかは法律判断であるからもっぱら裁判所の判断に委ねられている」のであり，「精神鑑定者は全体の記載内容とその余の精神鑑定の結果，並びに記録により認められる被告人の犯行当時の病状，犯行前の生活状態，犯行の動機，態様等を総合して」心神耗弱と認定した原判決は正当であると判示しているのである。

本決定は，「責任能力判定の指針を明確化」していると評価されているのである。

36 過失犯と原因において自由な行為

最[大]判昭 26・1・17（刑集 5 巻 1 号 20 頁）

事実 被告人 X は，某飲食店で，同店の使用人 A と飲食を共にし，同店の調理場において同店の女給 B の左肩に手をかけ顔を B の顔に近寄せたのに，すげなく拒絶されたため，B の顔を殴打したところ，A ら居合わせた者に制止されて憤慨し，とっさに傍にあった肉切包丁で A を突き刺して出血多量によりその場で死亡させた。

原審は，上記の事実につき，「被告人には精神病の遺伝的素質が潜在すると共に，著しい回帰性精神病者的顕在症状を有するため，犯時甚だしく多量に飲酒したことによって病的酩酊に陥り，ついに心神喪失の状態において右殺人の犯罪を行ったことが認められるので」X を無罪とすべきであると判示した。これに対して検察官から上告がなされ，上告趣意において，責任能力の判断につき，審理不十分があるか，経験則違反があるとの主張がなされた。

最高裁判所の本判決は，次のように判示して原判決を破棄し差し戻している。

争点 多量に飲酒すると病的酩酊に陥って心神喪失の状態において他人に犯罪の害悪を及ぼす危険のある素質を有する者について，過失致死罪の原因において自由な行為をみとめることができるか。

判旨 「本件被告人の如く，多量に飲酒するときは病的酩酊に陥り，因って心神喪失の状態において他人に犯罪の害悪を及ぼす危険ある素質を有する者は居常右心神喪失の原因となる飲酒を抑止又は制限する等前示危険の発生を未然に防止するよう注意する義務あるものといわねばならない。しからば，たとえ原判決認定のように，本件殺人の所為であったとしても(イ)被告人にして既に前示のような己れの素質を自覚していたものであり且つ(ロ)本件事前の飲酒につき前示注意義務を怠ったがためであるとするならば，被告人は過失致死の罪責を免れ得ないものといわねばならない。」

解説 本件においては，多量に飲酒すると病的酩酊に陥って心神喪失の状態において他人に犯罪の害悪を及ぼす危険のある素質を有する者が，自己の素質を自覚していたにもかかわらず，多量に飲酒し心神喪失状態の時に他人を包丁で突き刺して死亡させたばあいに，過失致死罪の成立を肯定できるか否か，が問題となった。これは，過失犯について「原因において自由な行為」の理論を適用できるか，という問題にほかならない。本判決は，酩酊中の犯罪について「原因において自由な行為」の理論の適用を明確にみとめた最高裁の最初の判例である。

　大審院の判例は，酩酊犯罪について心神喪失による無罪をみとめず，酩酊犯罪の大部分に対して故意犯の完全責任を肯定していた。このような情勢のもとで，最高裁が「原因において自由な行為」の理論をとることを明らかにしたことの意義はきわめて大きい。

　過失犯のばあい，責任能力時における注意義務違反があり，かつ，それによって結果が発生すれば，原因において自由な行為の理論を用いる必要性に乏しいといえなくはないが，その実体は故意犯と異なるところがなく，また学説上広く承認されてきたのである。本判決は，行為者に対して「心神喪失の原因となる飲酒を抑止又は制限する等」の危険防止義務をみとめ，「事前の飲酒につき前示注意義務違反」があるばあいに過失致死罪の成立を肯定したことによって実務上もその理論的整序をおこなったとして，学説上，高く評価されている。すなわち，本判決は，「多量に飲酒するときは病的酩酊に陥り，因って心神喪失の状態において他人に犯罪の害悪を及ぼす危険ある素質を有する者」について，「心神喪失の原因となる飲酒を抑止又は制限する等前示危険の発生を未然に防止するよう注意する義務」をみとめたうえで，「(イ)被告人にして既に前示のような己の素質を自覚していたものであり且つ(ロ)本件事前の飲酒につき前示注意義務を怠ったがためであるとするならば，被告人は過失致死の罪責を免れない」と判示しているのである。

　本判決は，リーディング・ケースとしてその後の判例に決定的影響を及ぼしてきている。すなわち，実務においてこの理論を定着させるのに大いに貢献しているといえるのである。

37 限定責任能力と原因において自由な行為

最決昭 43・2・27（刑集 22 巻 2 号 67 頁）

事実 被告人 X は，バーで 3〜4 時間飲食した後，血液 1 ミリリットルについて 0.5 ミリグラム以上のアルコールを身体に保有し，その影響により正常な運転ができないおそれがある状態で自動車を運転した。その後，X は恐喝行為をおこなった。

第 1 審は，道路交通法 65 条，同施行令 26 条の 2，道路交通法 117 条の 2 第 1 号，刑法 249 条などを適用し，X が行為当時心神耗弱の状況にあったと認定して刑法 39 条 2 項により刑を減軽した。

原審は，犯行当時 X は心神喪失の状況にあったとする弁護人の主張を斥けて，第 1 審の認定を支持したが，「被告人は，心神に異状のない時に酒酔い運転の意思があり，それによって結局酒酔い運転をしているのであるから，運転時には心神耗弱の状態にあったにせよ，刑法第 39 条第 2 項を適用する限りではない」とした。

被告人側から上告がなされ，最高裁の本決定は，上告趣意は事実誤認，単なる法令違反の主張にすぎないとしたうえで，次のように判示して上告を棄却している。

争点 心神耗弱時の犯行に対して原因において自由な行為の法理を適用することができるのか。

決定要旨 「本件のように，酒酔い運転の行為当時に飲酒酩酊により心神耗弱の状態にあったとしても，飲酒の際酒酔い運転の意思が認められる場合には，刑法 39 条 2 項を適用して刑の減軽をすべきではないと解するのが相当である。」

解説 本件においては，酒酔い運転罪に刑法39条2項が適用されるかどうか，が問題となった。この点をめぐって判例・学説上対立があった。

否定説は，本罪の構成要件そのものが酩酊を理由とする責任無能力ないし限定責任能力の考慮を排除する規定であるとする。すなわち，本罪は，酩酊運転のもつ危険性を行為の違法内容の中核としているのであるから，その違法性の実質は責任能力の低下そのものに存し，違法性を基礎づける酩酊状態が同時に責任能力の障害として機能するのはおかしいので，本罪の特殊性から限定責任能力に関する39条2項の適用は排除される，というのである。

しかし，違法性と責任は別の原理であり，責任能力の低下が一方において加重されて他方において減軽されても，けっして背理ではないので，責任能力の減弱が違法性と責任の領域において二重に機能することの一事をもって39条2項の適用の排除を基礎づけることはできない。

そこで通説は，むしろ端的に限定責任能力状態の行為についても「原因において自由な行為の理論」を適用することによって，完全責任能力者と同様に処罰すべきであるとする。

ところで，心神耗弱者に対しても「原因において自由な行為の理論」を適用して，完全な責任能力者と同様に処罰することをみとめるためには，それが責任主義の要請である「行為と責任の同時存在の原則」に反しないことの論証が必要である。すなわち，行為時に完全な責任能力のある者だけが完全な責任を問われるのである。この点につき，見解が分かれるが，責任能力は実行行為をふくむ行為（1個の意思決定によって貫かれたもの，いいかえると1個の意思実現過程）の開始時に存在すれば足りると解する立場が有力であり，わたくしもこれを支持するものである。

本決定は，理由を示さずに限定責任能力状態の行為につき「飲酒の際酒酔い運転の意思が認められる場合には」39条2項の適用を否定している。これは，酒酔い運転の特殊性を強調したうえで刑法8条ただし書きを持ち出して39条2項の適用を排除する前述の否定説をとるものではなくて，通説と同様，「原因において自由な行為の理論」の適用をみとめたものであると解するのが妥当である。

38 違法性の認識
——百円札模造事件

最決昭62・7・16（刑集41巻5号237頁）

事実 Xは，日本銀行発行の百円紙幣と同寸大，同図案，同色のデザインのサービス券の裏面に自己経営の飲食店の広告を記載したものを2種類，他人に印刷させて，百円紙幣に紛らわしい外観を有するものを作成した。Xは，作成前に，A警察署防犯課保安係勤務の知合いの巡査および同課防犯係長から法文を示されたうえ，通貨に紛らわしいものを作ることは法に違反するので，サービス券の寸法を真券より大きくしたり，「見本」，「サービス券」などの文字を入れたりして紛らわしくないようにすればよいと助言されたにもかかわらず，その際の警察官らの態度が好意的であったことから，助言は断言的なものではないと解し，サービス券を作成しても処罰されないと考えてその助言に従わなかった。その後，Xがサービス券の一部を防犯係長らに差し出しても，格別の注意も警告も受けなかった。Yも同様にこれと同じようなサービス券を作成したが，その際，Yは，警察では問題ないと言っており，現に警察に配布しても何も注意も受けていない旨のXの話を信頼しただけで，独自の調査検討はしなかった。

第1審および原審は，違法性の錯誤につき「相当の理由」がないとして通貨及証券模造取締法1条違反の罪の成立を肯定した。

争点 違法性の認識が欠如することにつき「相当の理由」があるばあいには，犯罪は成立しないか。

決定要旨 上記のような「事実関係の下においては，被告人Xが第一審判示第一の各行為の，また，被告人Yが同第二の行為の各違法性の意識を欠いていたとしても，それにつきいずれも相当の理由がある場合には当たらないとした原判決の判断は，これを是認することができるから，この際，行為の違法性の意識を欠くにつき相当の理由があれば犯罪は成立しないとの見解の採否についての立ち入った検討をまつまで

もなく，本件各行為を有罪とした原判決の結論に誤りはない。」

解説 最高裁の判例は，違法性の意識の有無は犯罪の成否に影響を及ぼさないとする違法性の意識不要説の立場に立っているが，違法性の意識を欠くについて「相当の理由」があるばあいに犯罪の成立を否定している下級審判例がいくつか存在する。

本決定は，第1審および原審の認定した「事実関係の下においては」違法性の意識を欠いていたとしても「相当の理由がある場合には当たらない」とした原判決の判断は是認できるから，「行為の違法性の意識を欠くにつき相当の理由があれば犯罪は成立しないとの見解の採否についての立ち入った検討をまつまでもな」いとして，「相当の理由」があるばあいに犯罪の成立をみとめるべきか否か，については，判断を避けている。しかし，このような処理には疑問がある。なぜならば，最高裁が従来の違法性の意識不要説の立場から本件を解決するのであれば，「相当の理由」の不存在に言及する必要はまったくなかったはずであるからにほかならない。すなわち，従来の見地からは，違法性の錯誤（法律の錯誤）は罪責の存否に影響を及ぼさないのであるから，第1審判決および原判決との結論の一致は，「相当の理由」の不存在ではなくて，違法性の錯誤があることそれ自体を根拠とすべきなのである。つまり，最高裁としては，違法性の錯誤が存在する本件において，第1審判決および原判決が行為者の罪責を否定しなかったという結論だけを是認すべきであり，その結論の論拠となった「相当の理由がある場合に当たらない」ということに言及する必要はないのである。

本決定は，違法性の錯誤について相当の理由がないとする原判決を是認しているので，この点について事例判例としての意義を有する。Xは，警察官から適切な助言を得たのに勝手にそれを自己に有利に解釈した結果，違法性の意識を欠くに至ったのであり，Yも，Xの言葉を軽信せずに，自らさらに調査照会などをおこなっていれば，違法性の錯誤に陥らずにすんだはずである。それゆえ，XおよびYについて，「相当の理由」がないとした結論は妥当であるといえる。

39 期待可能性

最判昭 33・7・10（刑集 12 巻 11 号 2471 頁）

事実　A 電気株式会社 B 工場長の X は，失業保険法に基づき法人の代理人として従業員の賃金から控除した保険料を県労働部に納付する職務に従事していたが，経理悪化により本社からの送金が遅れたため，昭和 23 年 9 月以降 3 か月間，期日までに保険料を納付しなかったので，X および A 社は同法 53 条 2 号・55 条違反で起訴された。

第 1 審は，X には保険料を納付する義務はなく，自ら資金を調達して納付する期待可能性はないとして，X および A 社を無罪とした。第 2 審は，納付義務をみとめて破棄差し戻した。差戻し後第 1 審は，A 社には資金調達の手段が残されていたのに十分これを尽くしたとはみとめられないとして，X および A 社を罰金に処した。差戻し後第 2 審（原審）は，X に対し，保険料納付義務の履行を期待することは不可能であったと見るのが相当であるとし，X には不履行につき故意がなかったとして，X および A 社に無罪を言い渡した。検察官から上告がなされ，上告趣意において，期待可能性を欠くことを理由とする無罪は判例違反であるとの主張がなされた。

最高裁の本判決は，引用の諸判例は，期待可能性の理論を肯定も否定もしていないとして，上告を棄却して，カッコ内で次のように判示している。

争点　A 電気株式会社の B 工場長 X が，経理悪化により本社からの送金が遅れたため，法人の代理人として保険料を納付しないばあい，期待可能性を欠き責任が阻却されるか。

判旨　「〔失業保険法〕53 条 2 号に『被保険者の賃金から控除した保険料をその納付期日に納付しなかった場合』というのは，法人又は人の代理人，使用人その他の従業者が，事業主から保険料の納付期日までに被保険者に支払うべき賃金を受けとり，その中から保険料を控除したか，又はすくなくとも事業主が保険料の納付期日までに，右代理人等

に，納付すべき保険料を交付する等，事業主において，右代理人等が納付期日に保険料を現実に納付しうる状態に置いたに拘わらず，これをその納付期日に納付しなかった場合をいうものと解するを相当とし」，そのような事実の認められない本件においては，「被告人 X は，犯罪構成要件を欠き無罪たるべきものであり，行為者たる同被告人が無罪である以上，被告人会社も同法 55 条の適用を受くべき限りでなく，これまた無罪たるべきものである。」

解説 本件においては，期待可能性の理論の肯否が問題となった。期待可能性の理論とは，適法な行為をするように意思決定することが期待できない状況があったばあいには，その行為者に対して責任を問い得ないとする見解をいう。これは，行為時の具体的事情において，行為者に対して適法行為に出ることが期待可能なばあいにのみ，その行為者に責任非難を課し得ると解する理論である。これが具体的に妥当な結論をもたらす機能の重要性は失なわれていない。すなわち，形式的に過酷な責任追及をするのではなくて，行為状況を考慮に入れたうえで実質的観点から責任阻却の可能性をみとめることによって，具体的に妥当な結論が得られることの意義は，依然として重要である。

下級審判例には，期待可能性による責任阻却を是認するものもあるが，最高裁判所の判例は，期待可能性の理論を直接，肯定も否定もしていないと見るべきである。たしかに，期待可能性の欠如を理由にして無罪を言い渡した下級審判決が最高裁判所で破棄されたケースは少なくないが，しかし，下級審で期待可能性なしとして無罪とした三友炭鉱事件については，可罰的違法性の欠如を理由に無罪判決を維持し（最判昭 31・12・11 刑集 10 巻 12 号 1605 頁），また，失業保険料不納付に問われた本件においても，原審が，工場長について期待可能性なしとして無罪としたのに対して，納付義務そのものがないとして構成要件該当性を否定して，無罪判決を維持しながら期待可能性論の採否については判断を避けているのである。このように本判決も，期待可能性の理論による解決を避け，構成要件該当性がないとして無罪を言い渡している点で，事例判例としての意義を有する。

40 窃盗罪における実行の着手

最決昭 40・3・9（刑集 19 巻 2 号 69 頁）

事実　被告人 X は，昭和 38 年 11 月 27 日午前 0 時 40 分頃，電気器具商 A 方店舗内に窃盗目的で侵入し，真っ暗な店内を懐中電灯で照らしてあたりを見渡したところ，電気器具類が積んであり，電気器具店だと分かったが，なるべく現金を盗りたいので，現金が置いてあると思われる同店舗内東側隅の煙草売場に近づこうとした際，帰宅した A に発見され騒ぎ出されたので，逮捕を免れるため，所携の果物ナイフで A の胸部を突き刺して失血死させたうえ，A の妻 B に対し，顔面を手拳で強打するなどの暴行を加えて傷害を負わせた。

　上記事実につき，窃盗の実行の着手がみとめられると，強盗致死傷罪が成立するのに対して，それが否定されると傷害罪と傷害致死罪が成立するにとどまることになる。この点について第 1 審は，「被告人が金員窃取の目的を有している以上，判示のように懐中電燈で店内を探り，現金を置いてあると思われる煙草売場の所在を確め，これに近づく行為は，仮に所謂物色に該当しないとしても，被告人の意図する金員窃取に極めて密接な行為であって，窃取の実行の着手があったものと認めるのが相当」であると判示した。原審も，「窃盗の目的で他人の家屋に侵入し懐中電燈で屋内を見廻し，現金のおいてあると思われる場所を確めてその方へ近づく行為は窃盗行為に密接な行為であって，犯罪の実行の着手であったものと解するのを相当」とすると判示した。

　被告人側から上告がなされ，最高裁の本決定は，上告趣意は違法な上告理由に当たらないとして上告を棄却し，なお書きで次のように判示している。

争点　窃盗目的で電気器具店の店舗に侵入した後，なるべく現金を盗りたいとして煙草売場に近づこうとした時に，窃盗罪の実行の着手はみとめられるか。

1 実行の着手

決定要旨　「被告人は昭和38年11月27日午前零時40分頃電気器具商たる本件被害者方店舗内において, 所携の懐中電燈により真暗な店内を照らしたところ, 電気器具類が積んであることが判ったが, なるべく金を盗みたいので自己の左側に認めた煙草売場の方に行きかけた際, 本件被害者らが帰宅した事実が認められるというのであるから, 原判決が被告人に窃盗の着手行為があったものと認め, 刑法238条の『窃盗』犯人にあたるものと判断したのは相当である。」

解説　本件においては, 事後強盗致死傷罪の成否を決定づける窃盗罪の実行の着手時期が問題となった。なぜならば, 238条の事後強盗罪の主体である窃盗犯人といえるためには, 少なくても窃盗罪の実行に着手していた必要があるからである。つまり, 判例・通説によれば, 事後強盗罪は「身分犯」であり,「窃盗犯人」という身分を必要とする。窃盗罪の実行に着手した時に窃盗犯人という身分を取得することになる。窃盗罪における実行着手時期に関して, 大審院の判例は, 住居侵入窃盗につき,「他人の財物に対する事実上の支配を犯すに付密接なる行為を為したるとき」に実行の着手をみとめた (大判昭9・10・19刑集13巻1473頁)。この立場は, 密接行為説と称される。

本件の第1審および原審は, 密接行為説の見地から,「現金のおいてあると思われる場所を確めてその方へ近づく行為」は窃盗行為に「密接な行為」に当たるとして実行の着手を肯定した。

本決定は, 原審の結論を是認しているが, その理由については明言していない。そのため本決定の評価に関して, 学説上, 見解が分かれているが, 一般に実質的客観説の立場に立つものであるとされている。たしかに, 実質的客観説の見地からこれと同じ結論をみとめることも可能であるが, しかし, 土蔵への侵入窃盗のばあいと同様に解して, 電気器具商の店舗内に侵入した時点で実行の着手をみとめることもできるのである。なぜならば, Xは窃盗目的で店舗内に侵入しているので, 店舗内にある電気器具に対する占有侵奪の危険性はその時点で生じているからである。すなわち, 現金がなければ, 電気器具を窃取する危険性は十分にあったのである。

82 〈総論〉V 未　　遂

41 強姦罪における実行の着手

最決昭 45・7・28（刑集 24 巻 7 号 585 頁）

事実　被告人 X は，昭和 43 年 1 月 26 日午後 7 時 30 分頃，ダンプカーに友人である少年 Y を同乗させ，ともに女性を物色して情交を結ぼうとの意図のもとに徘徊(はいかい)走行中，通行中の A 女をみとめ，「車に乗せてやろう」などと声をかけながら約 100 m 尾行したものの，相手にされないことにいら立った Y が，下車して A に近づいて行くと，付近の空地に車を止めて待ち受けた。Y が A を背後から抱きすくめてダンプカーの助手席前まで連行して来ると，X と Y は，A を姦淫する意図を相通じたうえ，必死に抵抗する A を運転席に引きずり込み，発進して約 5km 離れた川の護岸工事現場に至り，同所において運転席内で A の反抗を抑圧して Y そして X の順に姦淫したが，A 女を引きずり込む際の暴行により A に全治約 10 日間の傷害を負わせた。X と Y は強姦致傷罪の共同正犯として起訴された。

　第 1 審は，X につき強姦致傷罪の共同正犯をみとめて懲役 3 年（Y は少年院送致）に処し，原審はこれを維持した。被告人側から上告がなされ，上告趣意において，強姦の着手時点は護岸工事現場に連行したとき以後であるから，強姦罪と傷害罪との併合罪で処断すべきであるとの主張がなされた。本決定は，上告を棄却したうえで次のように判示している。

争点　必死に抵抗する女性をダンプカーの助手席に引きずり込み，強姦する意思で発進して 5km 位離れた護岸工事現場まで行き，同運転席内で強姦したばあい，引きずり込もうとした時に，強姦罪の実行の着手がみとめられるか。

決定要旨　「かかる事実関係のもとにおいては，被告人が同女をダンプカーの運転席に引きずり込もうとした段階においてすでに強姦に至る客観的な危険性が明らかに認められるから，その時点において強姦行為の着

手があったと解するのが相当であり，また，Aに負わせた右打撲傷等は，傷害に該当することは明らかであって（最決昭和38年6月25日裁判集刑事147号507頁参照），以上と同趣旨の見解のもとに被告人の所為を強姦致傷罪にあたるとした原判断は，相当である。」

解説　本件においては，強姦致傷罪1罪が成立するのか，強姦罪と傷害罪が成立し併合罪となるのか，が争われた。強姦致傷罪が成立するためには，少なくても強姦罪の実行に着手していなければならない。そこで，強姦罪における実行の着手が問題となったのである。

強姦罪における実行の着手に関して，判例は，強姦の手段としての暴行・脅迫の開始の時点と解してきた（最判昭28・3・13刑集7巻3号529頁など）。暴行・脅迫行為と姦淫行為が時間的・場所的に接着しているばあい，その時点で法益侵害の危険性がみとめられるので，妥当である。

強姦致傷罪における傷害の結果は，姦淫行為自体だけでなく，姦淫の手段である暴行によって生じたばあいも含む（最決昭43・9・17刑集22巻9号862頁）。本件においては，XとYが，強姦の共同実行の意思でAをダンプカー内に引きずり込もうとした行為によってAに傷害を負わせており，これが姦淫の手段である行為といえるか，が問題となる。なぜならば，ダンプカーの運転席に「引きずり込む行為」は，場所移転のための手段としてなされたのであって，姦淫をおこなうための直接的な手段ではないからである。自動車を利用した強姦に関して下級審判例は，自動車に引きずり込む行為は強姦の「準備行為」にすぎないとして実行の着手を否定するもの（大阪高判昭45・6・11判タ259号319頁）と「犯意の遂行性及び遂行の確実性」を全事情から判断して実行の着手をみとめるもの（大阪高判昭38・12・19高検速報昭和39年1号44頁）とに分かれていた。

本決定は，車内に引きずり込む時点で実行の着手をみとめており，その時点で「強姦に至る客観的な危険性」が明らかにみとめられることを理由としている点で，実質的客観説をとることを意味する。

本決定は，自動車利用形態の強姦罪における実行の着手時期について明示的な判断を示しており，判例としてきわめて重要な意義を有する。

42 間接正犯における実行の着手

大判大7・11・16（刑録24輯1352頁）

事実 被告人Xは，Aまたはその家族が食して中毒死に至ることを予見しながらも，毒を混入した白砂糖を歳暮の贈品を装ってA宅に郵便小包で送付した。Aは，これを受領したが，調理の際に異常に気づいたため食べなかった。Xは，殺人未遂で起訴された。

第1審および原審は，殺人未遂罪の成立をみとめてXを有罪とした。被告人側から上告がなされ，上告趣意において原審が小包の発送行為を殺人罪の実行とみているのは不当であり，「毒殺行為の実行に着手」したとはいえないとの主張がなされた。

大審院の本判決は，次のように判示して上告を棄却している。

争点 殺人の目的で毒物入りの砂糖を郵便小包で相手方宅に送付したばあい，どの時で殺人罪の実行の着手がみとめられるか。

判旨 「他人が食用の結果中毒死に至ることあるべきを予見しながら毒物を其飲食し得べき状態に置きたる事実あるときは，是れ毒殺行為に著手したるものに外ならざるものとす。原判示に依れば，Xは，毒薬混入の砂糖をAに送付するときは，A又は其家族に於て之を純粋の砂糖なりと誤信して之を食用し中毒死に至ることあるを予見せしに拘らず，猛毒薬昇汞1封度を白砂糖1斤に混じ其1匙（10グラム）は人の致死量15倍以上の効力あるものと為し，歳暮の贈品たる白砂糖なるが如く装ひ小包郵便に付して之をAに送付し，同人は，之を純粋の砂糖なりと思惟し受領したる後，調味の為め其1匙を薩摩煮に投じたる際，毒薬の混入し居ることを発見したる為め，同人及其家族は之を食するに至らざりし事実なるを以て，右毒薬混入の砂糖はAが之を受領したる時に於て同人又は其家族の食用し得べき状態の下に置かれたるものにして，既に毒殺行為の著手ありたるものと云ふを得べきこと上文説明の趣旨に照し寸毫も疑なき所なりとす。」

解説 本件においては，間接正犯における実行の着手時期が問題となった。隔離犯である間接正犯の実行の着手時期に関して，学説は，毒物などを発送した時にみとめる発送時説ないし利用者説，毒物などが相手方に到達した時にみとめる到達時説ないし被利用者説，結果発生の自動性・確実性に基づく現実的危険性の発生時期によって，発送時または到達時の何れかに着手をみとめる個別化説に分かれている。

本判決は，他人が食用して中毒死するに至ることが予見できるにもかかわらず，毒物を他人が飲食し得る状態に置いたという事実があれば，殺人罪の実行に着手したとみとめられるとしたうえで，Aが毒入り砂糖を受領している以上，その時点でAまたはその家族がそれを食用し得る状態に置かれたといえるから，殺人罪の実行の着手はみとめられるとしている。本判決は，隔離犯である間接正犯の実行の着手時期について，到達時説の立場に立つことを明らかにしたものとして重要な意義を有する。

間接正犯においては，利用者の「行為」と被利用者の「行為」が存在するので，間接「正犯」の実行の着手時期をそのいずれの「行為」の開始時にみとめるか，ということが争われてきた。従来，この対立は，「実行行為」の観念を自然主義的に捉えるか，規範主義的に捉えるか，という理論的立場に由来すると考えられてきた。すなわち，自然主義的な立場からは，被利用者の行為を重視し，規範主義的な立場からは，背後者の行為が重視されることになると解されたわけである。しかし，現在では「危険」の観点から議論されている。個別化説は，間接正犯の「実行行為」と「実行の着手」を分離することによって基礎づけられている。すなわち，「実行の着手」の概念は，当該行為が結果発生の具体的危険を生じさせた時に処罰するという「段階を画する概念」であるから，実行「行為」と実行の「着手時期」とは必ずしも同時である必要はなくなるとされる。そこで，間接正犯のばあい，利用行為を処罰の対象としつつ，その着手時期は被利用者の行為を基準として決定することが可能となる。そして，当該利用行為は，結果発生の具体的危険が生じた段階ではじめて未遂の構成要件該当性を取得することになる。この立場が妥当である。

43 中止行為の任意性

福岡高判昭 61・3・6（高刑集 39 巻 1 号 1 頁）

事実 被告人 X は，未必的殺意をもって A 子の頸部を果物ナイフで 1 回突き刺して，気管内に達する頸部刺傷などの傷害を負わせたが，A 子が口から多量の血を吐き出しているのを見て驚愕すると同時に，「大変なことをした」と思い，ただちにタオルを頸部に当てて止血したり，「動くな，じっとしとけ」などと声をかけたりしたうえ，消防署に電話して救急車の派遣と警察への通報を依頼した。X は，やがて到着した消防署員とともに A 子を救急車に運び込み，その場で警察官に現行犯逮捕された。A 子は，医師の治療により死亡するに至らなかった。

X は殺人未遂罪で起訴され，第 1 審が殺人の障害未遂としたのに対して，被告人側から控訴がなされ，本判決は，次のように判示して，中止行為の任意性を肯定して中止犯の成立をみとめ，懲役 2 年 6 月に処している。

争点 被告人が，殺意に基づく刺突行為によって生じた多量の出血を見て驚愕すると同時に，「大変なことをした」と思って犯行を中止したばあい，中止行為の任意性がみとめられるか。

判旨 「中止未遂における中止行為は『自己の意思に因り』（刑法 43 条但書）なされることを要するが，右の『自己の意思に因り』とは，外部的障碍によってではなく，犯人の任意の意思によってなされることをいうと解すべきところ，本件において，被告人が中止行為に出た契機が，A 子の口から多量の血が吐き出されるのを目のあたりにして驚愕したことにあることは前記認定のとおりであるが，中止行為が流血等の外部的事実の表象を契機とする場合のすべてについて，いわゆる外部的障碍によるものとして中止未遂の成立を否定するのは相当ではなく，外部的事実の表象が中止行為の契機となっている場合であっても，犯人がその表象によって必ずしも中止行為に出るとは限らない場合に敢えて中止行為に出たときには，任意の意思によるものとみるべ

きである。これを本件についてみるに、本件犯行が早朝、第三者のいない飲食店内でなされたものであることに徴すると、被告人が己の罪責を免れるために、A子を放置したまま犯行現場から逃走することも十分に考えられ、通常人であれば、本件の如き流血のさまを見ると、被告人の前記中止行為と同様の措置をとるとは限らないというべきであり、また、前記認定のとおり、被告人は、A子の流血を目のあたりにして、驚愕すると同時に、『大変なことをした。』との思いから、同女の死の結果を回避すべく中止行為に出たものであるが、本件犯行直後から逮捕されるまでにおける被告人の真摯な行動やA子に対する言葉などに照らして考察すると、『大変なことをした。』との思いには、本件犯行に対する反省、悔悟の情が込められていると考えられ、以上によると、本件の中止行為は、流血という外部的事実の表象を契機としつつも、犯行に対する反省、悔悟の情などから、任意の意思に基づいてなされたと認めるのが相当である。」

解説 中止行為の任意性について、大審院の判例は、「経験上一般に犯行の遂行を妨ぐるの事情」か否か、を基準にして判断した（大判昭12・9・21刑集16巻1303頁）。これは、行為者の認識事情が動機にいかなる影響を及ぼすかを「経験上一般」という客観的基準によって任意性を判定するものである。この立場は最高裁に受け継がれ、被害者の流血を見て姦淫を中止した「情況は被告人をして強姦の遂行を思い止まらしめる障礙の事情として、客観性のないものとはいえない」とされ（最判昭24・7・9刑集3巻8号1174頁）、バットで頭部を殴った実母が流血痛苦している状況のもとでは「被告人において更に殺害行為を継続するのがむしろ一般の通例であるというわけにはいかない」とされて（最決昭32・9・10刑集11巻9号2202頁）、それぞれ任意性が否定されている。一般に最高裁判例は、客観説の立場をとっていると理解されている。

本判決は、客観説をとったうえで、さらに「反省、悔悟の情など」を考慮に入れて任意性をみとめた最初の高裁判決であり、それ以降任意性に関する最高裁判例が出ていないので、重要な意義を有すると評価されている。

44 実行未遂と着手未遂

東京高判昭 62・7・16（判時 1247 号 140 頁, 判タ 653 号 205 頁）

事実　被告人 X は, 飲食店経営者 A から出入りを断られたことなどに憤慨し, 殺意をもって牛刀で A の左側頭部付近を切り付けたが, A がとっさにこれを左腕で防ぎ, 「命だけは助けて下さい」などと哀願したので, 憐憫の情と後悔の念から犯行の続行を思いとどまり, A を病院に運んだ。A は全治約 2 週間の左前腕切傷を負った。

第 1 審は, A に対する一撃により殺人の実行行為は終了し, 障害未遂に当たるとした。被告人側から控訴がなされ, 本判決は, 原判決を破棄し, 次のように判示して着手未遂の中止犯をみとめている。

争点　①被告人が, 被害者を牛刀でぶった切り, またはめった切りにして殺害する意図で被害者に切り掛り, 最初の一撃で殺害の目的を達しなかったばあい, 着手未遂なのか, それとも実行未遂なのか。②着手未遂における中止行為はいかなるものか。

判旨　「被告人は, A を右牛刀でぶった切り, あるいはめった切りにして殺害する意図を有していたものであって, 最初の一撃で殺害の目的が達せられなかった場合には, その目的を完遂するため, 更に, 二撃, 三撃というふうに追撃に及ぶ意図が被告人にあったことが明らかであるから, 原判示のように, 被告人が同牛刀でAに一撃を加えたものの, その殺害に奏功しなかったという段階では, いまだ殺人の実行行為は終了しておらず, 従って, 本件はいわゆる着手未遂に該当する事案であるといわねばならない。

そして, いわゆる着手未遂の事案にあっては, 犯人がそれ以上の実行行為をせずに犯行を中止し, かつ, その中止が犯人の任意に出たと認められる場合には, 中止未遂が成立することになるので, この観点から, 原判決の掲げる証拠は当審における被告人質問の結果なども参酌して, 本件を考察すると, 原判示のように, 被告人は確定的殺意の

もとに，Aの左側頭部付近を目掛けて，右牛刀で一撃し，これを左腕で防いだ同人に左前腕切傷の傷害を負わせたが，その直後に，同人から両腰付近に抱きつくように取りすがられて，「勘弁して下さい。私が悪かった。命だけは助けて下さい。」などと何度も哀願されたため，かわいそうとのれんびんの情を催して，同牛刀で更に二撃，三撃というふうに追撃に及んで，殺害の目的を遂げることも決して困難ではなかったのに，そのような行為には出ずに犯行を中止したうえ，自らも本件の所為について同人に謝罪し，受傷した同人に治療を受けさせるため，通り掛かりのタクシーを呼び止めて，同人を病院に運んだことなどの事実が明らかである。

右によると，たしかに，Aが被告人の一撃を防御したうえ，被告人に取りすがって謝罪し，助命を哀願したことが，被告人が殺人の実行行為を中止した契機にはなっているけれども，一般的にみて，そのような契機があったからといって，被告人のように強固な確定的殺意を有する犯人が，その実行行為を中止するものとは必ずしもいえず，殺害行為を更に継続するのがむしろ通例であるとも考えられる。

ところが，被告人は前記のように，Aの哀願にれんびんの情を催して，あえて殺人の実行行為を中止したものであり，加えて，被告人が前記のように，自らもAに謝罪して，同人を病院に運び込んだ行為には，本件所為に対する被告人の反省，後悔の念も作用していたことが看取されるのである。

以上によると，本件殺人が未遂に終ったのは，被告人が任意に，すなわち自己の意思によって，その実行行為をやめたことによるものであるから，右の未遂は，中止未遂に当たるといわねばならない。」

解説 本判決は，①着手未遂の実行未遂かの問題について，被告人がさらに二撃，三撃というように追撃の意思を有していたことを重視して，まだ実行行為は終了していないとして，本件は着手未遂であると解している。②の問題については，着手未遂のばあいには行為者が「それ以上の実行行為をせずに犯行を中止」することで足りるとする。本件では被害者Aの「哀願にれんびんの情を催して，あえて殺人の実行行為を中止」しているので任意性がみとめられ，中止犯の成立が肯定されている。2点とも通説の見地から是認され得る。

45 結果防止行為の真摯性

大阪高判昭 44・10・17（判タ 244 号 290 頁）

事実 被告人 X は，犯行直前，とっさの間に未必の殺意を生じ，A の左腹部を刺身包丁で突き刺し，肝臓に達する深さ約 12 センチメートルの刺創を A に負わせたところ，A が「痛い痛い」と言って泣きながら「病院へ連れて行ってくれ」と哀願したので，自らが運転する自動車でただちに近くの病院に連れて行き，医師の手に引き渡した。その際，A の母親に自分は犯人でないと嘘を言い，医師に詳細を告げなかった。A は，治療を受けたため一命を取りとめた。X は，殺人未遂罪で起訴された。

第 1 審は，本件は実行未遂に当たるとしたうえで中止未遂の成立を否定した。被告人側から控訴がなされ，控訴趣意において，自発的な救助行為によって A は一命を取りとめたのであるから，中止未遂が成立する旨の主張がなされた。

本判決は，原判決を破棄したうえで自判し，次のように判示して中止未遂の成立を否定している。

争点 行為者が被害者を病院に運び込んだ際に，被害者の母親らに自分は犯人でないなどと嘘を言い，医師に対しても，刺突の事実・凶器について秘匿などしたばあい，結果発生防止のための真摯な努力をしたといえるか。

判旨 「本件のように実行行為終了後重傷に呻吟する被害者をそのまま放置すれば致死の結果が発生する可能性はきわめて大きいのであるから，被告人の爾後の救助活動が中止未遂としての認定を受けるためには，死亡の結果発生を防止するため被告人が真摯な努力を傾注したと評価しうることを必要とするものと解すべきである。……被告人が被害者を病院へ担ぎ込み，医師の手術施行中病院に居た間に被告人，被害者の共通の友人数名や被害者の母等に犯人は自分ではなく，被害者

が誰か判らないが他の者に刺されていたと嘘言を弄していたこと及び病院に到着する直前に兇器を川に投げ捨てて犯跡を隠蔽しようとしたことは動かし得ない事実であって，被告人が被害者を病院へ運び入れた際，その病院の医師に対し，犯人が自分であることを打明けいつどこでどのような兇器でどのように突刺したとか及び医師の手術，治療等に対し自己が経済的負担を約するとかの救助のための万全の行動を採ったものとはいいがたく，単に被害者を病院へ運ぶという一応の努力をしたに過ぎないものであって，この程度の行動では，未だ以て結果発生防止のため被告人が真摯な努力をしたものと認めるに足りないものといわなければならない。」

解説 本件においては，実行未遂のばあいに中止犯（中止未遂）の成立がみとめられるためには，実行行為終了後にどのような結果発生防止行為をなすべきか，が問題となった。すなわち，結果発生防止行為に真摯性が必要かどうか，具体的にどういうことがなされたばあいに真摯性があるといえるのか，が問われたわけである。

実行未遂のばあい，判例・通説は，中止未遂の要件として自己の意思による「作為」の結果防止行為を要求する。着手未遂のばあいは，それ以上実行行為を遂行しないという「不作為」があれば，結果の不発生は確実となる。これに対して実行未遂のばあいには，実行行為は終了しているので，その中止ということはあり得ず，そのまま放置するという不作為があれば，結果が発生する可能性がある。そこで，結果発生防止行為という作為が要求されるのである。たんに防止行為がなされただけでは足りず，さらに防止行為の「真摯性」が必要とされる。

本判決は，本件は実行未遂であるとしたうえで，「真摯な努力」が必要であるとしている。そして，自己の意思により被害者を病院に搬入しただけでは足りず，医師に対して，犯人が自分であることを打ち明け，いつ・どこで・どのような凶器で・どのように突き刺したかなどを説明し，かつ，手術・治療などに対して経済的負担を約するとかの「救助のための万全の行動」をとるべきであるとしている。本判決は，重要な事例判例である。

46 予備の中止

最[大]判昭29・1・20（刑集8巻1号41頁）

事実　被告人Xは，5歳の時に患った小児麻痺のため手足が不自由であったところ，相被告人Y・Z・Wと相談のうえ，A方で強盗をしようと企て，某日午後8時半頃，Yが出刃包丁を，Zが縄をそれぞれ携えて4名でA方に赴いた際，外で見張りをしていた。

原審は，被告人Xらの行為につき強盗予備の共同正犯の成立をみとめて，Xに対して懲役4年の判決を言い渡した。

これに対して，被告人側から上告がなされ，上告趣意において，Xは，A方に出発する際にYから預かった風呂敷の中身が「ドス」であったことは知らなかったので強盗の意思はなく，YがA方の表戸を叩き，「警察署の者だが」と言って家人を起こしている様子を見て，自己の罪業の深さに気づき，無意識のうちに一目散に自宅へ帰ったことから，中止未遂が適用されるべきであるとの主張がなされた。

最高裁の本判決は，次のように判示して強盗予備罪の成立をみとめたうえで，中止未遂の成立を否定している。

なお，原審が，その判決時に成人となっていた被告人Xに対して不定期刑の中間位である3年3月より重い懲役4年の定期刑を言い渡したのは，不利益変更禁止の原則に反するとして，これを破棄自判し，Xを3年の懲役に処している。

争点　強盗予備罪について中止未遂の規定を類推適用ないし準用することができるか。

判旨　「原判決挙示の証拠によれば，被告人が強盗をしようとして原審相被告人等と共に……強盗予備の行為をした事実は十分これを認めることができる。故に強盗の意思がなかったとの主張は理由がなく，又予備罪には中止未遂の観念を容れる余地のないものであるから，被告人

の所為は中止未遂であるとの主張も亦採ることを得ない。」

解説　本件においては，強盗予備罪について中止犯の成立がみとめられるかどうか，が問題となった。これは，予備罪について中止犯（中止未遂）の規定を類推適用ないし準用できるか否か，の問題にほかならない。なぜならば，中止未遂は，「未遂罪」に関する規定であるので，「予備罪」について直接，適用できないことはいうまでもないからである。

しかし，実行の着手後の中止行為について刑の必要的減免をみとめ得るのに対して，その前の段階での中止行為についてこれをみとめないのは不均衡をもたらすことになる。そこで学説上，中止未遂の類推適用ないし準用をみとめる見解が主張されるのである。

これに対して最高裁の判例は，刑の免除のない強盗予備罪につき，「予備としては既遂になって居る」ので，「原審が中止未遂の法条を適用しなかったのは当然である」と判示している（最判昭24・5・17刑裁集10号177頁）。これは，予備罪は「予備」行為そのものを処罰するものであるから，予備行為がなされれば，その時点で既遂犯の犯罪として成立する以上，中止「未遂」の余地はないとするものである。

本判決も，同様に強盗予備の事案に関するものであるが，一般論として「予備罪には中止未遂の観念を容れる余地のないものである」ことを理由にしているので，強盗予備に限らず，予備罪一般について中止未遂の規定の類推適用ないし準用を否定していることになる。たしかに，予備罪について中止「未遂」の規定を適用することはできない。しかし，実質的に解釈してその類推適用をみとめる余地は十分にあるといえる。すなわち，予備罪は，「修正された構成要件」であるから，その限度において「実行行為」を観念することができ，また「実行の着手」を観念することもできるのである。そうすると，未遂について中止犯の恩典が与えられる以上，その前段階である予備についてはなおいっそう同様の恩典を与えるのが妥当であるといえることになる。「法益侵害の阻止」という観点からは，法益侵害の危険性が高い実行の着手がなされた後の中止行為よりも，予備の段階の中止行為の方がより確実であるから，優遇されるべきはずなのである。

47 不能犯（1）
——方法の不能（空気注射事件）

最判昭37・3・23（刑集16巻3号305頁）

事実 被告人Xは，生命保険を掛けていた自分の姪であるAを事故死に見せかけて殺害して保険金を詐取しようと考え，ほか2名と共謀のうえ，Aの静脈内に空気を注射しいわゆる空気栓塞を起こさせて殺害する計画を立て，Aを騙してAの両腕の静脈内にそれぞれ1回ずつ蒸留水5ccとともに空気を合計30〜40cc注射したが，致死量に至らなかったため，殺害の目的を遂げなかった。

Xは殺人未遂罪で起訴されたが，弁護人は，40cc以下の空気を注射しても死の結果を発生させることは絶対に不可能であるから，本件は不能犯であると主張した。これに対して，第1審は，「本件のように注射された空気の量が致死量以下の場合であっても，被注射者の身体的条件その他の事情のいかんによっては死の結果発生の危険が絶対にないとはいえない」から，不能犯ではないとして殺人未遂罪の成立をみとめた。

被告人からの控訴に対して原審は，「医師でない一般人は人の血管内に少しでも空気を注入すればその人は死亡するに至るものと観念されていたことは，被告人等4名がいずれも同様観念していた事実及び当審における証人Bの証言に徴し明らかであるから，人体の静脈に空気を注射することはその量の多少に拘らず人を死に致すに足る極めて危険な行為であるとするのが社会通念であったというべきである。してみれば被告人等は一般に社会通念上は人を殺すに足るものとされている人の静脈に空気を注入する行為を敢行したものであって」，「右の行為が医学的科学的に見て人の死を来すことができないものであったからといって直ちに被告人等の行為を以って不能犯であるということはできない」と判示して控訴を棄却した。

さらに被告人側から上告がなされたが，最高裁の本判決は，次のように判示して上告を棄却している。

3 不能犯

争点 殺意をもって空気を被害者の静脈内に注射したが，空気が致死量に達していなかったばあい，殺人罪の不能犯となるか。

判旨 「原判決並びにその是認する第1審判決は，本件のように静脈内に注射された空気の量が致死量以下であっても被注射者の身体的条件その他の事情の如何によっては死の結果発生の危険が絶対にないとはいえないと判示しており，右判断は，原判示挙示の各鑑定書に照らし肯認するに十分であるから，結局，この点に関する所論原判示は，相当である。」

解説 本件においては，Xが殺意をもっておこなった空気注射行為が殺人未遂となるのか，それとも不能犯となるのか，が問題となった。不能犯とは，行為者の主観においては犯罪の実行に着手したつもりであったが，現実には結果の発生が不能であるので不可罰とされるばあいをいう。不能犯となるのか否か，について，判例は，行為者の行為が結果発生の危険性を有しないばあいは不能犯であるとする客観的危険説（絶対不能・相対不能説）を採用していると解されている。すなわち，結果発生の危険がおよそ存在しないばあいを絶対不能といい，これは不能犯であると解するわけである。大審院の判例は，硫黄を飲ませて人を殺害しようとしたばあい，その方法では結果を発生させるのは絶対に不能であるから，殺人罪の不能犯に当たるとした（大判大6・9・10刑録23輯999頁）。

本判決は，被害者の静脈に空気を注射して被害者を殺害しようとしたが，致死量に足りなかったために殺害目的を遂げなかったばあいに，殺人の結果発生の危険がみとめられるので，不能犯ではなくて殺人未遂罪の成立を肯定している。原審が，人の静脈内に空気を注射する行為が社会通念上人の死をもたらす危険な行為であることを指摘して「具体的危険説」をとっていると解されるのに対して，本判決は，被害者の身体的状況によっては，この程度の量でも被害者を死に致すことはあり得ることを理由としているので，客観的危険説に依拠したものであると評価されている。すなわち，これは「絶対不能・相対不能」の判断公式を用いていると解されるわけである。

48 不能犯（2）
——客体の不能

広島高判昭36・7・10（高刑集14巻5号310頁）

事実 暴力団A組の組員であるXおよびYは，かねてより同組一派の首領Bに対し不快の念を懐いていたところ，某日，Bに殴られ憤激して，YはとっさにBの殺害を決意し，A組事務所前道路上において，Bに拳銃を1発発射した。同事務所玄関に荷物を運び入れていたXは，屋外の銃声を聞いてYがBを銃撃したものと直感し，玄関外に出ると，YがBを追いかけており，両名が同事務所から約30m離れたC歯科医院邸内に飛び込んだ途端，2発の銃声が聞こえた。Xは，Yの銃撃が急所を外れていたらBに止めを刺そうと考え，即座に事務所玄関付近にあった日本刀を携えてC医院に急行し，Yの銃撃により同医院玄関前に倒れていたBに対し，同人がまだ生きていると信じ殺意をもってその左右腹部，前胸部などを日本刀で突き刺した。

第1審は，被害者Bの死亡はYが与えた銃創とXが与えた刺創とによるものであると認定し，X・Y両名に対して殺人既遂罪の成立をみとめた。これに対して被告人Xから控訴がなされ，被告人側は事実の誤認を主張し，「XはYの原判示3発の銃撃により既に死亡していた被害者Bの死体に日本刀を以て損傷を加えたに過ぎないのであるから，Xの所為は殺人罪」ではなく，「死体損壊罪に該当する」と主張したのである。本判決は，原判決を破棄し次のように判示してXに殺人未遂罪の成立をみとめている。

争点 殺害直後の死体に対して，なお生存しているものと誤信して止めを刺そうと考えて日本刀を突き刺したばあい，不能犯（客体の不能）として不可罰なのか殺人未遂罪が成立するのか。

判旨 「Bの生死については専門家の間においても見解が岐れる程医学的にも生死の限界が微妙な案件であるから，単にXが加害当時Bの生存を信じていたという丈けでなく，一般人も亦当時その死亡を知り得

> なかったであろうこと，従って又Xの前記のような加害行為によりBが死亡するであろうとの危険を感ずるであろうことはいづれも極めて当然というべく，かかる場合においてXの加害行為の寸前にBが死亡していたとしても，それは意外の障害により予期の結果を生ぜしめ得なかったに止り，行為の性質上結果発生の危険がないとは云えないから，Xの所為は殺人の不能犯と解すべきでなく，その未遂罪を以て論ずるのが相当である。」

解説 本件においては，客体の不能として犯罪不成立となるのか，それとも殺人未遂罪が成立し可罰的となるのか，が問題となった。
従来，下級審の判例は，客体の不能が問題となるばあい，一般に具体的危険説の立場をとってきたとされる。しかし，本判決は，客観的な結果発生の可能性がまったく存在しないばあいについても，一般人から見た危険だけで未遂犯の成立をみとめたわけではないから，「Bの生死については専門家の間においても見解が岐れる程医学的にも生死の限界が微妙な案件」であり「被害者が生きていた可能性も十分にあった」という客観的危険を考慮していると指摘されているのである。

本判決は，XがBの生存を信じていたこと，および，一般人も行為当時Bの死亡を知り得ず，Xの加害行為によりBが死亡するであろうとの危険を感じることを根拠にして，結果発生の危険を肯定しているので，具体的危険説の見地に立っていると解されている。すなわち，本判決は，XがBの生存を信じていただけでなく，「一般人も亦当時その死亡を知り得なかったであろうこと，従って又Xの前記のような加害行為によりBが死亡するであろうとの危険を感ずるであろうことは極めて当然というべく」「犯行の性質上結果発生の危険がないとは云えないから，Xの所為は殺人の不能犯と解すべきでな」いと判示しているのである。

なお，事後的な科学的判断により，既遂があり得たかを問う客観的危険説の見地からも，本事案では，Yの銃撃が少し外れてBが即死を免れたばあいなど，Xの刺突行為の時点でBがまだ生きていたことも十分あり得るといえるから，客観的殺人未遂の成立を肯定できるとされる。

49 共謀共同正犯（1）
── 基礎づけと要件（練馬事件）

最[大]判昭 33・5・28（刑集 12 巻 8 号 1718 頁）

事実 東京都練馬区所在の会社で発生した労働争議に際し，被告人 X および Y は，第 1 組合と第 2 組合とが反目対立したため，第 2 組合の委員長 A および紛争の処理に当たった練馬警察署巡査 B に暴行を加えて第 2 組合の動きを抑圧するとともに，権力闘争の一環とすることを計画した。X と Y は，相謀り，具体的な実行の指導ないし連絡については Y がその任に当たることを決め，Y の連絡・指導に基づき，被告人 Z ほか数名が現場に赴いて，鉄管や丸棒で B の後頭部などを乱打し，B を脳挫傷により現場で死亡させた。第 1 審および原審は，現場における襲撃に参加しなかった X・Y を含む全被告人につき傷害致死罪の共同正犯の成立をみとめた。本判決は，次のように判示して共謀共同正犯の成立をみとめている。

争点 共謀共同正犯が成立するための要件は何か。共謀者が正犯として処罰される根拠は何か。

判旨 「共謀共同正犯が成立するには，2 人以上の者が，特定の犯罪を行うため，共同意思の下に一体となって互に他人の行為を利用し，各自の意思を実行に移すことを内容とする謀議をなし，よって犯罪を実行した事実が認められなければならない。したがって右のような関係において共謀に参加した事実が認められる以上，直接実行行為に関与しない者でも，他人の行為をいわば自己の手段として犯罪を行ったという意味において，その間刑責の成立に差異を生ずると解すべき理由はない。さればこの関係において実行行為に直接関与したかどうか，その分担または役割のいかんは右共犯の刑責たいの成立を左右するものではないと解するを相当とする。」

「数人の共謀共同正犯が成立するためには，その数人が同一場所に会し，かつその数人間に一個の共謀の成立することを必要とするものでなく，同一の犯罪について，甲と乙が共謀し，次で乙と丙が共謀す

> るというようにして，数人の間に順次共謀が行われた場合は，これらの者のすべての間に当該犯行の共謀が行われたと解するを相当とする。」

解説 共謀共同正犯論の実際上の基礎は，現実の実行行為者の背後にいる黒幕的存在を「正犯」者として処罰すべきであるとする法感情にある。本件においては，共謀共同正犯の要件と根拠が問題となった。理論的根拠づけに関して，本判決は，共同意思主体説に依拠してきた大審院の判例とは異なる新たな立場をとっている。すなわち，本判決は，「共謀共同正犯が成立するには，2人以上の者が，特定の犯罪を行うため，共同意思の下に一体となって互に他人の行為を利用し，各自の意思を実行に移すことを内容とする謀議をなし，よって犯罪を実行した事実が認められなければなら」ず，そ「のような関係において共謀に参加した事実が認められる以上，直接実行行為に関与しない者でも，他人の行為をいわば自己の手段として犯罪を行ったという意味において，その間刑責の成立に差異を生ずると解すべき理由はない。さればこの関係において実行行為に直接関与したかどうか，その分担または役割のいかんは右共犯の刑責じたいの成立を左右するものではない」と判示して，「他人の行為をいわば自己の手段として犯罪行為を行った」という間接正犯類似の共謀共同正犯概念を提示したのである。共同意思主体説は団体責任をみとめるものであって妥当でないので，本判決が間接正犯との類似性を基礎とすることによって個人主義的共犯論を採用したことの意義は，きわめて大きい。

判例上，共謀共同正犯の要件である共謀の内容は，次第に緩和されている。すなわち，共謀とは，「数人相互の間に共同犯行の認識があること」をいい，それは明示的になされなくても，暗黙に意思の連絡があれば足りるとされる（最判昭24・2・8刑集3巻2号113頁）。さらに，本件判決は，数人が同一場所に集ってなされるばあいだけでなく，同一の犯罪について，数人の間に順次共謀がおこなわれるばあいであってもよいとした点において，共謀共同正犯の成立範囲を拡大する方向を示したが，共謀について厳格な証明を要求して歯止めをかけているので，重要な基本判例となっている。

100 〈総論〉Ⅵ 共　　犯

50 共謀共同正犯（2）
――黙示の意思連絡による共謀（スワット事件）

最決平 15・5・1（刑集 57 巻 5 号 507 頁）

事実　兵庫，大阪を本拠地とする 3 代目 A 組組長兼 5 代目 B 組若頭補佐の被告人 X は，配下に総勢約 3100 名余りの組員を抱えており，A 組には，X を専属で警護するスワットと呼ばれるボディーガードがいて，けん銃などの装備を持ち，X が外出して帰宅するまで終始 X と行動をともにしていた。X は，遊興などの目的で上京することを決め，これを A 組組長秘書見習いの Y に伝え，東京にいる接待役 C に X の上京を連絡したうえ，スワットの Z らに上京を命じた。

　上京した X らは，平成 9 年 12 月 26 日午前 4 時過ぎころ，最後の遊興先の飲食店を出て宿泊先に向かう際，「先乗り車」が先にホテルに向かった後，残りの 5 台で出発したが，警察官らが途中の路上で 5 台の車列に停止を求め，各車両に対し，捜索差押許可状による捜索差押えを実施し，X 車のすぐ後方に続いていた「スワット車」の中から，けん銃 3 丁などを発見，押収し，X らは現行犯逮捕された。また，「先乗り車」でホテル前に到着していた 2 名のスワットは，所持していたけん銃などを付近のビルの植え込み付近に投棄したが，これらも警察官によって発見された。

　第 1 審は，Z らスワット 5 名を 5 丁のけん銃とこれに適合する実包の不法所持（銃砲刀剣類所持等取締法 31 条の 3 第 2 項，1 項，3 条 1 項）の実行犯，X らは，Y らとの順次共謀者であるとして，X に懲役 7 年を言い渡した。原審はこれを維持した。

　被告人側から上告がなされ，上告趣意において，判例違反が主張された。本決定は，適法な上告理由に当たらないとして上告を棄却したが，職権で判断し次のように判示している。

争点　黙示的な意思の連絡によって共謀共同正犯は成立し得るか。

決定要旨　「X は，スワットらに対してけん銃等を携行して警護するように直

接指示を下さなくても，スワットらが自発的にXを警護するために本件けん銃等を所持していることを確定的に認識しながら，それを当然のこととして受け入れて認容していたものであり，そのことをスワットらも承知していた。

また，前記の事実関係によれば，Xとスワットらとの間にけん銃等の所持につき黙示的に意思の連絡があったといえる。そして，スワットらはXの警護のために本件けん銃等を所持しながら終始Xの近辺にいてXと行動を共にしていたものであり，彼らを指揮命令する権限を有するXの地位と彼らによって警護を受けるというXの立場を併せ考えれば，実質的には，正にXがスワットらに本件けん銃等を所持させていたと評し得るのである。」

解説 本件においては，Xとスワットらとの間に共同正犯が成立するか否か，が問題となった。というのは，Xは，スワットらに対して直接指示を下しておらず，明示的な意思の連絡も存在していなかったからである。

このばあいに共同正犯が成立するためには，まず，けん銃と適合実包の所持についての故意が存在しなければならない。この点につき本決定は，Xはスワットらがxを警備するためにけん銃などを所持していることを「確定的に認識」し「認容」していたのであり，このことをスワットらも承知していたと認定している。すなわち，けん銃などの所持についてXは「確定的認識」を有していたのであり，スワットらはそのことを認識していたと認定されているのである。そのうえで本決定は，Xとスワットとの間に「けん銃等の所持につき黙示的に意思の連絡があった」と判示している。そして本決定は，スワットらを「指揮命令する権限」を有するXの地位と彼らによる警護を受ける」Xの立場を併せ考えると，「実質的には」Xがスワットらに「けん銃等を所持させていたと評し得る」として，共謀共同正犯の成立を肯定しているのである。

本決定は，黙示的な意思の連絡が存在するにとどまるばあいにも，共謀共同正犯が成立し得ることをみとめた点で，判例上，きわめて重要な意義を有する。しかし，これは，暴力団の組長とその支配下にある者との間でみとめられたものであり，一般化して拡大するのは妥当でないであろう。

51 共同正犯と幇助犯

最決昭 57・7・16（刑集 36 巻 6 号 695 頁）

事実 被告人 X は，タイ国からの大麻密輸入を計画した A からその実行担当者になってほしい旨頼まれた際，大麻を入手したい欲求にかられたため，執行猶予中であることを理由にこれを断ったものの，知人の B に対し事情を明かして協力を求め，B を自己の身代わりとし A に引き合わせるとともに，密輸入した大麻の一部をもらい受ける約束のもとにその資金の一部（金 20 万円）を A に提供した。そして，B と C がタイ国に渡航し，C が大麻を密輸入したが，税関検査所で発覚し逮捕された。

第 1 審および原審は，X に大麻密輸入罪および関税法違反の共謀共同正犯の成立をみとめた。これに対して被告人側から上告がなされ，上告趣意において X の行為は，実行行為の分担ではなく，正犯の行為を助け，資金提供という物質的援助の方法をもってその実現を容易ならしめた有形的幇助であり，従犯の意義に関する最判昭 24・10・1（刑集 3 巻 10 号 1629 頁）および同種の事案について従犯の成立を肯定した大審院の判例に反するとの主張がなされた。

最高裁の本決定は，弁護人引用の最高裁判例は，実行行為に関与しない者については共同正犯が成立する余地はないとする趣旨の判断を示したものではないから，その主張は前提を欠き，大審院の判例はいずれも事案を異にし本件に適切でなく，上告理由に当たらないとして有罪判決を維持し，なお書きで，次のように判示している。

争点 大麻の密輸入の実行行為を担当せずに，知人に事情を明かして自己の代わりとして運び屋に引き合わせ，密輸入した大麻の一部を譲り受ける約束の下で資金の一部を提供した者について，共謀共同正犯が成立するのか，それとも幇助犯が成立するにとどまるのか。

> **決定要旨**　「原判決の認定したところによれば，被告人は，タイ国からの大麻密輸入を計画したAからその実行担当者になって欲しい旨頼まれるや，大麻を入手したい欲求にかられ，執行猶予中の身であることを理由にこれを断ったものの，知人のBに対し事情を明かして協力を求め，同人を自己の身代りとしてAに引き合わせるとともに，密輸入した大麻の一部をもらい受ける約束のもとにその資金の一部（金20万円）をAに提供したというのであるから，これらの行為を通じ被告人が右A及びBらと本件大麻密輸入の謀議を遂げたと認めた原判断は，正当である。」

解説　本件においては，大麻輸入罪の共謀共同正犯と幇助犯（従犯）の区別が問題となった。すなわち，Xは，麻薬の密輸入を計画しているAに知人Bを自己の身代りとして引き合わせたうえ，密輸入した大麻の一部を譲り受ける約束でその資金の一部をAに提供したのであるが，それは大麻密輸入の謀議の遂行なのか，その幇助なのか，が問われたのである。共謀共同正犯と幇助犯との区別について，従来，判例は，「正犯意思」・「共犯意思」を重視しており，「自己の犯罪」か「他人の犯罪」かという主観的基準によって区別していると解する見解がある。すなわち，判例は主観説をとっているとされるわけである。しかし，このような主観説だけですべてを判断しているのではなくて，むしろ「総合判断説」ないし「全体的考察説」に依拠していると解するのが妥当であるとおもう。すなわち，判例は，主観面だけではなく，共犯者相互の関係，被告人の犯行動機や犯罪結果に対する利害関係の程度，被告人の謀議への関与状況および被告人が実際に担当した役割などを総合的に判断して，共同正犯と幇助犯を区別しているとされているわけである。

　本決定もこれと同一線上にあるといえる。たしかに，明確な基準は提示していないが，しかし，知人に実行行為を依頼しただけでなく，運び屋を引き合わせたこと，密輸品の一部の譲受けの約束，資金の一部の提供などを総合的に判断して「共同正犯」性を基礎づけていると解される。

52 承継的共同正犯

大阪高判昭 62・7・10（高刑集 40 巻 3 号 720 頁）

事実　1 審相被告人 A は，暴力団 M 組の組員 B と共謀のうえ，C の居室および同組事務所に連行するタクシー内で C に暴行を加え，さらに，同組事務所内で同組員 D とも共謀のうえ，こもごも，手拳，木刀，ガラス製灰皿で C の顔面などを数回殴打するなどの暴行を加えた。被告人 X は，同組事務所 3 階から犯行現場に降りて来て，A らに殴打されて頭部や顔面から血を流している C の姿や E の説明などから事態の成行きを察知した後，D の誘いに応じて，共同加功の意思で，C の顎を 2, 3 回手で突き上げたり，その顔面を 1 回手拳で殴打するなどの暴行を加えた。

第 1 審は，X に傷害罪の共同正犯の成立を肯定した。被告人らから控訴がなされ，傷害は被告人の行為前に既に生じていたので，被告人に傷害罪の共同正犯の刑責を問うことはできないとの主張がなされた。

本判決は，原判決を破棄して自判し次のように判示している。

争点　先行者の犯罪遂行の途中からこれに共謀加功した後行者は，暴行行為をおこなっただけなのに，先行者が生じさせた傷害の結果についても承継的共同正犯としてその罪責を負うのか。

判旨　「いわゆる承継的共同正犯が成立するのは，後行者において，先行者の行為及びこれによって生じた結果を認識・認容するに止まらず，これを自己の犯罪遂行の手段として積極的に利用する意思のもとに，実体法上の一罪（狭義の単純一罪に限らない。）を構成する先行者の犯罪に途中から共謀加担し，右行為等を現にそのような手段として利用した場合に限られると解するのが相当である。」

「被告人が先行者たる B らの行為等を自己の犯罪遂行の手段として利用する意思であったとか，これを現実にそのようなものとして利用したと認めることは困難である。従って，本件において，被告人に対しては，B らとの共謀成立後の行為に対して共同正犯の成立を認め得るに止まり，右共謀成立前の先行者の行為等を含む犯罪全体につき，

承継的共同正犯の刑責を問うことはできないといわざるを得ない。
　しかして，本件においては，被害者Cの原判示各傷害は，同人方居室内，タクシー内及びM組事務所内におけるB，A，Dらによる一連の暴行によって生じたものではあるが，一連の暴行のうち，被告人の共謀加担後に行われたと証拠上認定し得るものは，被告人による顎の突き上げ（2, 3回）及びAによる顔面殴打（1回）のみであって，Cの受傷の少なくとも大部分は，被告人の共謀加担前に生じていたことが明らかであり，右加担後の暴行（特にAの顔面殴打）によって生じたと認め得る傷害は存在しない。そうすると，被告人に対しては，暴行罪の共同正犯が成立するに止まり，傷害罪の共同正犯の刑責を問うことはできない。」

解説　本件においては，承継的共同正犯の成否が問題となった。承継的共同正犯とは，先行者の犯罪遂行の途中からこれに共謀加担した後行者に対し先行者の行為などを含む当該犯罪の全体につき共同正犯の成立をみとめるばあいをいう。本判決は，承継的共同正犯を肯定する「実質的根拠」を後行者が「先行者の行為等を自己の犯罪遂行の手段として積極的に利用した」ことに求める。そして，承継的共同正犯が成立するのは，後行者が，「先行者の行為及びこれによって生じた結果を認識・認容するに止まらず，これを自己の犯罪遂行の手段として積極的に利用する意思のもとに，実体法上の一罪（狭義の単純一罪に限らない。）を構成する先行者の犯罪に途中から共謀加担し，右行為等を現にそのような手段として利用した場合に限られる」とする。本件のばあい，暴行罪そのものの性質，XがCに対して加えた暴行の程度から見て，被告人が先行者たるAらの行為などを自己の犯罪遂行の手段として利用する意思やこれを現実にそのようなものとして利用したとみとめることは困難であるから，Xに対しては，Aらとの共謀成立後の行為に対して暴行罪の共同正犯の成立をみとめ得るに止まり，傷害罪の承継的共同正犯の刑責を問うことはできないとの結論に到達している。本判決は，部分的肯定説をとり，先行行為およびそれによって生じた結果を自己の犯罪遂行の手段として「積極的に利用」したばあいに承継的共同正犯の成立をみとめる立場を明示するものである。

53 不作為による幇助

札幌高判平 12・3・16（判時 1711 号 170 頁）

事実 被告人 X は，先に協議離婚した A と再び同棲を開始するに際し，自己が親権者となっていた元夫 B との間にできた長男 C および次男 D（当時 3 歳）を連れて A と内縁関係に入った。その後，A は D らにせっかんを繰り返すようになった。某日，午後 7 時 15 分頃，A は，自宅マンションにおいて，D に対し，その顔面，頭部を平手および手拳で多数回にわたり殴打し，転倒させるなどの暴行を加え，よって，D に硬膜下出血などの傷害を負わせ，翌日午前 1 時 55 分頃，病院において D を傷害に伴う脳機能障害により死亡させた。その際，X は，A が暴行を開始しようとしたのを認識したが，暴行を制止する措置をとることなく放置した。

　第 1 審は，X の不作為を作為による傷害致死幇助罪と同視することはできないとして無罪を言い渡した。検察官からの控訴に対して，本判決は，次のように判示して傷害致死幇助罪の成立を肯定して，懲役 2 年 6 月（執行猶予 4 年）の刑を言い渡している。

争点 ①不作為による幇助犯の成立要件として「犯罪の実行をほぼ確実に阻止し得たにもかかわらず，これを放置したこと」は必要か。②具体的に要求される作為の内容と犯罪防止の可能性と容易性の存否。

判旨 「原判決が掲げる『犯罪の実行をほぼ確実に阻止し得たにもかかわらず，これを放置した』という要件は，不作為による幇助犯の成立には不必要というべきである……。」

　「A と D の側に寄って A が D に暴行を加えないように監視する行為は，数メートル離れた台所の流し台から A と D のいる寝室に移動するだけでなし得る最も容易な行為であるところ……，被告人が A の側に寄って監視するだけでも，A にとっては，D への暴行に対する心理的抑制になったものと考えられるから，右作為によって A の暴行を阻止することは可能であったというべきである。」

> 「被告人がAに対し，『やめて。』などと言って制止し，あるいは，Dのために弁解したり，Dに代わって謝罪したりするなどの言葉による制止行為をすれば，Aにとっては，右暴行をやめる契機になったと考えられるから，右作為によってAの暴行を阻止することも相当程度可能であったというべきである。」
>
> 「被告人が身を挺して制止すれば，Aの暴行をほぼ確実に阻止し得たことは明らかであるところ……，被告人がAの暴行を実力により阻止することが著しく困難な状況にあったとはいえないことを併せ考えると，右作為は，Aの犯罪を防止するための最後の手段として，なお被告人に具体的に要求される作為に含まれる。」
>
> 「被告人が，本件の具体的状況に応じ，以上の監視ないし制止行為を比較的容易なものから段階的に行い，あるいは，複合して行うなどしてAのDに対する暴行を阻止することは可能であったというべきである。」

解説 本件においては，Xが親権者である3歳の子供を同棲中の男性Aによるせっかん死を阻止せず放置した不作為につき傷害致死幇助罪の成否が争われた。

作為正犯に不作為で関与した者が正犯となるのか共犯となるのかについて，通説は，原則として幇助犯の成立を肯定する。判例も，作為正犯者の犯罪行為を作為義務者が阻止しなかった事案において，不作為の幇助犯の成立を肯定している（最判昭29・3・2刑裁集93号59頁，大阪高判昭62・10・2判タ675号246頁）。

第1審は，不作為の幇助犯の要件として，「犯罪の実行をほぼ確実に阻止し得たにもかかわらず，これを放置し」たことを必要としたが，本判決は，その要件は不要であり，「具体的に要求される作為の内容」は，「監視すること」および「言葉で制止すること」であって，これらの行為をおこなえばAのDに対する暴行の阻止は可能であったとする。

本判決は，不作為による幇助の観念をみとめ，その成立要件について判示したうえで，具体的に要求される作為の内容を明示し，犯罪の成立の防止可能性と容易性を詳細に示している点で，判例として重要な意義を有する。

54 間接幇助

最決昭44・7・17（刑集23巻8号1061頁）

事実 金具の製造販売業者である被告人Xは，得意先のAに対して，必要があれば自分が持っているエロフィルムを何時でも貸すと言ったところ，後日，得意先に貸してやりたいから貸してほしい旨の申出がAからあったので，男女性交の情景などを露骨に撮影した8ミリ映画フィルム10巻をAに貸与した。Aは，それを得意先のBに渡し，Bが，C方で8ミリ映写機を使用して映写し，これをDほか十数名に観覧させた。

Xは，猥せつ図画公然陳列幇助で起訴され，第1審は，Xが，その得意先の氏名を知らなかったとしても，その正犯が犯行をおこなうことを知ってその実行を容易にしたので，Bによる猥せつ図画公然陳列を直接幇助したものであるとして罰金2万5000円に処した。被告人側から控訴がなされ，原審は，本件フィルムをAほか不特定多数人に観覧させることをXは知って貸与したので，間接従犯に当たるから，原判決が直接幇助とした程度の誤認は判決に影響を及ぼさないとして，控訴を棄却した。

被告人側から上告がなされ，上告趣意において，原判決が従犯を幇助した者に刑法62条1項を適用したのは，罪刑法定主義に反し，法令の適用を誤っており，また，幇助の幇助をも間接幇助として処罰する判例は変更されるべきであるとの主張がなされた。

本決定は，上告趣意につき適法な上告理由に当たらないとしたうえで，次のように判示して上告を棄却している。

争点 間接幇助（間接従犯）はみとめられて可罰的となるのか。

決定要旨 「（なお，被告人が，Aまたはその得意先の者において不特定の多数人に観覧せしめるであろうことを知りながら，本件の猥せつ映画フィルムを右Aに貸与し，Aからその得意先であるBに右フィルムが貸与され，Bにおいてこれを映写し十数名の者に観覧させて公然陳列するに至ったという本件事案につき，被告人は正犯たるBの犯行を

> 間接に幇助したものとして，従犯の成立を認めた原判決の判断は相当である。)。」

解説 本件において間接幇助（間接従犯）の肯否が問題となった。間接幇助とは，従犯を幇助することをいう。間接教唆犯については，明文の規定があるが（61条2項），間接幇助については明文の規定がないため，解釈論上，肯定説と否定説とが対立している。

肯定説によると，幇助の処罰根拠は正犯の実行行為を容易にすることにあるから，直接的に正犯の実行行為を容易にする直接幇助ばかりでなく，間接的に容易にする間接幇助も従犯になると解すべきであり，理論的には連鎖的教唆の可罰性と異ならないとされる。

大審院の判例は，拳銃とその実包の譲渡を依頼された被告人が，それらがその依頼者Aらの手を経由して密輸出されることを知りながら，Aに拳銃などを譲渡交付してAが他の者による密輸出を幇助する行為を容易にしたばあいに，「惟うに従犯を処罰する所以は正犯の実行を容易ならしむる点に於て存するを以て其の幇助行為が正犯の実行行為に対して直接なると間接なるとを問うべきに非ず。苟も正犯が犯行を為すの情を知って其の実行を容易ならしむるに於ては均しく因果関係を有し幇助の効を致すものと認むべく其の間に区別を設くべきに非ず。従て正犯を間接に幇助する行為も亦従犯として処断するを相当と謂わざるべからず」と判示して肯定説を採った（大判大14・2・20刑集4巻73頁）。その後もその立場が維持されたのである（大判昭10・2・13刑集14巻83頁，大判昭11・11・12刑集15巻1431頁など）。本決定は，大審院判例を踏襲して肯定説の立場を採るものである。

62条が「正犯を幇助した者」としているのは間接幇助をみとめない趣旨であり，従犯の幇助行為は実行行為ではなく，幇助の幇助という観念をみとめる余地がないので，明文規定がない以上，否定説が妥当であるといえる。実行行為者が犯罪を決意しているのを認識し，幇助行為によってその実行を間接的に容易にしているばあい，端的に正犯を幇助していると解すべきである。否定説の見地からは，本決定の事案は，正犯の実行行為そのものを幇助したものと解されることになる。

55 共犯関係からの離脱

最決平元・6・26（刑集43巻6号567頁）

事実 Xは、Y宅においてAの身体に対して暴行を加える意思をYと相通じたうえ、約1時間ないし1時間半にわたり、竹刀や木刀でこもごもAの顔面、背部などを多数回殴打するなどの暴行を加えた後、「おれ帰る」といっただけで、これ以上暴行を加えることを止める趣旨を告げず、Yに対しても、以後はAに暴行を加えることを止めるよう求めたりせずに、現場をそのままにして立ち去った。その後Yは、Aの顔を木刀で突くなどの暴行を加えた。Aは、頸部圧迫などにより窒息死したが、死の結果がXの帰る前にXとYがこもごも加えた暴行によって生じたものか、その後のYによる暴行により生じたものかは確定できなかった。

第1審および原審は、XとYの共犯関係は解消していないとして傷害致死罪の成立を肯定した。被告人側から上告がなされ、本決定は、次のように判示して上告を棄却している。

争点 Xは、Yと共謀のうえAに対して暴行を加えた後、「おれ帰る」といって現場から立ち去っており、その時点でYとの共犯関係から離脱したものと認められ、Aの死亡とXまたはYの暴行行為との間に因果関係が明らかでない以上、Xについて傷害致死罪は成立しないのではないか。

決定要旨 「事実関係に照らすと、被告人が帰った時点では、Yにおいてなお制裁を加えるおそれが消滅していなかったのに、被告人において格別これを防止する措置を講ずることなく、成り行きに任せて現場を去ったに過ぎないのであるから、Yとの間の当初の共犯関係が右の時点で解消したということはできず、その後のYの暴行も右の共謀に基づくものと認めるのが相当である。そうすると、原判決がこれと同旨の判断に立ち、かりにAの死の結果が被告人が帰った後にYが加えた

暴行によって生じていたとしても、被告人は傷害致死の責を負うとしたのは、正当である。」

解説　本件では、実行の着手後の共同正犯関係からの離脱の肯否が問題となった。共同正犯関係からの離脱とは、共同正犯者中の一部の者が犯罪完成前に犯意を放棄し、その共同正犯関係から離れ去ることをいう。判例・通説は、共同正犯の犯罪遂行の途中で一部の者が翻意しても、結果が発生したばあい、全員について既遂の罪責を肯定する。つまり、このばあいは共同正犯の中止犯の問題として扱われ、中止行為者による結果発生阻止が要件とされるのである（大判大12・7・2刑集2巻610頁、最判昭24・7・12刑集3巻8号1237頁）。しかし、このような扱いは、途中で翻意した者にとって酷であるので、これを救済するために「共同正犯関係からの離脱」の理論が提唱されてきた。

共同正犯関係からの離脱の理論には、中止犯の適用ないし準用をみとめる立場と未遂の範囲で罪責をみとめ刑の任意的減軽をほどこそうとする立場がある。本件の原判決は、離脱の要件について、離脱しようとした者が「共犯関係から離脱する意思のあることを他の共犯者らに知らせるとともに、他の共犯者らに対してもこれ以上暴行を加えないことをも求めて、現に加えている暴行を止めさせたうえ、以後は自分を含め共犯者の誰もが当初の共謀に基づく暴行を継続することのない状態を作り出している場合」に限られると判示している。

本決定も、原判決と同旨であり、Ｙが「制裁を加えるおそれが消滅していなかったのに、Ｘにおいて格別これを防止する措置を講ずることなく、成り行きに任せて現場を去ったに過ぎないので」共犯関係が解消したとはいえないとする。Ｙがさらに暴行を加える可能性があったか否かは、事実認定の問題であり、その可能性があるとされたばあいには、それを除去すべき積極的行為に出る必要があると解すべきであるから、本決定の判断は妥当である。

本決定は、共同正犯関係からの離脱の理論を論理的に前提にしたものと見てよいであろう。その意味において、本決定は単なる事例判例の枠を超えるものと評価され得る。

56 共同正犯と正当防衛・過剰防衛

最判平 6・12・6（刑集 48 巻 8 号 509 頁）

事実 被告人Xが，A，B，C，D女およびE女と路上で雑談していたところ，酩酊して通りかかったFとAの間で口論となり，FがDの頭髪をつかんで引きずり回した。それを止めさせるために，A，B，C，Xは意思を通じて，Fの手をつかんだり，殴ったり蹴ったりの暴行をふるい（反撃行為），Fはこれに応戦した。その後，FはDへの暴行をやめ，悪態をつきながら移動したので，A，B，C，Xは，Fに近づき，その悪態に反応したA，BがさらにFを殴ろうとするのをCが止めたが，直後にAがFを殴打し（追撃行為），Fは転倒して重傷を負った。追撃行為の間，Xは暴行にもその制止にも加わらなかった。

第1審および原審は，Xを過剰防衛として傷害罪で有罪としたが，最高裁の本判決は，職権調査により上記の事実を認定し次のように判示し無罪を言い渡している。

争点 数人が共同して防衛行為としての暴行に及び相手方からの侵害が終了した後に，なおも一部の者が暴行を加えたばあい，後の暴行に参加しなかった者について，過剰防衛または正当防衛の何れかがみとめられるのか。

判旨 「本件のように，相手方の侵害に対し，複数人が共同して防衛行為としての暴行に及び，相手方からの侵害が終了した後に，なおも一部の者が暴行を続けた場合において，後の暴行を加えていない者について正当防衛の成否を検討するに当たっては，侵害現在時と侵害終了後とに分けて考察するのが相当であり，侵害現在時における暴行が正当防衛と認められる場合には，侵害終了後の暴行については，侵害現在時における防衛行為としての暴行の共同意思から離脱したかどうかではなく，新たに共謀が成立したかどうかを検討すべきであって，共謀の成立が認められるときに初めて，侵害現在時及び侵害終了後の一連

の行為を全体として考察し，防衛行為としての相当性を検討すべきである。右のような観点から，被告人らの本件行為を，FがD女の髪を放すに至るまでの行為（以下，これを『反撃行為』という。）と，その後の行為（以下，これを『追撃行為』という。）とに分けて考察すれば，以下のとおりである。」

「被告人に関しては，反撃行為については正当防衛が成立し，追撃行為については新たに暴行の共謀が成立したとは認められないのであるから，反撃行為と追撃行為とを一連一体のものとして総合評価する余地はなく，被告人に関して，これらを一連一体のものと認めて，共謀による傷害罪の成立を認め，これが過剰防衛に当たるとした第1審判決を維持した原判決には，判決に影響を及ぼすべき重大な事実誤認があり，これを破棄しなければ著しく正義に反するものと認められる。

そして，本件については，訴訟記録並びに原裁判所及び第1審裁判所において取り調べた証拠によって直ちに判決をすることができるものと認められるので，被告人に対し無罪の言渡しをすべきである。」

解説 本件のように，相手方の侵害に対して，複数人が共同して防衛行為としての暴行を加え，相手方からの侵害が終了した後に，なおも一部の者が暴行を続けたばあいに，後の暴行を加えていない者について正当防衛ないし過剰防衛の成否を検討するに当たって，分析的に考察すべきか，それとも全体的に考察すべきか，が問題となる。

本判決は，まず，侵害現在時と侵害終了後とに分けて考察するのが相当であり，侵害現在時における暴行が正当防衛とみとめられるばあいには，侵害終了後の暴行については，侵害現在時における防衛行為としての暴行の共同意思から離脱したかどうか，ではなくて，新たに共謀が成立したかどうか，を検討すべきであると解している。そして，共謀の成立がみとめられるときに初めて，侵害現在時および侵害終了後の一連の行為を「全体として考察」し，防衛行為としての相当性を検討すべきであるとしている。これは，新たな共謀の成立がみとめられるばあいには，侵害現在時および侵害終了後の「一連の行為」を「全体として考察」することを意味する。

57 共犯と中止犯

最判昭 24・12・17（刑集 3 巻 12 号 2028 頁）

事実 被告人 X は，1 審相被告人 Y と強盗を共謀して，夜間 A 宅に押し入り，Y が A に刺身包丁を突き付けて「あり金を皆出せ，1 万や 2 万はあるだろう」と要求している間，ジャックナイフを手にして家人を脅迫した。原審は，X を強盗既遂で懲役 3 年の実刑に処した。

被告人側から上告がなされ，上告趣意において，中止犯が成立する旨の主張がなされた。すなわち，A の妻が「自分の家は教員だから金はない」と言い学校の公金 7000 円を出すと申し出たところ，X は，「そんな金はいらん」と受け取らず，さらにタンスから 900 円出して渡そうとしたのに対しても「俺も困って入ったのだからお前の家も金がないのならばその様な金はとらん」などと言って，Y に「帰ろう」と言って表へ出た。その後 3 分ぐらいして Y が出て来て 2 人で帰ったが，その途中で Y から「お前は仏心があるからいかん，900 円は俺がもらって来た」と知らされたことなどを理由に，X には中止犯が成立すると主張されたのである。

最高裁の本判決は，次のように判示して上告を棄却している。

争点 強盗罪の共同正犯者の一部が金銭の強取行為を断念したが，他の共犯者が金銭を強取したばあいに，犯行を断念した者について中止犯の成立がみとめられるか。

判旨 「被告人が A の妻の差し出した現金 900 円を受取ることを断念して同人方を立ち去った事情が所論の通りであるとしても，被告人において，その共謀者たる 1 審相被告人 Y が判示のごとく右金員を強取することを阻止せず放任した以上，所論のように，被告人のみを中止犯として論ずることはできないのであって，被告人としても右 Y によって遂行せられた本件強盗既遂の罪責を免れることを得ないのである。してみればこれと同一の見解に立って，原審弁護人の中止犯の主

張を排斥し被告人に対し本件強盗罪の責任を認めた原判決は相当であって所論の違法はない。」

解説 　通説・判例によれば，共同正犯についても中止犯（中止未遂）の規定が適用される。共同正犯の中止犯は，共同者の全員が任意にその犯罪を中止したばあい，または，共同者の一部が任意に他の共同者の実行を阻止し，もしくは結果の発生を阻止したばあいに成立する。一部の者の中止行為によって，結果の発生が阻止されたばあいには，その中止者については中止犯がみとめられる。したがって，たんに一部の者が翻意して犯行を断念しただけでは，中止犯の成立はみとめられない。

　従来の判例も，これと同様に解してきた。すなわち，A・Bが恐喝の目的でXを脅迫したが，その後Aは思い返したためBだけが金を受け取りに行ったという事案において，「被告は犯行に着手したるも恐怖の余り之を遂行することを思い止まりたりとするも，本件はAとの共謀に係る犯罪に外ならざるを以て，共謀者の実行を防止すべき手段を講じたる事跡をも認むべきものなき場合に於ては，其の為したる行為の結果に付責を免るるを得」ずとして，中止犯はみとめられず恐喝の既遂が成立するとされた（大判大12・7・2刑集2巻610頁）。次に，女子Bを強姦しようと他の数名の者と共謀したAは，数名の者がBを強姦して同女に傷害の結果を生じさせた際に，任意に姦淫することを中止したという事案において，「原審相被告人Aは，同女を姦淫しようとしたが同女が哀願するので姦淫を中止したのである。しかし他の共犯者と同女を強姦することを共謀し，他の共犯者が強姦をなし且つ強姦に際して同女に傷害の結果を与えた以上，他の共犯者と同様共同正犯の責をまぬがれることはできないから中止未遂の問題のおきるわけはない」として，Aは強姦致傷罪の罪責を負うとされた（最判昭24・7・12刑集3巻8号1237頁）。

　そして本判決は，「被告人において，その共謀者たる一審相被告人Yが判示のごとく右金員を取する（窃取）ことを阻止せず放任した以上，所論のように，被告人のみを中止犯として論ずることはできない」として，Xについても強盗既遂の罪責を肯定しているのである。

58 共犯と身分犯

最判昭42・3・7（刑集21巻2号417頁）

事実　韓国船の乗組員である被告人XおよびYは、Zが日本国内で売却することを了知しながら、法定の除外事由がないにもかかわらず、共同して麻薬を日本国内に密輸入した。Xらは、営利の目的がない旨を主張したが、第1審は、麻薬取締法64条2項の営利目的の存在を認定し営利目的麻薬密輸入罪の共同正犯の成立をみとめた。Xから控訴がなされたが、原審は、控訴を棄却した。Xから上告がなされたが、最高裁の本判決は、上告理由に当たらないとしたうえで、職権により、次のように判示して、原判決および第1審のXに関する部分を破棄し、Xを懲役8年に処している。

争点　麻薬取締法64条2項の「営利の目的」は、刑法65条2項の「身分」に当たるか。

判旨　「同条〔麻薬取締法64条〕は、同じように同法12条1項の規定に違反して麻薬を輸入した者に対しても、犯人が営利の目的をもっていたか否かという犯人の特殊な状態の差異によって、各犯人に科すべき刑に軽重の区別をしているものであって、刑法65条2項にいう『身分ニ因リ特ニ刑ノ軽重アルトキ』に当るものと解するのが相当である。そうすると、営利の目的をもつ者ともたない者とが、共同して麻薬取締法12条1項の規定に違反して麻薬を輸入した場合には、刑法65条2項により、営利の目的をもつ者に対しては麻薬取締法64条2項の刑を、営利の目的をもたない者に対しては同条1項の刑を科すべきものといわなければならない。

　しかるに原判決およびその是認する第1審判決は、共犯者であるZが営利の目的をもっているものであることを知っていただけで、みずからは営利の目的をもっていなかった被告人に対して、同条2項の罪の成立を認め、同条項の刑を科しているのであるから、右判決には同条および刑法65条2項の解釈適用を誤った違法があり、右違法は判

決に影響を及ぼすものであって，これを破棄しなければ著しく正義に反するものと認められる。」

解説　本件においては，65条における身分の意義が問題となった。この点について，判例は，「刑法65条にいわゆる身分は，男女の性別，内外国人の別，親族の関係，公務員たるの資格のような関係のみに限らず，総て一定の犯罪行為に関する犯人の人的関係である特殊の地位又は状態を指称するものであ」ると判示している（最判昭27・9・19刑集6巻8号1083頁）。このように判例は，身分を広く解し横領罪における「占有者」のように，必ずしも継続的な性質をもつ必要はないとしている。目的犯における「目的」は65条2項の「身分」といえるかどうか，が従前より争われている。本件においても，この点が問題となった。これは，身分の本質的要素として「継続性」を要求するか否かという問題である。なお，65条1項に関して判例は，強姦罪はその行為主体が男性に限られるから1項の身分に当たると解している（最決昭40・3・30刑集19巻2号125頁）。

大審院の判例は，営利誘拐罪における「営利の目的」は65条における身分に当たらないと解していた（大判大14・1・28刑集4巻14頁）。すなわち，「刑法第225条の営利の目的は同法第65条第1，2項の犯人の身分には該当せざるに依り，既に此の点に於てXZの行為はYと同じく刑法第225条の営利誘拐の罪を構成する」と判示し，X・Y・Zを営利拐取罪の共同正犯として処断したのである。

これに対して最高裁の本判決は，麻薬取締法違反事件に関して積極説の立場を明確に打ち出した。すなわち，大審院の判例を変更して，目的のように一時的・心理的なものであって継続性のないものも，65条2項の身分に包含させることとなったが，その論拠は示されていない。しかし，結論は妥当である。なぜならば，本条2項の「身分」は，1項の「構成的身分」より広い「不真正身分」であり，目的もこれに含まれるからである。目的のような一時的・心理的犯罪要素は，行為者の地位または状態を指すべき身分とはいえないとの反対説も主張されている。

59 共犯と過剰防衛

最決平4・6・5（刑集46巻4号245頁）

事実 Xは、友人Yの居室から飲食店Aに電話をかけて同店に勤務中の女友達Bと話していたところ、店長のCから一方的に電話を切られて立腹し、再三電話をかけ直してCへの取次ぎを求めたが、Cに拒否されたうえ侮辱的な言葉を浴びせられて憤激し、殺してやるなどと怒号し、A店に押しかけることを決意し、Yを説得して、包丁を持たせて一緒にA店に向かった。Xは、C殺害もやむを得ないとの意思で「やられたらナイフを使え」と指示するなどして説得し、YをA店出入口付近に行かせ、同店から出て来たBと話をしたりして待機していた。Yは、CにXと取り違えられ、手拳などで顔面を殴打されコンクリートの路上に転倒させられて足蹴りにされたので、殴り返すなどしたが、再び路上に殴り倒されたため、自己の生命身体を防衛する意思で、Cを殺害することもやむを得ないと決意し、Xとの共謀の下に、包丁でCの左胸部などを数回突き刺し、心臓刺傷および肝刺傷による急性失血によりCを死亡させた。

第1審は、Cに対する殺人罪の共謀の成立をみとめ、積極的にCに対し攻撃を加える意思で現場に臨んでいるので、Cによる暴行は急迫の侵害には当たらないとして、X・Yには正当防衛、過剰防衛は成立しないとした。原審は、YにはCに対する「積極的な加害意思」がないので、Yの反撃は過剰防衛に当たるが、Xには、「積極的な加害意思」があるので、過剰防衛の成立を否定した。X側から上告がなされ、上告趣意においてXにも過剰防衛が成立する旨の主張がなされた。

本決定は、上告を棄却し、職権で判断し次のように判示している。

争点 共同正犯が成立するばあいにおける過剰防衛の成否は、共同正犯者の各人についてそれぞれの要件を満たすかどうかを検討して決めるべきか。

決定要旨　「共同正犯が成立する場合における過剰防衛の成否は、共同正犯者の各人につきそれぞれその要件を満たすかどうかを検討して決するべきであって、共同正犯者の1人ついて過剰防衛が成立したとしても、その結果当然に他の共同正犯者についても過剰防衛が成立することになるものではない。

原判決の認定によると、被告人は、Cの攻撃を予期し、その機会を利用してYをして包丁でCに反撃を加えさせようとしていたもので、積極的な加害の意思で侵害に臨んだものであるから、CのYに対する暴行は、積極的な加害の意思がなかったYにとっては急迫不正の侵害であるとしても、被告人にとっては急迫性を欠くものであって（最高裁昭和51年（あ）第671号同52年7月21日第一小法廷決定・刑集31巻4号747頁参照）、Yについて過剰防衛の成立を認め、被告人についてこれを認めなかった原判断は、正当として是認することができる。」

解説　本件においては、共同正犯間の過剰防衛の成否が問題となった。本決定は、共同正犯が成立するばあいにおける過剰防衛の成否の判断方法について、最高裁として初めて判断を示している。過剰防衛の成否は共同正犯者間で連帯的に共通して判断されないことを明示した。すなわち、本決定は、「共同正犯が成立する場合における過剰防衛の成否は、共同正犯者の各人につきそれぞれその要件を満たすかどうかを検討して決するべきであって、共同正犯者の一人について過剰防衛が成立したとしても、その結果当然に他の共同正犯者についても過剰防衛が成立することになるものではない」と判示したのである。これは、過剰防衛の要件の存否は、各共同正犯について個別的に判断すべきとするものであって、きわめて妥当である（違法の相対性）。したがって、急迫不正の侵害の存否についても、個別的に検討すべきであり、本件においては、Xは、Cの攻撃を予期し、「積極的な加害の意思」で侵害に臨んだものであるから、CのYに対する暴行は、「積極的な加害の意思」のなかったYにとっては急迫不正の侵害であるが、Xにとっては「急迫性」を欠くものであって（最決昭52・7・21刑集31巻4号747頁）、Yについて過剰防衛の成立をみとめ、Xについてこれをみとめなかったのである。

60 必要的共犯

最判昭43・12・24（刑集22巻13号1625頁）

事実 被告人Xは，A社から買い受けた中古パワーショベルの性能が悪いので，A社と交換の買戻しの交渉をしたがうまくいかなかったので，弁護士ではない被告人YおよびZに，A社との示談交渉を依頼して交渉させ，報酬を支払った。Yは，自らが斡旋してCに月賦で買い受けさせたB社所有の中古自動車をガソリン代などの債権の担保として保管していたDに対し，B社のためその返還を請求していたところ，Dから同車を貸与されて運転していたEが交通事故により同車を損壊させていたので，Eに買い取らせるか修理代を支払わせるための示談交渉を，弁護士でないZに依頼して，交渉させ報酬を支払った。

第1審は，XおよびYに弁護士法違反の教唆の罪の成立をみとめ，原審もこれを是認した。

被告人側から上告がなされ，最高裁の本判決は，上告趣意は，上告理由に当たらないとして斥けたうえで，職権で，次のように判示して，弁護士法違反教唆の罪の成立をみとめた原判決を破棄して当該部分を無罪としたうえで，自判している。

争点 対向犯の一方だけを処罰する規定があるばあいに，他方をその共犯として処罰することができるか。すなわち，自己の法律事件の解決のために，弁護士でない者に示談交渉を依頼した者は，弁護法違反の教唆犯の罪責を負うか。

判旨 「弁護士法72条は，弁護士でない者が，報酬を得る目的で，一般の法律事件に関して法律事務を取り扱うことを禁止し，これに違反した者を，同法77条によって処罰することにしているのであるが，同法は，自己の法律事件をみずから取り扱うことまで禁じているものとは解されないから，これは，当然，他人の法律事件を取り扱う場合のことを規定しているものと見るべきであり，同法72条の規定は，法律

事件の解決を依頼する者が存在し，この者が，弁護士でない者に報酬を与える行為もしくはこれを与えることを約束する行為を当然予想しているものということができ，この他人の関与行為なくしては，同罪は成立し得ないものと解すべきである。ところが，同法は，右のように報酬を与える等の行為をした者について，これを処罰する趣旨の規定をおいていないのである。このように，ある犯罪が成立するについて当然予想され，むしろそのために欠くことができない関与行為について，これを処罰する規定がない以上，これを，関与を受けた側の可罰的な行為の教唆もしくは幇助として処罰することは，原則として，法の意図しないところと解すべきである。

　そうすると，弁護士でない者に，自己の法律事件の示談解決を依頼し，これに，報酬を与えもしくは与えることを約束した者を，弁護士法72条，77条違反の罪の教唆犯として処罰することはできないものといわなければならない。」

解説　本件においては，必要的共犯である対向犯の一方のみを処罰する規定のばあいに，他方も処罰できるか，が問題となった。必要的共犯とは，構成要件上，2人以上の行為者の共同行為を必要とする犯罪類型をいう。対向犯とは，相互に対向関係にある共同行為を類型化したものをいう。これには，①関与者双方が同一の法定刑で処罰されるもの（重婚罪，184条），②関与者が異なる法定刑で処罰されるもの（贈・収賄罪，197条・198条），③関与者双方の対向的行為のうち一方だけが処罰されるもの（わいせつ物販売罪，175条）の3種類からなる。本件は，③のばあいである。

　判例・通説である立法者意思説は，対向犯的な性質をもつa・bという2つの行為の中で，法律がa行為だけを犯罪類型として規定しているばあいは，当然に定型的に予想されるb行為を立法に当たって不問に付したわけであるから，b行為は罪としない趣旨であるとする。すなわち，対向犯的行為の定型性を基礎にして，立法者は一方だけを処罰することによって他方の不可罰を宣明していると解釈されるわけである。本判決は，この立場に立つものであり，妥当である。

　この見解によれば，相手方の関与行為がその定型性の枠を超えたばあいには，共犯規定の適用がみとめられることになる。

61 包括一罪か併合罪か

最決昭 62・2・23（刑集 41 巻 1 号 1 頁）

事実 被告人 X は，昭和 60 年 5 月 3 日午前 3 時ころ，大阪市内の飲食店に侵入して現金約 10 万 7000 円を窃取し，常習累犯窃盗罪で起訴された。また X は，同年 5 月 30 日午前 2 時 20 分ころ，金槌とペンライトを携帯し，これらを用いて他人の住居に侵入して金品を窃取しようと考えて大阪市内を徘徊中に，侵入具携帯罪（軽犯 1 条 3 号違反）で現行犯逮捕され，簡易裁判所に起訴され，拘留 20 日に処せられた。

第 1 審は，侵入具携帯行為は，本件の常習累犯窃盗とともに包括して常習累犯窃盗罪（盗犯等ノ防止及処分ニ関スル法律 3 条）を構成し，一罪の関係にあるとして，常習累犯窃盗の起訴に対し免訴を言い渡した。検察官からの控訴に対して原審は，侵入具携帯罪と常習累犯窃盗罪は併合罪であるとして第 1 審判決を破棄して，X を懲役 3 年 6 月に処した。被告人側から上告がなされ，上告趣意において，本件常習累犯窃盗と侵入具携帯は包括一罪であるなどの主張がなされた。

最高裁の本決定は，上告理由をすべて不適法としたうえで職権により次のように判示して上告を棄却している。

争点 機会を異にして犯された常習累犯窃盗罪と侵入具携帯罪は，包括一罪となるのか，それとも併合罪となるのか。

決定要旨 「原判決の認定するところによれば，本件起訴にかかる常習累犯窃盗罪は，被告人が常習として昭和 60 年 5 月 3 日午前 3 時ころ大阪市住吉区内の寿司店において金員を窃取したことを内容とするものであり，また，確定判決のあった侵入具携帯罪は，被告人が同月 30 日午前 2 時 20 分ころ同市阿倍野区内の公園において住居侵入・窃盗の目的で金槌等を隠して携帯していたというものであって，このように機会を異にして犯された常習累犯窃盗と侵入具携帯の両罪は，たとえ侵

> 入具携帯が常習性の発現と認められる窃盗を目的とするものであったとしても，併合罪の関係にあると解するのが相当であるから，これと同旨の原判決の結論は正当である。」

解説　本件においては，常習累犯窃盗罪と侵入具携帯罪との罪数関係が問題となった。すなわち，常習累犯窃盗罪とは別個の機会に侵入具携帯罪が犯されたばあいにおける両罪の関係が問題とされたのである。この点について，従来の判例は，これを包括一罪とするもの（大阪地判昭59・12・7判タ553号257頁，大阪地判昭61・1・17判時1196号166頁）と，併合罪とするもの（東京地判昭61・1・13判時1196号167頁，大阪高判昭61・6・12判時1201号153頁）に分かれていた。本決定は，この点について最高裁として初めて判断を示し，併合罪説の立場に立つことを明らかにしたのである。

ところで，最高裁の判例は，常習累犯窃盗罪とこれとは別の機会に犯された窃盗の着手に至らない常習累犯窃盗目的の住居侵入罪の罪数関係について，「盗犯等の防止及び処分に関する法律3条中常習累犯窃盗に関する部分は，一定期間内に数個の同種前科のあることを要件として常習性の発現と認められる窃盗罪（窃盗未遂罪を含む。）を包括して処罰することとし，これに対する刑罰を加重する趣旨のものであるところ，右窃盗を目的として犯された住居侵入の罪は，窃盗の着手にまで至った場合にはもちろん，窃盗の着手にまで至らなかった場合にも，右常習累犯窃盗の罪と一罪の関係にあるものと解するのが，同法の趣旨に照らして相当である」と判示して，包括一罪説をとることを明示していた（最判昭55・12・23刑集34巻7号767頁）。

本決定は，「機会を異にして犯された」常習累犯窃盗と侵入具携帯の両罪は，「たとえ侵入具携帯が常習性の発現と認められる窃盗を目的とするものであったとしても」併合罪の関係に立つと判示している。昭和55年判決が機会を異にして犯された常習累犯窃盗と住居侵入を一罪としていることと対比すると，本決定は，「常習性の発現」とみとめられる窃盗を目的とするものであったとしても，犯罪の一体性が存在しないので，併合罪関係に立つことを明示しているのである。本決定の結論は妥当である。

62 牽連犯か併合罪か

最決昭 58・9・27（刑集 37 巻 7 号 1078 頁）

事実 被告人 X は，経営していた店が倒産するなどしたため，債務を弁済したり新たな事業の資金を得たりするには子供を誘拐してその近親者に身の代金を交付させる以外ないと考え，道路を通行中の A（当時 7 歳）に対して言葉巧みに話しかけ，自ら運転する自動車の後部座席に乗車させ，同車を走行させて A を自己の支配下に置き，もって，身の代金を交付させる目的で A を誘拐した。X は，8 日間にわたって同自動車内または留守中の愛人宅において A の両手両足を麻縄などで縛って監禁し，その間，10 数回 A の実母 B に電話をかけ，身の代金を要求した。

第 1 審は，身の代金目的拐取罪と拐取者身の代金要求罪を牽連犯とし，これらの罪と監禁罪とを併合罪とした。原審もこれと同判断を示したので，被告人側から上告がなされた。

最高裁の本決定は，上告趣意は適法な上告理由に当たらないとしたうえで，以下のように判示して上告を棄却している。

争点 拐取者が引き続き被拐取者を監禁したばあい，身の代金目的拐取罪と身の代金要求罪との関係およびこれらの罪と監禁罪との関係はどうなるのか。

決定要旨 「みのしろ金取得の目的で人を拐取した者が，更に被拐取者を監禁し，その間にみのしろ金を要求した場合には，みのしろ金目的拐取罪とみのしろ金要求罪とは牽連犯の関係に，以上の各罪と監禁罪とは併合罪の関係にあると解するのが相当であり，これと同旨の原判断は，正当である。」

解説 本件においては，被告人がおこなった身の代金目的拐取罪，監禁罪および身の代金要求罪の罪数が問題となった。身の代金目的拐取罪と身の代金要求罪との罪数関係については，包括一罪説と

牽連犯説が対立している。包括一罪説は，両罪が連続しておこなわれるので，両罪は包括して刑法 225 条の 2 の規定に当たる一罪の成立をみとめる。これと同旨の下級審の裁判例もある（宮崎地裁都城支判昭 50・11・5 判タ 333 号 363 頁）。これに対して，通説および判例の主流は，牽連犯説をとっている。すなわち，目的犯とその目的を実現する犯罪については，一般に牽連犯の成立が肯定されており，身の代金目的拐取罪と身の代金要求罪は牽連犯とされているのである（仙台地判昭 40・4・5 下刑集 7 巻 4 号 602 頁，新潟地判昭 41・2・28 下刑集 8 巻 2 号 305 頁，仙台高判昭 41・10・18 下刑集 8 巻 10 号 1313 頁，東京地判昭 47・4・8 判時 673 号 96 頁）。本決定は，最高裁として初めて牽連犯説をとることを明示した重要判例である。

牽連犯の判断基準に関する学説には，ⓐ数個の行為がその性質上，一般に手段・結果の関係にあることが必要であるとする客観説，ⓑ行為者が数罪を手段または結果としておこなう意思があることが必要であるとする主観説，ⓒ数個の行為がその性質上，一般に手段・結果の関係にあり，かつ行為者の主観において牽連させる意思があることが必要であるとする折衷説がある。

この点について，最高裁の判例は，「牽連犯は……数罪間にその罪質上通例その一方が他方の手段又は結果となるという関係があり，しかも具体的にも犯人がかゝる関係においてその数罪を実行したような場合」をいうと判示し（最［大］判昭 24・12・21 刑集 3 巻 12 号 2048 頁），客観説をとっている。その後の判例は，この立場を踏襲している（最判昭 32・7・18 刑集 11 巻 7 号 1861 頁，最［大］判昭 44・6・18 刑集 23 巻 7 号 950 頁，最判昭 57・3・16 刑集 36 巻 3 号 260 頁など）。

次に身の代金目的拐取罪と監禁罪との罪数は，判例の立場からは，併合罪になる。判例は，監禁罪と他罪について併合罪の成立を肯定している（監禁罪と傷害罪につき最決昭 43・9・17 刑集 22 巻 9 号 853 頁，監禁罪と強姦致傷罪につき最判昭 24・7・12 刑集 3 巻 8 号 1237 頁）。

監禁罪と身の代金要求罪との関係についても，従来の判例は併合罪としている（大阪高判昭 53・7・28 高刑集 31 巻 2 号 118 頁）。本決定も，両罪を併合罪としている。本決定は，結論として，身の代金目的拐取罪および身の代金要求罪と監禁罪とは併合罪の関係にあると解しており，妥当である。

63 観念的競合か併合罪か

最[大]判昭 49・5・29（刑集 28 巻 4 号 114 頁）

事実 被告人 X は，午後 8 時 30 分頃から，ウイスキー小瓶 1 本半および清酒 4 合を飲み，普通乗用自動車を運転し，時速約 70km で進行中，酒の酔いのため前方注視が困難になり，対向車線に進入して，車道右端を歩行中の A をはね，A を脳挫傷などにより死亡させた。

第 1 審および原審は，道交法上の酒酔い運転の罪と業務上過失致死罪（現在の自動車運転過失致死罪に相当）との併合罪として処断した。

被告人側から上告がなされ，上告趣意において，本件両罪は観念的競合であり，原判決は居眠り運転の罪と業務上過失致死傷罪は観念的競合とした最決昭 33・4・10（刑集 12 巻 5 号 877 頁）に違反するとの主張がなされた。最高裁の本判決は，次のように判示して前記判例を変更し上告を棄却している。

争点
① 観念的競合における「1 個の行為」とは何を意味するのか。
② 酒気帯び運転罪と業務上過失致死罪は，観念的競合なのか，それとも併合罪なのか。

判旨 「所論のとおり原判決は右判例と相反する判断のものになされたものといわなければならない。……

しかしながら，刑法 54 条 1 項前段の規定は，1 個の行為が同時に数個の犯罪構成要件に該当して数個の犯罪が競合する場合において，これを処断上の一罪として刑を科する趣旨のものであるところ，右規定にいう 1 個の行為とは，法的評価をはなれ構成要件的観点を捨象した自然的観察のもとで，行為者の動態が社会的見解上 1 個のものとの評価をうける場合をいうと解すべきである。

ところで，本件の事例のような，酒に酔った状態で自動車を運転中に過って人身事故を発生させた場合についてみるに，もともと自動車を運転する行為は，その形態が，通常，時間的継続と場所的移動とを伴うものであるのに対し，その過程において人身事故を発生させる行

> 為は，運転継続中における一時点一場所における事象であって，前記の自然的観察からするならば，両者は，酒に酔った状態で運転したことが事故を惹起した過失の内容をなすものかどうかにかかわりなく，社会的見解上別個のものと評価すべきであって，これを1個のものとみることはできない。
> 　したがって，本件における酒酔い運転の罪とその運転中に行なわれた業務上過失致死の罪とは併合罪の関係にあるものと解するのが相当であり，原判決のこの点に関する結論は正当というべきである。以上の理由により，当裁判所は，所論引用の最高裁判所の判例を変更して，原判決の判断を維持するのを相当と認める。」

解説　本件においては，道交法上の酒酔い運転罪と業務上過失致死傷罪との罪数が問題となったが，その前提として観念的競合における「1個の行為」の意義を明らかにすることが必要となった。本判決は，酒酔い運転の罪と業務上過失致死罪が併合罪であることを明示している。

　酒酔い運転の罪と業務上過失致死傷罪との関係については，前出最決昭33・4・10は，居眠り運転の罪と業務上過失致死傷罪とを観念的競合の関係にあるとした。最判昭38・11・12（刑集17巻11号2399頁）は，飲酒酩酊による無謀操縦の罪と業務上過失傷害罪とが併合罪の関係にあるとした。

　本判決は，観念的競合における「1個の行為」の意義について54条「1個の行為とは，法的評価をはなれ構成要件的観点を捨象した自然的観察のもとで，行為者の動態が社会的見解上1個のものとの評価をうける場合」をいうと判示している。

　「1個の行為」の意義に関して，学説は，①自然的観察によるとする説，②社会的見解によるとする説，③構成要件を基準とする説などに分かれている。①説および②説ならびに判例が，構成要件的観点を捨象して行為の個数を決める点には疑問がある。なぜならば，観念的競合とされるのか，併合罪とされるのかは，行為に対する構成要件的評価を離れて考えるべきではなく，その構成要件的評価と「科刑」の均衡という観点から決せられるべきであるからである。

64 不作為犯の罪数

最[大]判昭 51・9・22（刑集 30 巻 8 号 1640 頁）

事実 被告人 X は，普通乗用自動車を運転中，前方注視不十分のまま，速度制限違反の速度で進行し，歩行者 A に気付かず，急制動を講じたが間に合わず，A をはねとばして A に重傷を与えた。X は，直ちに自車の運転を中止して A を救護するなどの措置を講じず，また，事故を警察官に報告せず，そのまま逃走し，A は，翌日，死亡した。

第 1 審は，業務上過失致死罪（現在の自動車運転過失致死罪に相当），道交法 72 条 1 項前段の救護義務違反の罪および同条項後段の報告義務違反の罪の成立をみとめ，救護義務違反の罪と報告義務違反の罪とは観念的競合であるとした。検察官からの控訴に対して原審は，第 1 審判決を支持し，控訴を棄却した。検察官は，原判決の判断は，両罪が併合罪の関係にあると判示した最[大]判昭 38・4・17（刑集 17 巻 3 号 229 頁）にするとして上告した。

最高裁の本大法廷判決は，原判決は最高裁の判例に反することをみとめたうえで，上告を棄却し，次のように判示して判例を変更した。

争点 ①観念的競合における「1 個の行為」は，不作為を含むか。②道交法上の救護義務違反罪と報告義務違反罪は，観念的競合か。

判旨「刑法 54 条 1 項前段にいう 1 個の行為とは，法的評価をはなれ構成要件的観点を捨象した自然的観察のもとで行為者の動態が社会的見解上 1 個のものと評価される場合をいい（当裁判所昭和 47 年（あ）第 1896 号同 49 年 5 月 29 日大法廷判決・刑集 28 巻 4 号 114 頁参照），不作為もここにいう動態に含まれる。

いま，道路交通法 72 条 1 項前段，後段の義務及びこれらの義務に違反する不作為についてみると，右の 2 つの義務は，いずれも交通事故の際『直ちに』履行されるべきものとされており，運転者等が右 2 つの義務に違反して逃げ去るなどした場合は，社会生活上，しばしば，ひき逃げというひとつの社会的出来事として認められている。前

記大法廷判決のいわゆる自然的観察、社会的見解のもとでは、このような場合において右各義務違反の不作為を別個の行為であるとすることは、格別の事情がないかぎり、是認しがたい見方であるというべきである。

したがって、車両等の運転者等が、1個の交通事故から生じた道路交通法72条1項前段、後段の各義務を負う場合、これをいずれも履行する意思がなく、事故現場から立ち去るなどしたときは、他に特段の事情がないかぎり、右各義務違反の不作為は社会的見解上1個の動態と評価すべきものであり、右各義務違反の罪は刑法54条1項前段の観念的競合の関係にあるものと解するのが、相当である。」

解説 本件においては、道路交通法上の救護義務違反の罪と報告義務違反の罪という2個の「不作為犯」の罪数が問題となり、その前提として不作為犯についても観念的競合における「1個の行為」に不作為が含まれるか、が問題となった。本判決は、この点について不作為も含まれることを初めて判示し、重要な判例となっている。

昭和49年の最高裁大法廷判決は、観念的競合における1個の行為の概念について「1個の行為とは、法的評価をはなれ構成要件的観点を捨象した自然的観察のもとで、行為者の動態が社会的見解上1個のものとの評価をうける場合をいう」と判示した。不作為犯の罪数について、従来の最高裁判例は、併合罪説をとっていた（最[大]判昭38・4・17刑集17巻3号229頁）。この点について本判決は、昭和49年判決の基準を採って観念的競合の成立をみとめ、昭和38年判決を変更している。

不作為も行為である以上、作為犯と同様に「1個の行為」は不作為についてもみとめられるとする本判決の立場は正当である。1個の作為義務違反の不作為によって数個の不作為犯の結果を生じさせたばあい、本判決は、各義務違反の不作為は社会的見解上1個の動態と評価すべきであるから観念的競合になるとするが、これに対して、1個の作為によって他の作為義務を果たし得るばあいでないかぎり、1個の行為とはいえないから、原則として観念的競合にならないとする見解が主張されている。

65 牽連犯と「かすがい」現象

最決昭 29・5・27（刑集 8 巻 5 号 741 頁）

事実 被告人 X は，離婚した元妻 A を殺害する目的で，夜間に，A の母親 B の自宅に鉈を持って侵入し，就寝中の A，B および子供 C を，鉈で斬りつけ殺害した。第 1 審は，上記の事実を認定したうえで，法令の適用について，住居侵入と殺人は「手段結果の関係にあるから刑法第 54 条第 1 項後段，第 10 条を適用して重い殺人の罪に従って処断することとし，以上は同法第 45 条前段の併合罪であるが，……犯情の最も重い右 C に対する殺人につきその所定刑中死刑を選択し，同法第 46 条第 1 項本文に従い他の刑を併科せず，被告人を死刑に処する」旨判示した。原審は，これを支持したので，被告人側から上告がなされ，上告趣意において，住居侵入と 3 個の殺人は一罪の関係にあり，これを数罪とした原判決は，住居侵入の後に犯した放火と強盗殺人を一罪として処断すべきとした大審院判例（大判昭 5・11・22 刑集 9 巻 823 頁）に反するなどの主張がなされた。

最高裁の本決定は，上告理由に当たらないとして上告を棄却したが，職権によって次のような判断を示している。

争点 他人の住居に侵入して，順次 3 人の者を殺害したばあい，住居侵入罪と 3 個の殺人罪は科刑上一罪（牽連犯）として扱われるべきか。

決定要旨 「事実審の確定した事実によれば所論 3 個の殺人の所為は所論 1 個の住居侵入の所為とそれぞれ牽連犯の関係にあり刑法 54 条 1 項後段，10 条を適用し一罪としてその最も重き罪の刑に従い処断すべきであり，従って第 1 審判決にはこの点に関し法条適用につき誤謬あること所論のとおりであるが，右判決は結局被害者 A に対する殺人罪につき所定刑中死刑を選択し同法 46 条 1 項に従い処断しているのであるから，該法令違背あるに拘わらず原判決を破棄しなければ著しく正義に反するものとはいい得ない。」

解説 本件においては、「かすがい現象」の肯否が問題となった。「かすがい現象（かすがい作用）」とは、本来ならば併合罪となる数罪が、それぞれ、ある罪と観念的競合または牽連犯の関係に立つことによって、数罪全体が科刑上一罪として取り扱われることをいう。たとえば、Ｘ罪とＹ罪とは、本来は併合罪であるが、たまたまＸ罪がＺ罪と科刑上一罪（観念的競合または牽連犯）の関係に立ち、同時に、Ｙ罪もＺ罪と科刑上一罪の関係に立つばあい、Ｘ罪・Ｙ罪も科刑上一罪として扱われることになる。このばあい、Ｚ罪が「かすがい」のように作用して併合罪となる数罪を結びつけて科刑上一罪にするので、比喩的に「かすがい」現象とよばれるわけである。

本決定は、他人の住居に侵入して順次、３人を殺害したばあい、「３個の殺人の所為は所論１個の住居侵入の所為とそれぞれ牽連犯の関係にあり刑法54条１項後段、10条を適用し一罪としてその最も重き罪の刑に従い処断すべきであ」るとして、かすがい現象を肯定している。このばあい、本来ならば併合罪となる３個の殺人罪は、１個の住居侵入罪がその手段とされたことによって牽連犯となり、科刑上一罪として取り扱われている。

かすがい現象をみとめる判例・通説に対しては、①戸外で３人殺せば併合罪であるのに、住居侵入を犯しさらに３人殺すと牽連関係がみとめられて科刑上一罪というのは、妥当な処断といえない、②住居侵入を「呑んで」起訴しなければ併合罪とし得るが、そのような運用は健全でない、③既判力の範囲が広がりすぎる、と批判されている。このうち②③は併合罪ではなく科刑上一罪として処理することに伴う不当性であるから、問題は①に帰着する。

たしかに、かすがい現象をみとめると刑が軽くなって不当な結果をもたらすばあいが生じ得るが、しかし、現行法の解釈論としてはこれをみとめるほかはないであろう。すなわち、かすがい現象を肯定したうえで、量刑において具体的妥当性を追求すべきなのである。そして、実際上、刑法典の定める法定刑の幅が大きいことと、裁判所による量刑が一般的に法定刑の下限に近いところでおこなわれていることによって、具体的な不都合は回避され得ているとされる。

66 共犯と罪数

最決昭 57・2・17（刑集 36 巻 2 号 206 頁）

事実 被告人 X は，(1) Y らが，共謀のうえ営利の目的で韓国から覚せい剤を密輸入しようと企て，①昭和 49 年 9 月 13 日ころ，Z が覚せい剤を本邦内に持ち込んで輸入し，②同月 14 日ころ，Y および W がそれぞれ覚せい剤を本邦内に持ち込んで輸入した際，予めその情を知りながら，覚せい剤仕入資金の一部を渡されて銀行で小切手に換えて Y に交付するなどして前記各犯行を幇助した。(2) X は，法定の除外事由がないのに，営利の目的で，同月 22 日ころ，Y から覚せい剤粉末を譲り受けた。(3) X は，Y および Z が，同月 30 日ころ，関税法違反の罪をおこなった際，予めその情を知りながら，覚せい剤仕入資金の一部を渡されて銀行で小切手に換えて Y に交付するなどして前記犯行を幇助した。

第 1 審は，(1)の X の各所為は覚せい剤取締法違反の罪の幇助犯に，(2)の X の所為は同法違反の罪に，(3)の X の所為は関税法違反の罪にそれぞれ該当し以上の各罪は併合罪であるとした。

被告人側からの控訴に対して原審は，「幇助犯の罪数は正犯の罪数に従うべきであり，幇助行為が 1 回か数回かは幇助犯の罪数を左右するものではない」として控訴を棄却した。被告人側から上告がなされ，上告趣意において，従犯の罪数は，「従犯の行為自体を標準として之を決定する」とした大判昭 17・8・11（新聞 4794 号 16 頁）に違反するなどとの主張がなされた。最高裁の本決定は，職権で以下のように判示し，上告を棄却している。

争点
① 幇助犯の罪数は，何を基準にして決定されるのか。
② 数個の幇助犯が成立するばあい，それらの関係はどうなるか。

決定要旨 「幇助罪は正犯の犯行を幇助することによって成立するものであるから，成立すべき幇助罪の個数については，正犯の罪のそれに従って決定されるものと解するのが相当である。原判決の是認する第 1 審判

決によれば，被告人は，正犯らが2回にわたり覚せい剤を密輸入し，2個の覚せい剤取締法違反の罪を犯した際，覚せい剤の仕入資金にあてられることを知りながら，正犯の1人から渡された現金等を銀行保証小切手にかえて同人に交付し，もって正犯らの右各犯行を幇助したというのであるから，たとえ被告人の幇助行為が1個であっても，2個の覚せい剤取締法違反幇助の罪が成立すると解すべきである。」

「ところで，右のように幇助罪が数個成立する場合において，それらが刑法54条1項にいう1個の行為によるものであるか否かについては，幇助犯における行為は幇助犯のした幇助行為そのものにほかならないと解するのが相当であるから，幇助行為それ自体についてこれをみるべきである。本件における前示の事実関係のもとにおいては，被告人の幇助行為は1個と認められるから，たとえ正犯の罪が併合罪の関係にあっても，被告人の2個の覚せい剤取締法違反幇助の罪は観念的競合の関係にあると解すべきである。そうすると，原判決が右の2個の幇助罪を併合罪の関係にあるとしているのは，誤りであるといわなければならない。」

解説 本件においては，幇助犯(従犯)の罪数が問題となった。構成要件を充足する回数により決定する構成要件標準説が通説であり，判例は，法的評価を離れ構成要件的観点を捨象した自然的観察のもとで決定する見解をとっている(最[大]判昭49・5・29刑集28巻4号114頁)。

狭義の共犯（教唆犯・従犯）の成立個数は，共犯従属性説の見地から，正犯について成立した犯罪の個数に従って判断される（大判大2・4・17刑録19輯479頁，最決昭57・2・17刑集36巻2号206頁など）。

最高裁の本決定は，「成立すべき幇助罪の個数については，正犯の罪のそれに従って決定される」と判示し，それらが1個の行為によるものであるか否かについては，「幇助犯における行為は幇助犯のした幇助行為そのものにほかならないと解するのが相当であるから，幇助行為それ自体についてこれをみるべきである」と判示している。

幇助犯は，修正された構成要件行為としての幇助行為をおこなうものであり，その「行為」の個数も幇助行為を基準にして判断されるべきであるから，本決定は妥当である。

第2部 各 論

I 個人法益に対する罪
 1 生命および身体に対する罪 *136*
 2 自由に対する罪 *152*
 3 プライバシーに対する罪 *160*
 4 名誉および信用・業務に対する罪 *162*
 5 財産犯 *174*
  ○ 財産犯総論 *174*
  ○ 窃盗罪 *180*
  ○ 強盗罪 *194*
  ○ 詐欺罪・恐喝罪 *206*
  ○ 横領罪・背任罪 *220*
  ○ 盗品等に関する罪 *228*
  ○ 毀棄罪・隠匿罪 *234*

II 社会的法益に対する罪
 1 公共の危険に対する罪 *238*
 2 公共の信用に対する罪 *256*
 3 風俗に対する罪 *278*

III 国家法益に対する罪
 1 公務執行妨害罪 *284*
 2 犯人蔵匿罪・証拠隠滅罪 *296*
 3 偽証罪 *302*
 4 汚職の罪 *304*

1 偽装心中と殺人罪

最判昭33・11・21（刑集12巻15号3519頁）

事実

被告人Xは，料理屋の接客婦Aと馴染みになり，やがて夫婦約束までしたが，遊興のため多額の借財を負い，両親からAとの交際を絶つよう迫られたため，Aを重荷に感じ始め，別れ話を持ちかけた。しかし，Aはこれに応じず，心中することを申し出た。Xは，渋々心中の相談に乗ったが，3日後，Aと山中に赴き，真実はその意思がないのに追死するもののように装い，予め買い求めて携帯してきた青化ソーダ致死量をAに与えて嚥下させ，その場で青化ソーダの中毒によりAを死亡させた。

第1審は，殺人罪の成立をみとめたので，被告人側は控訴して殺人罪の成立を争ったが，原審は，「Aの心中の決意実行は正常な自由意思によるものではなく，全く被告人の欺罔に基くものであり，被告人はAの命を断つ手段としてかかる方法をとったに過ぎない」として控訴を棄却した。殺人罪の成立を争って上告がなされたが，本判決は，次のように判示して上告を棄却している。

争点

追死の意思がないのに，被害者を欺いて追死するものと誤信させて死亡させる偽装心中のばあい，殺人罪または自殺関与罪の何れが成立するか。

判旨

「被害者は被告人の欺罔の結果被告人の追死を予期して死を決意したものであり，その決意は真意に添わない重大な瑕疵ある意思であることが明らかである。そしてこのように被告人に追死の意思がないに拘らず被害者を欺罔し被告人の追死を誤信させて自殺させた被告人の所為は通常の殺人罪に該当するものというべく，原判示は正当であって所論は理由がない。」

解説 本件においては，追死の意思がないのに，被害者を欺いて追死するものと誤信させて死亡させる「偽装心中」のばあいに，殺人罪が成立するか否か，が問題となった。偽装心中の取扱いについて，学説が対立している。通説は，「真意に添わない重大な瑕疵ある意思」に基づいて死を決意したときは殺人罪に当たると解している（殺人罪説）。すなわち，心中においては，相互に真意に基づいて死亡することを決意しているので，「自殺」とみとめられ，自殺に関与したものと解される。しかし，偽装心中のばあいには，被害者は真意に基づいて死ぬことについて同意しているとはいえないので，その同意はいわば無効であり，殺人罪が成立することになるわけである。

これに対して自殺関与罪説は，相手方が追死してくれるものと誤信しておこなう自殺のばあい，相手側が死んでくれるから自分も死ぬという動機の錯誤があるにすぎず，「死ぬ」こと自体について錯誤はないので，本人の意思に反して生命を侵害したことにならないとする。刑法上，動機の錯誤は重要ではないから，自殺関与罪の成立をみとめるのが妥当である。すなわち，相手方は死ぬことの意味を十分に理解したうえで，死ぬことに同意しているのであり，行為者は相手方の「自殺」に関与したことになるのである。このばあい，法益侵害について認識があるときには「法益関係的錯誤」はないので，同意は有効であるとして自殺関与罪の成立を肯定する見解も，有力に主張されている。

最高裁の本判決は，「本件被害者は被告人の欺罔の結果被告人の追死を予期して死を決意したものであり，その決意は真意に添わない重大な瑕疵ある意思であることが明らかである。そしてこのように被告人に追死の意思がないに拘らず被害者を欺罔し被告人の追死を誤信させて自殺させた被告人の所為は通常の殺人罪に該当する」として殺人罪説の立場に立つことを明示している。これは，行為者の追死することが自殺の決意にとって本質的であるばあいは，被害者の追死に対する誤信は，自殺に対する自由な意思決定を奪うので，自殺教唆の範囲を逸脱し，被害者を道具とする間接正犯であると解するものである。判文上は，たんに「通常の殺人罪に該当する」と述べているが，理論的には間接正犯をみとめたものといえる。

2 胎児性傷害・致死罪

最決昭 63・2・29（刑集 42 巻 2 号 314 頁）

事実 A 株式会社の社長被告人 X および同社水俣工場長被告人 Y が，業務上の過失により，塩化メチル水銀を含む工場排水を排出し，これを摂食した 5 名を成人水俣病に，2 人を胎児性水俣病に罹患させ死傷に致した。水俣病は，塩化メチル水銀化合物により汚染された魚介類を摂食することによって発生する中毒性中枢神経系疾患であり，本件においては，水俣工場のアセトアルデヒド製造設備内で副生された塩化メチル水銀が工場排水に含まれて排出され，水俣湾などの魚介類を汚染し，その体内で濃縮された塩化メチル水銀を保有する魚介類を地域住民が摂食したことによって起こったものである。被害者の 1 人である B は，胎児段階において，母親が上記魚介類を摂食したため，胎内で脳の形成に異常を来し，出生後，健全な成育を妨げられ，12 歳 9 か月に水俣病に起因する栄養失調・脱水症により死亡した。

X および Y は，業務上過失致死罪で起訴された。第 1 審は，作用不問説の見地から業務上過失致死罪の成立をみとめた。X および Y からの控訴に対して原審は，作用必要説の立場から控訴を棄却した。X および Y から上告がなされ，最高裁の本決定は，次のように判示して上告を棄却している。

争点 業務者が妊婦（母体）に侵害を加えてその胎児に有害作用を及ぼし，その障害のために，出生した子供を死亡させたばあい，業務上過失致死罪が成立するか。

決定要旨 「現行刑法上，胎児は，堕胎の罪において独立の行為客体として特別に規定されている場合を除き，母体の一部を構成するものと取り扱われていると解されるから，業務上過失致死罪の成否を論ずるに当っては，胎児に病変を発生させることは，人である母体の一部に対するものとして，人に病変を発生させることにほかならない。そして，

> 胎児が出生し人となった後，右病変に起因して死亡するに至った場合は，結局，人に病変を発生させて人に死の結果をもたらしたことに帰するから，病変の発生時において客体が人であることを要するとの立場を採ると否とにかかわらず，同罪が成立するものと解するのが相当である。したがって，本件においても，前記事実関係のもとでは，Bを被害者とする業務上過失致死罪が成立するというべきであるから，これを肯定した原判断は，その結論において正当である。」

解説 本件は，胎児性傷害・致死に関するものである。胎児性傷害・致死とは，妊婦（母体）に侵害を加えてその胎児に有害作用を及ぼし，その結果として障害を有する子供を出生させること，または，その障害のために死に至らせることをいう。

本決定は，「現行刑法上，胎児は，堕胎の罪において独立の行為客体として特別に規定されている場合を除き，母体の一部を構成するものと取り扱われていると解されるから，業務上過失致死罪の成否を論ずるに当たっては，胎児に病変を発生させることは，人である母体の一部に対するものとして，人に病変を発生させることにほかならない」としたうえで，「胎児が出生し人となった後，右病変に起因して死亡するに至った場合は，結局，人に病変を発生させて人に死の結果をもたらしたことに帰するから，病変の発生時において客体が人であることを要するとの立場を採ると否とにかかわらず」業務上過失致死罪が成立すると判示し，母体一部傷害説の立場に立つことを明言している。この判旨は，作用必要説をとり，さらに錯誤論に関する法定的符合説的な考え方をとって，作用不問説の結論に至ったものと解されている。

胎児性傷害・致死は，わが国においては水俣病に関して問題となり，いわゆる薬害・公害の当罰性を考慮してその可罰化を図る解釈論として主張されてきた。しかし，現行法は，行為の時点で客体が胎児であるばあい，その生命・身体は堕胎の罪によって保護しているのであるから，胎児を客体とする行為について人の生命・身体に対する罪は成立する余地がないと解するのが妥当である。胎児性傷害・致死の可罰化は立法によらなければならない。

3 暴行の意義

最決昭 39・1・28（刑集 18 巻 1 号 31 頁）

事実 被告人Ｘは，飲食店を経営するための店舗借入れの交渉が思うように進捗せず，交渉相手から「やくざ者には店を貸さない」と言われたのを聞き，気分がむしゃくしゃしたので，自宅４畳半で酒を飲んで酩酊し，内妻Ａに対して「自分の亭主が馬鹿にされたら，出刃包丁位持って文句を言って来い」と言うと，Ａが本気になって行きそうになり，止めてもきかないので，Ａを思い止まらせるためにその目の前で日本刀を抜いて振り回して脅そうと考え，立ち上がってＡの目の前で日本刀の抜き身を何回か上下に振っているうちに力が入って，Ａの腹に刀が突き刺さった。Ａは，腎肝刺創に基づく失血により死亡した。

第１審は，Ｘが「傍にあった日本刀を抜いてＡの腹部を突き刺し」た旨の事実を認定し傷害致死罪の成立を肯定した。被告人側から控訴がなされたが，原審は，上記の事実を認定し，「４畳半の室内でＡを脅すために日本刀の抜き身を数回振り廻すが如きは，とりもなおさずＡに対する暴行である」旨を判示し，控訴を棄却した。これに対して被告人側から上告がなされ，上告趣意において，Ａの身体に対して抜き身を振る意思がＸになかったことなどを根拠として，過失致死罪が成立する旨の主張がなされた。

最高裁の本決定は，適法な上告に当たらないとして上告を棄却したが，カッコ内で次のように判示している。

争点 相手を脅すために４畳半の室内で日本刀の抜き身を振り廻す行為は，暴行罪における「暴行」に当たるか。

決定要旨 「（なお，原判決が，判示のような事情のもとに，狭い４畳半の室内で被害者を脅かすために日本刀の抜き身を数回振り廻すが如きは，とりもなおさず同人に対する暴行というべきである旨判断したことは正当である）。」

解説 本件においては、暴行罪における暴行の意義が問題となった。すなわち、4畳半の室内で被害者を脅すためにその目の前で日本刀を抜いてその抜き身を数回振り廻す行為は、暴行罪における暴行に当たるか否か、が問題となったのである。

　刑法における暴行は、多義的であり、それには①最広義の暴行、②広義の暴行、③狭義の暴行および④最狭義の暴行の4種類がある。その内容は、暴行を構成要件要素とするそれぞれの犯罪類型の保護法益との関連で決まることになる。暴行罪における暴行は、③狭義の暴行に当たる。すなわち、暴行罪にいう「暴行」とは、「人の身体」に対する有形力ないし物理力の不法な行使をいう。暴行罪は、身体の安全を保護するものであるから、暴行罪における暴行といえるためには、有形力の行使が他人の「身体」に向けられている必要があり、かつ、それで足りるのである。

　通常は、直接、身体に不法な攻撃を加える形態が多いが、必ずしもそれに限られない。また、身体への接触を必要としない。判例によれば、被害者らの「身辺近くにおいてブラスバンド用の大太鼓、鉦(かね)等を連打し同人等をして頭脳の感覚鈍り意識朦朧たる気分を与え又は脳貧血を起さしめ息詰る如き程度に達せしめたとき」は暴行に当たるとされている（最判昭29・8・20刑集8巻8号1277頁）。物理力が身体に対して及ばなかったばあい、それが及ぶことの認識があれば、暴行罪の成立がみとめられる（仙台高判昭30・12・8刑裁特2巻24号1267頁）。逆に物理力が身体に対して及んだばあいには、傷害の危険が生じなくても、暴行罪の成立がみとめられる（大判昭8・4・15刑集12巻427頁。福岡高判昭46・10・11刑月3巻10号1311頁）。

　本件において、被告人は、「狭い4畳半の室内で被害者を脅かすために日本刀の抜き身を数回振り廻す」行為をおこない、そのうちに力が入ってAの腹に刀が突き刺さっている。狭い部屋で日本刀の抜き身を被害者の身辺で振り廻す行為は、被害者の身体の安全に危険をもたらすものであるから、それが暴行罪における暴行に当たると解するのは妥当であるといえる。したがって、その日本刀がAの腹に突き刺さってAが死亡した以上、暴行罪の結果的加重犯である傷害致死罪が成立するのは当然である。それゆえ、本決定の判断は妥当であるといえる。

4 暴行によらない傷害

最決平 17・3・29（刑集 59 巻 2 号 54 頁）

事実 被告人Xは，平成 14 年 6 月ころから平成 15 年 12 月 3 日ころまでの間，自宅から隣家に居住する被害者Aらに向けて，Aに精神的ストレスによる障害が生じるかもしれないことを認識しながら，自宅の中で隣家に最も近い位置にある台所の隣家に面した窓の一部を開け，窓際およびその付近にラジオおよび複数の目覚まし時計を置き，連日朝から深夜ないし翌未明まで，前記ラジオの音声および時計のアラーム音を大音量で鳴らし続けるなどして，Aに精神的ストレスを与え，よって全治不詳の慢性頭痛症，睡眠障害，耳鳴り症の傷害を負わせた。

第 1 審は，被告人の行為は傷害罪の実行行為に当たり，傷害罪の未必の故意があったとして，傷害罪の成立をみとめた。原審も，第 1 審判決を是認して控訴を棄却した。被告人側から上告がなされたが，最高裁の本決定は，次のように判示して上告を棄却している。

争点 大音量の騒音により精神的機能障害を生じさせたばあい，傷害罪の実行行為性および傷害の発生をみとめて傷害罪の成立を肯定できるか。

決定要旨 「なお，原判決の是認する第 1 審判決の認定によれば，被告人は，自宅の中で隣家に最も近い位置にある台所の隣家に面した窓の一部を開け，窓際及びその付近にラジオ及び複数の目覚まし時計を置き，約 1 年半の間にわたり，隣家の被害者らに向けて，精神的ストレスによる障害を生じさせるかもしれないことを認識しながら，連日朝から深夜ないし翌未明まで，上記ラジオの音声及び目覚まし時計のアラーム音を大音量で鳴らし続けるなどして，同人に精神的ストレスを与え，よって，同人に全治不詳の慢性頭痛症，睡眠障害，耳鳴り症の傷害を負わせたというのである。以上のような事実関係の下において，被告人の行為が傷害罪の実行行為に当たるとして，同罪の成立を認めた原判断は正当である。」

解説 本件においては，ラジオの音声および時計のアラーム音を大音量で鳴らし続ける行為の「実行行為性」が問題となった。傷害罪は「人の身体を傷害した」ばあいに成立し，傷害の方法に制限はない。通常は暴行の行使によることが多いが，暴行によらない傷害もみとめられる。傷害罪は，暴行罪の結果的加重犯であるから（判例・通説），暴行によるばあいは，故意の暴行行為と傷害の結果との間の因果関係が存在すれば傷害罪が成立する。これに対して，暴行によらないばあいには，傷害の実行行為性および故意と傷害の結果の発生が必要となる。

本件の第1審判決および原判決は，被告人の発する騒音の程度が被害者の身体に物理的な影響を与えるものとまではいえないから，被告人の行為は暴行に当たらないとしたうえで，無形的方法による傷害の実行行為性をみとめ，実行行為時に被害者に対する傷害罪の未必の故意があった事実を認定している。

本決定は，精神的ストレスによる傷害を生じさせるかもしれないことを認識しながら，連日，ラジオの音声および目覚まし時計のアラーム音を大音量で鳴らし続ける行為について傷害罪の実行行為性をみとめている。すなわち，前記のような「事実関係の下において，被告人の行為が傷害罪の実行行為に当たるとして，同罪の成立を認めた原判断は正当である」と判示しているのである。そして，傷害の故意について本決定は，「被告人は，自宅の中で隣家に最も近い位置にある台所の隣家に面した窓の一部を開け，窓際及びその付近にラジオ及び複数の目覚まし時計を置き，約1年半の間にわたり，隣家の被害者らに向けて，精神的ストレスによる障害を生じさせるかもしれないことを認識しながら，連日朝から深夜ないし翌未明まで，上記ラジオの音声及び目覚まし時計のアラーム音を大音量で鳴らし続けるなどして」いると判示している。これは，未必の故意をみとめるものであると解される。本件における「傷害」の内容については，被害者「に精神的ストレスを与え，よって，同人に全治不詳の慢性頭痛症，睡眠障害，耳鳴り症の傷害を負わせた」と判示しており，このような結果が傷害に当たることを明言している。

本決定は，暴行によらない傷害をみとめた最高裁の事例判例として重要な意義を有する。

5 危険運転致傷罪

最決平 18・3・14（刑集 60 巻 3 号 363 頁）

事実 　被告人 X は，平成 15 年 11 月 25 日午前 2 時 30 分ころ，普通乗用自動車を運転し，信号機により交通整理がおこなわれている交差点手前で，対面信号機の赤色表示に従って停止中の先行車両の後方に停止したが，同交差点を右折進行すべく，同信号機がまだ赤色信号を表示していたのに発進し，対向車線に進出して，上記停止車両の右側方を通過し，時速約 20km の速度で同交差点に進入しようとした。折から右方道路から青色信号に従い同交差点を左折して対向進行してきた被害者 A 運転の普通貨物自動車を前方約 14.8 m の地点にみとめ，急制動の措置を講じたが間に合わず，同車右前部に自車右前部を衝突させ，よって，A に加療約 8 日間を要する顔面部挫傷の傷害を，同乗者 B に加療約 8 日間を要する頸椎捻挫等の傷害をそれぞれ負わせた。

　X は，信号無視運転致傷罪で起訴され，危険運転致傷罪の成立を肯定し，原審は被告人側からの控訴を棄却した。被告人側から上告がなされ，上告趣意において本件事故は対向車線を逆走した結果であり赤色信号無視との因果関係が欠けるとの主張がなされた。最高裁の本決定は，この主張を斥けて上告を棄却し，次のように判示している。

争点　①時速約 20km という速度は，「重大な交通の危険を生じさせる速度」（危険速度）に当たるか。②被告人が自車を対向車線に進出させて同車線上で事故が発生したばあい，赤色信号無視により傷害の結果が生じたとして因果関係を肯定できるか。

決定要旨　「被告人は，赤色信号を殊更に無視し，かつ，重大な交通の危険を生じさせる速度で四輪以上の自動車を運転したものと認められ，被害者らの各傷害がこの危険運転行為によるものであることも明らかであって，刑法 208 条の 2 第 2 項後段の危険運転致傷罪の成立を認めた原

判断は正当である。」
　「被告人が対面信号機の赤色表示に構わず，対向車線に進出して本件交差点に進入しようとしたことが，それ自体赤色信号を殊更に無視した危険運転行為にほかならないのであり，このような危険運転行為により被害者らの傷害の結果が発生したものである以上，他の交通法規違反又は注意義務違反があっても，因果関係が否定されるいわれはないというべきである。」

解説　本件は，平成 13 年の刑法の一部改正により新設された危険運転致死傷罪に関する最高裁として初めての裁判例であり，危険運転致死傷罪のうち，208 条の 2 第 2 項後段の赤色信号無視危険運転致傷罪の成否が問題となった事案である。

　208 条の 2 第 2 項における危険速度は，自車が相手方と衝突すれば大きな事故を生じさせると一般的にみとめられる速度，または相手方の動作に即応するなどしてそのような大きな事故になることを回避することが困難であると一般的にみとめられる速度を意味するとされている。これに該当するかどうかは，相手方車両などの走行状態，位置関係等の具体的事情に照らして判断すべきであるが，時速 20km ないし 30km であれば通常これに当たると解されている。下級審の裁判例も，時速約 20km で右折進行した行為を危険速度に当たるとしたものがあったのである（東京高判平 16・12・15 東高刑時報 55 巻 1 〜 12 号 113 頁）。本決定は，これらと同趣旨と解されている。

　因果関係の存否について本決定は，「被害者らの各傷害がこの危険運転行為によるものであること」は明らかであると述べている。しかし，その理由を示していない。ところで，判例・通説は，結果的加重犯について，「直接性」の要件を要求していない。本決定は，対向車線を逆走したことが本件事故の直接原因であるとの弁護人の主張について，「対向車線に進出して本件交差点に進入しようとしたことが，それ自体赤色信号を殊更に無視した危険運転行為にほかならない」としてこれを斥け，「他の交通法規違反又は注意義務違反があっても，因果関係が否定されるいわれはない」と判示している。これは，従来の判例の立場を維持するものであると解されている。

146 〈各 論〉I 個人法益に対する罪

6 凶器準備集合罪の罪質
—— 清水谷公園事件

最決昭 45・12・3（刑集 24 巻 13 号 1707 頁）

事実 都学連派の被告人Xら7名は，「ベトナム戦争反対」などを掲げた集会のため，昭和 41 年 9 月 22 日，午後 3 時 40 分頃までに都学連派約 400 名・全学連派約 300 名が都内清水谷公園内広場に参集し，午後 3 時 52 分頃両派集団の接点付近でもみ合いが始まった際，都学連派の約 50 名が角棒を振り上げるなどして全学連派学生に襲いかかり，応戦する全学連派の大部分を公園外に追い出した。その後，全学連派が次第に公園内に戻り，午後 4 時過ぎには両派ともに公園を出てデモ行進に移った。Xら7名は，凶器準備集合罪で起訴された。

第 1 審は，共同加害の目的をもって集合した状態および凶器の準備はないなどとして無罪を言い渡した。検察官からの控訴に対して原審は，凶器準備集合罪は「継続犯であるから，行為者が兇器を準備して集合しているかぎり，犯罪は継続する」とし，第 1 審判決を破棄して，被告人らに有罪を言い渡した。一部被告人からの上告に対して，最高裁の本決定は，次のように判示してこれを棄却している。

争点 ①凶器準備集合罪の保護法益は何であり，その終了時期はいつか。
②本罪における「集合」の意義。

決定要旨 刑法 208 条の 3「にいう『集合』とは，通常は，2 人以上の者が他人の生命，身体または財産に対し共同して害を加える目的をもって兇器を準備し，またはその準備のあることを知って一定の場所に集まることをいうが，すでに，一定の場所に集まっている 2 人以上の者がその場で兇器を準備し，またはその準備のあることを知ったうえ，他人の生命，身体または財産に対し共同して害を加える目的を有するに至った場合も，『集合』にあたると解するのが相当である。また，兇器準備集合罪は，個人の生命，身体または財産ばかりでなく，公共的な社会生活の平穏をも保護法益とするものと解すべきであるから，右

『集合』の状態が継続するかぎり，同罪は継続して成立しているものと解するのが相当である。」

解説 凶器準備集合罪は，個人的法益としての殺人罪・傷害罪・建造物損壊罪・器物損壊罪などの予備罪的性格と公共的な社会生活の平穏を侵害する公共危険罪的性格をもっている。その何れを重視すべきかについて判例・通説は，本罪が「傷害の罪」の章の中に規定されていることと立法趣旨を考慮して，第1次的な保護法益は個人の生命・身体・財産という個人的法益であり，第2次的な保護法益は公共的な社会生活の平穏という社会的法益であると解している。

凶器準備集合罪の保護法益の把握いかんによって，本罪の終了時期に違いが生じ，本罪を継続犯として理解するか否かが決まる。この点について本決定は，「凶器準備集合罪は，個人の生命，身体または財産ばかりでなく，公共的な社会生活の平穏をも保護法益とするものと解すべきであるから，右『集合』の状態が継続するかぎり，同罪は継続して成立しているものと解するのが相当である」と判示している。これは，存続説の立場をとるものである。存続説は，単なる集合の状態が発展して，集合の目的である共同加害の実行行為が開始されたばあい，凶器を準備して集合している状態が存在しているかぎり構成要件的状況は存続していると解する。凶器準備集合罪は公共の平穏をも保護法益としているので，集合体によって加害行為の実行が開始された後においても，なお集合状態が続いているかぎり，公共の平穏が侵害されまたは危険にさらされている状態が依然として存続しているといえるのである。

本罪における「集合」とは，2人以上の者が共同加害の目的をもって，時および場所を同じくして集まることをいう。その際，他人もまた自己と共通の目的を有することを認識して集合しなければならない。本決定は，すでに一定の場所に集まっている2人以上の者が，その場で凶器を準備し，またはその準備のあることを知ったうえで共同加害の目的を有するに至ったばあいも，本条にいう「集合」に当たると解している。この判断は，妥当であるとおもわれる。

7 凶器の意義

最判昭47・3・14（刑集26巻2号187頁）

事実　被告人Xは，暴力団A組の組員であるところ，A組は暴力団B組とかねてから相反目していたが，A組組員のB組組員に対する傷害事件に端を発して双方の対立が極度に険悪化し，多数のB組組員らがA組事務所に乗用車で乗り付けなぐり込みをかけてくることが予想されたので，そのときはダンプカーを発進させB組の乗用車に衝突させてB組組員を殺傷すべく計画したA組組員ら10数名が，けん銃，日本刀などを準備したほか，上記ダンプカー1台にA組組員2名を乗車させて同組事務所前路上にエンジンをかけたまま待機させた。その際，Xは，他の組員とともに前記凶器のあることを知って集合した。

第1審および原審は，上記のような状況でダンプカーを待機させたことは「凶器を準備し」たことに当たるとした。被告人側から上告がなされ，上告趣意において「ダンプカーは，列車，飛行機，船舶等と同じく運送手段であって社会通念上生命身体に対する故意の侵害用手段に利用されてはいない」ので凶器には該当しないなどの主張がなされた。

最高裁の本判決は，ダンプカーのほかけん銃，日本刀などの凶器の準備があったので凶器準備集合罪が成立し，同罪の成立をみとめた原判決に影響しないとして上告を棄却したが，「なお」書きで次のように判示している。

争点　エンジンキーをかけたまま何時でも発進し得るように待機させてあるダンプカーは，刑法208条の3にいう「凶器」に当たるか。

判旨　「原判決は，被告人らが他人を殺傷する用具として利用する意図のもとに原判示ダンプカーを準備していたものであるとの事実を確定し，ただちに，右ダンプカーが刑法208条ノ2〔現208条の3〕にいう『兇器』にあたるとしているが，原審認定の具体的事情のもとにおいては，右ダンプカーが人を殺傷する用具として利用される外観を呈していたものとはいえず，社会通念に照らし，ただちに他人をして危

> 険感をいだかせるに足りるものとはいえないのであるから，原判示ダンプカーは，未だ，同条にいう『兇器』にあたらないものと解するのが相当である。」

解説 本件においては，エンジンをかけて何時でも発進し得るように待機しているダンプカーは，凶器に当たるか否か，が問題となった。「凶器」とは，人を殺傷すべき特性をもった器具をいう。凶器には，通常，銃砲刀剣類のようにその本来の性質上凶器と考えられる「性質上の凶器」と，鎌や棍棒のように本来の性質上は凶器でないが，用法によっては凶器としての効用をもつ「用法上の凶器」とがある。

性質上の凶器については問題はほとんどないが，用法上の凶器についてはその範囲が問題となる。判例は，凶器とは「社会の通念に照らし人の視聴上直ちに危険の感を抱かしむるに足るもの」をいうと判示して，用法上の凶器に限界を設けている（大判大14・5・26刑集4巻325頁。旧衆議院議員選挙法93条1項に関する）。たとえば，長さ1メートル前後の角棒（最決昭45・12・3刑集24巻13号1707頁），長さ約120センチ，太さ約3.5センチ×4.5センチの角材の柄のついたプラカード（東京地判昭46・3・19刑月3巻3号444頁）なども凶器であるとする。昭和45年決定は，「長さ1メートル前後の角棒は，その本来の性質上人を殺傷するために作られたものではないが，用法によっては人の生命，身体または財産に害を加えるに足りる器物であり，かつ，2人以上の者が他人の生命，身体または財産に害を加える目的をもってこれを準備して集合するにおいては，社会通念上人をして危険感を抱かせるに足りるものであるから，刑法208条の2にいう『兇器』に該当する」と判示している。

ダンプカーの凶器性について，本判決は，「原審認定の具体的事情のもとにおいては，右ダンプカーが人を殺傷する用具として利用される外観を呈していたものとはいえず，社会通念に照らし，ただちに他人をして危険感をいだかせるに足りるものとはいえないのであるから，原判示ダンプカーは，未だ，同条にいう『兇器』にあたらない」と判示している。これは，従来の判例・通説の立場をとるものであり，重要な事例判例である。

150 〈各 論〉Ⅰ 個人法益に対する罪

8 保護責任者の意義

最決昭 63・1・19（刑集 42 巻 1 号 1 頁）

事実 産婦人科医師である被告人Ｘは，優生保護法（現母体保護法）上の指定医師として人工妊娠中絶などの医療業務に従事していたが，昭和 55 年 10 月に，妊婦Ａから妊娠第 26 週に入っていた胎児の堕胎の嘱託を受けて承諾し，胎児が母体外において生命を保続できる時期であるにもかかわらず，堕胎措置を施し，胎児を母胎外に排出し堕胎した。そして，Ｘは，Ａとともに，堕胎により出生させた未熟児Ｂに対して必要な医療処置を施して，生存に必要な保護を与えるべき保護責任があるところ，Ａと共謀してＢを医院に放置し，死亡させた。その後，Ｘは，Ｂの遺体を引き取りに来た父親のＣに遺体を引き渡し，その際，「バレないように死体は砂地でないところに穴を深く掘って埋めなさい」などと指示し，これを了承したＢおよびＣと共謀して，Ｃ方の畑の土中に死体を埋めた。

第 1 審は，業務上堕胎罪，保護責任者遺棄致死罪および死体遺棄罪の成立をみとめて，Ｘを懲役 2 年（執行猶予 3 年）の刑に処した。被告人からの控訴に対して原審は控訴を棄却した。被告人側から上告がなされた。

最高裁の本決定は，次のように判示して上告を棄却している。

争点 産婦人科医師Ｘが堕胎により出生させた未熟児に必要な医療措置を施さずに放置してその未熟児を死亡させたばあいに，業務上堕胎罪とあわせて保護責任者遺棄致死罪の成立をみとめることができるか。

決定要旨 「Ｘは，産婦人科医師として，妊婦の依頼を受け，自ら開業する医院で妊娠第 26 週に入った胎児の堕胎を行ったものであるところ，右堕胎により出生した未熟児（推定体重 1000 グラム弱）に保育器等の未熟児医療設備の整った病院の医療を受けさせれば，同児が短期間内に死亡することはなく，むしろ生育する可能性のあることを認識し，かつ，右の医療を受けさせるための措置をとることが迅速容易にできたにもかかわらず，同児を保育器もない自己の医院内に放置したまま，

> 生存に必要な処置を何らとらなかった結果，出生の約54時間後に同児を死亡するに至らしめたというのであり，右の事実関係のもとにおいて，Xに対し業務上堕胎罪に併せて保護者遺棄致死罪の成立を認めた原判断は，正当としてこれを肯認することができる。」

解説 本件においては，胎児はすでに妊娠第26週に入っていたので，母体保護法2条にいう人工妊娠中絶に当たらず，堕胎罪が成立するのは明白であるが，そのほかに保護責任者遺棄致死罪が成立するかどうか，が問題となった。すなわち，妊娠第26週に入った胎児の堕胎をおこない，その堕胎によって出生した未熟児（推定体重1,000グラム弱）に保育器などの未熟児医療設備の整った病院の医療を受けさせれば死亡することはなかったのに，同児を保育器もない自己の医院内に放置したまま，生存に必要な処置を何らとらなかった結果，出生の約54時間後に同児を死亡するに至らせた行為は保護者遺棄致死罪を構成するか，が問われたのである。

保護責任者遺棄致死罪の主体は，保護責任者に限られる。保護責任者とは，法律上，老年者，幼年者，身体障害者または病者の生命・身体の安全を保護すべき義務（保護義務）を負う者をいう。保護義務は，①法令，②契約・事務管理，③条理から生じる（判例・通説）。条理に基づいて保護義務が生じるばあいの例として，「先行行為」によるばあいがある。

本件は先行行為による保護義務がみとめられたものと解される。この点について本決定は，①故意による先行行為（堕胎行為）があること，②延命可能性および生育可能性の認識があること，③保護のための措置をとることが容易であったことを基礎として，保護義務をみとめている。このばあい，①は「先行行為」が存在すること，②は本罪の故意を基礎づける認識があること，③は保護義務の前提となる義務履行の可能性があることをそれぞれ意味するのである。本決定は，これらを基礎にして保護義務を肯定しており，その判断は妥当である。

本決定は，堕胎をおこなった医師が生育可能性のある未熟児に対して保護責任者遺棄致死罪の成立をみとめた最高裁の最初の判断を示したものとしてきわめて重要な意義を有する。

9 脅迫罪の罪質

最判昭 35・3・18（刑集 14 巻 4 号 416 頁）

事実　昭和 30 年に町村合併促進法が施行され，町村合併に当たって甲村は，乙市か丙市かのいずれかに合併しなければならなくなり，乙派と丙派が激しく対立した。住民投票に際して両派の抗争が熾烈となり，激しい言論戦や文書戦などによって自派の投票獲得に邁進していたころ，乙派の中心人物であった被告人 X は，丙派の中心人物の A 宛に同派のもう 1 人の中心人物の B を発信人名義の「出火御見舞申上げます，火の元に御用心，8 月 16 日」と記載した葉書 1 通を作成して投函のうえ，A 方に到着させて同人に受領させ，また，B 宛に発信人 A 名義の「出火御見舞申上げます，火の用心に御注意，8 月 15 日」と記載した葉書 1 通を作成してこれを投函し，B 方に到着させて同人に受領させた。

X は脅迫罪で起訴されたが，第 1 審は脅迫罪の成立をみとめ，被告人側から控訴がなされ原審は控訴を棄却した。被告人から上告がなされ，上告趣意において，本件 2 通の葉書は出火見舞いにすぎず，脅迫には当たらない旨が主張された。最高裁の本判決は，上告を棄却し次のように判示している。

争点　激しく対立抗争中の一方の派の中心人物宅に，現実に出火もないのに，「出火御見舞申し上げます，火の元に御用心」という文面の葉書を送る行為は，脅迫に当たるか。

判旨　「所論は要するに刑法 222 条の脅迫罪は同条所定の法益に対して害悪を加うべきことを告知することによって成立し，その害悪は一般に人を畏怖させるに足る程度のものでなければならないところ，本件 2 枚の葉書の各文面は，これを如何に解釈しても出火見舞にすぎず，一般人が右葉書を受取っても放火される危険があると畏怖の念を生ずることはないであろうから，仮に右葉書が被告人によって差出されたものであるとしても被告人に脅迫罪の成立はない旨主張するけれども，本件におけるが如く，2 つの派の抗争が熾烈になっている時期に，一

> 方の派の中心人物宅に，現実に出火もないのに，『出火御見舞申上げます，火の元に御用心』，『出火御見舞申上げます，火の用心に御注意』という趣旨の文面の葉書が舞込めば，火をつけられるのではないかと畏怖するのが通常であるから，右は一般に人を畏怖させるに足る性質のものであると解して，本件被告人に脅迫罪の成立を認めた原審の判断は相当である。」

解説 本件においては，脅迫罪にいう「脅迫」の意義が問題となった。脅迫罪の行為は，相手方またはその親族の生命，身体，自由，名誉または財産に害を加える旨を告知して人を脅迫することである。「脅迫」とは，人を畏怖させるに足りる害悪を告知することをいう（狭義の脅迫）。脅迫罪の保護法益は個人の意思決定の自由である。

本罪においては，表示の内容を周囲の事情に照らして解釈することによって，人を畏怖させるに足りる害悪の告知といえるかどうかを判断しなければならない。本判決は，脅迫の程度について，「刑法222条の脅迫罪は同条所定の法益に対して害悪を加うべきことを告知することによって成立し，その害悪は一般に人を畏怖させるに足る程度のものでなければならない」と判示しており，これは，妥当である。そして，本件2枚の葉書の各文面の解釈について「本件におけるが如く，2つの派の抗争が熾烈になっている時期に，一方の派の中心人物宅に，現実に出火もないのに，『出火御見舞申上げます，火の元に御用心』，『出火御見舞申上げます，火の用心に御注意』という趣旨の文面の葉書が舞込めば，火をつけられるのではないかと畏怖するのが通常であるから，右は一般に人を畏怖させるに足る性質のものである」として脅迫罪の成立をみとめた原審の判断は相当であると判示している。

本判決は，①乙派，丙派の対立抗争中という時期，②一方の派の中心人物宅に郵送されたこと，③現実には出火がなかったこと，という要素を前提にすれば，上記の文面の葉書が舞い込めば，「火をつけられるのではないか」と畏怖するのが「通常」であるから，「一般に人を畏怖させるに足る性質」を有し，「脅迫」に当たるという判断を示している。これは，きわめて妥当な判断であるといえる。

10 親権者による未成年者略取

最決平 17・12・6（刑集 59 巻 10 号 1901 頁）

事実　被告人Xは，別居中の妻Aが実家で養育している長男B（当時2歳）をAの下から奪い，自己の支配下に置いて監護養育しようと企て，平成 14 年 11 月 22 日午後 3 時 45 分頃，保育園の南側歩道上において，Bを迎えに来ていたAの母親Cのすきをついて Bを抱きかかえて，Xの自動車に同乗させ，Cが制止するのを振り切って同車を発進させてBを自己の支配下に置いた。Aは，Xを相手方として夫婦関係調整の調停や離婚訴訟を提起し係争中で，犯行当時 Bに対するXの親権は何ら制約されていなかった。Xは，未成年者略取罪で起訴された。

第 1 審は，本罪の構成要件該当性をみとめ，正当行為に当たらないとした。被告人からの控訴に対し原審も同様に解し控訴を棄却した。被告人側からの上告に対して最高裁の本決定は，次のように判示して上告を棄却している。

争点　共同親権者である夫が，離婚係争中の妻の監護下にある 2 歳の子供を連れ去ったばあい，未成年者略取罪が成立するか。

決定要旨　上記の「事実関係によれば，Xは，Bの共同親権者の 1 人であるAの実家においてA及びその両親に監護養育されて平穏に生活していたBを，祖母のCに伴われて保育園から帰宅する途中に前記のような態様で有形力を用いて連れ去り，保護されている環境から引き離して自分の事実的支配下に置いたのであるから，その行為が未成年者略取罪の構成要件に該当することは明らかであり，Xが親権者の 1 人であることは，その行為の違法性が例外的に阻却されるかどうかの判断において考慮されるべき事情であると解される（最高裁平成……15 年 3 月 18 日第二小法廷決定・刑集 57 巻 3 号 371 頁参照）。

本件において，Xは，離婚係争中の他方親権者であるAの下からBを奪取して自分の手元に置こうとしたものであって，そのような行動に出ることにつき，Bの監護養育上それが現に必要とされるような

> 特段の事情は認められないから，その行為は，親権者によるものであるとしても，正当なものということはできない。また，本件の行為態様が粗暴で強引なものであること，Ｂが自分の生活環境についての判断・選択の能力が備わっていない２歳の幼児であること，その年齢上，常時監護養育が必要とされるのに，略取後の監護養育について確たる見通しがあったとも認め難いことなどに徴すると，家族間における行為として社会通念上許容され得る枠内にとどまるものと評することもできない。以上によれば，本件行為につき，違法性が阻却されるべき事情は認められないのであり，未成年者略取罪の成立を認めた原判断は，正当である。」

解説 本件においては，共同親権者で別居中の夫が，妻によって監護養育中の子供を実力で奪い去ったばあいに未成年者略取罪が成立するかどうか，が問題となった。本決定が引用する平成15年3月18日決定は，オランダ人被告人が，日本人妻との間に生まれた子（当時2歳4か月）をオランダに連れて行く目的で別居中の妻の監護下から連れ去ったばあいに，国外移送略取罪（刑226条）の成立を肯定している。

本罪の主体については，条文上，制限がない。被監護者の自由も保護法益であるとする以上，未成年者の監護者も主体になり得る（通説）。

本決定は，Ａの実家において監護養育されて平穏に生活していたＢを，有形力を用いて連れ去り，保護されている環境から引き離して自分の事実的支配下に置いたのであるから，その行為が未成年者略取罪の構成要件に該当することは明らかであるとする。そして「Ｂの監護養育上それが現に必要とされるような特段の事情」はみとめられないから，その行為は，親権者によるものであるとしても，正当なものとはいえないとする。さらに，行為態様が粗暴で強引なものであること，Ｂが２歳の幼児であること，略取後の監護養育について確たる見通しがあったともみとめ難いことなどに徴すると，「社会通念上許容され得る枠内にとどまるもの」とはいえないので，違法性が阻却されるべき事情はみとめられないとして未成年者略取罪の成立を肯定している。

本決定は，重要な事例判例であるといえる。

11 安否を憂慮する者の意義

最決昭 62・3・24（刑集 41 巻 2 号 173 頁）

事実 被告人Xは，S相互銀行幹部らから身の代金を交付させる目的で同銀行代表取締役社長Aを略取したうえ，同銀行代表取締役専務BらがAの安否を憂慮するのに乗じて身の代金3億円を要求した。しかし，警察に潜伏場所を発見され身の代金は獲得できなかった。

第1審は，刑法 225 条の2にいう「『近親其他被拐取者の安否を憂慮する者』とは，被拐取者と近しい親族関係その他これに準ずる特殊な人的関係があるため被拐取者の生命又は身体に対する危険を親身になって心配する立場にある者をいい，近親以外であっても，被拐取者ととくに親近な関係があり，被拐取者の生命，身体の危険をわがことのように心痛し，その無事帰還を心から希求するような立場にあればここに含まれるが，被拐取者又はその近親等の苦境に同情するにすぎない第三者は含まれないと解される」としたうえで，S相互銀行は旧無尽会社として設立された人的色彩の強い銀行であること，AとBは同銀行設立まもなく相前後して入社し，長年にわたり同銀行の発展に尽くし業務遂行を通じて築かれた深い人間関係がみとめられること，私的な面でも極めて親しい間柄であったことなどを理由にして，Bは「被拐取者の安否を憂慮する者」に該当すると判示して，本罪の成立を肯定した。被告人側から控訴がなされたが，原審は第1審判決を支持し，控訴を棄却した。被告人側から上告がなされたが，最高裁の本決定は，上告を棄却し次のように判示している。

争点 銀行の代表取締役社長が拐取されたばあい，同銀行の幹部らは刑法225条の2にいう「近親其他被拐取者の安否を憂慮する者」に該当するか。

決定要旨 「刑法 225 条の2にいう『近親其他被拐取者の安否を憂慮する者』には，単なる同情から被拐取者の安否を気づかうにすぎないとみられ

> る第三者は含まれないが，被拐取者の近親でなくとも，被拐取者の安否を親身になって憂慮するのが社会通念上当然とみられる特別な関係にある者はこれに含まれるものと解するのが相当である。本件のように，相互銀行の代表取締役社長が拐取された場合における同銀行幹部らは，被拐取者の安否を親身になって憂慮するのが社会通念上当然とみられる特別な関係にある者に当たるというべきであるから，本件銀行の幹部らが同条にいう『近親其他被拐取者の安否を憂慮する者』に当たるとした原判断の結論は正当である。」

解説 本件においては，相互銀行の代表取締役社長が略取されたばあいにおける同銀行幹部らは，被拐取者の安否を憂慮する者に当たるか否か，が問題となった。本決定は，本罪の客体の意義について，「刑法225条の2にいう『近親其他被拐取者の安否を憂慮する者』には，単なる同情から被拐取者の安否を気づかうにすぎないとみられる第三者は含まれないが，被拐取者の近親でなくとも，被拐取者の安否を親身になって憂慮するのが社会通念上当然とみられる特別な関係にある者はこれに含まれるものと解するのが相当である」と判示している。これは，従来の判例・通説と同じ立場に立つことを明示するものであり，妥当である。そして本決定は，上記の「特別な関係」の存否について「本件のように，相互銀行の代表取締役社長が拐取された場合における同銀行幹部らは，被拐取者の安否を親身になって憂慮するのが社会通念上当然とみられる特別な関係にある者に当たるというべきであるから，本件銀行の幹部らが同条にいう『近親其他被拐取者の安否を憂慮する者』に当たるとした原判断の結論は正当である」と判示している。第1審および原審は，人的色彩の濃い相互銀行であること，AとBが仕事の上でも私的にも非常に親しい関係にあったことなどを重視して，「特別な関係」をみとめた。これに対して，本決定は，相互銀行の代表取締役社長と同銀行幹部との関係という形で一般化したうえで，「特別な関係」を肯定しているのである。

末端の銀行員が拐取されたばあいにおける同銀行の頭取についても，上記の「特別な関係」がみとめられた下級審の裁判例がある（東京地判平4・6・19判タ806号227頁〔富士銀行事件〕）。

12 強制わいせつ罪における主観的要素

最判昭 45・1・29（刑集 24 巻 1 号 1 頁）

事実 被告人Xは、女性A（23歳）の手引きによりXの内妻Bが東京方面に逃げたものと信じ、AがBを逃がすために嘘をついたことを根にもって、これを詰問すべく、アパートの自室にAを呼び出した。Xは、すでに仲直りしたBとともに、約2時間にわたりAを脅迫し、Aが許しを請うのに対し、Aの裸体写真を撮ってその仕返しをしようと考え、「5分間裸で立っておれ」と申し向け、畏怖している同女を裸体にさせて、これを写真撮影した。

第1審は、強制わいせつ罪の被害法益は相手の性的自由であり、「行為者の性欲を興奮、刺激、満足させる目的」に出たことを必要とする目的犯ではないので、「報告、侮辱のためになされても同罪が成立する」として、被告人に有罪（懲役1年）を言い渡し、原審はこれを支持して控訴を棄却した。被告人側から上告がなされ、上告趣意において、本件行為はもっぱら被害者に対する報復、侮辱の手段としてなされたにすぎず、性的興奮刺激のためにする犯意を欠き、故意が阻却されるなどの主張がなされた。

最高裁の本判決は、上告趣意を適法な上告理由に当たらないとしたうえで、職権により調査し、以下のような理由で原判決を破棄し、性的意図の存否などにつきさらに審理させるべく、事件を高裁に差し戻した。

争点 強制わいせつ罪が成立するためには、行為者の性欲を刺激興奮させ、または満足させるという性的意図を必要とするか。

判旨 「刑法 176 条前段のいわゆる強制わいせつ罪が成立するためには、その行為が犯人の性欲を刺戟興奮させまたは満足させるという性的意図のもとに行なわれることを要し、婦女を脅迫し裸にして撮影する行為であっても、これが専らその婦女に報復し、または、これを侮辱し、虐待する目的に出たときは、強要罪その他の罪を構成するのは格別、

強制わいせつの罪は成立しないものというべきである。」「もっとも，年若い婦女……を脅迫して裸体にさせることは，性欲の刺戟，興奮等性的意図に出ることが多いと考えられるので，本件の場合においても，審理を尽くせば，報復の意図のほかに右性的意図の存在も認められるかもしれない。しかし，第１審判決は，報復の意図に出た事実だけを認定し，右性的意図の存したことは認定していないし，また……本件のような行為は，その行為自体が直ちに行為者に前記性的意図の存することを示すものともいえないのである。」

解説 　本件においては，強制わいせつ罪が傾向犯か否か，が問題となった。傾向犯とは，行為が行為者の主観的傾向の表現として発現し，そのような傾向が見られるばあいにのみ構成要件該当性がみとめられる犯罪類型をいう。

　強制わいせつ罪におけるわいせつの行為とは，「徒らに性欲を興奮または刺激せしめ，且つ普通人の正常な性的羞恥心を害し，善良な性的道徳観念に反すること」をいう（名古屋高裁金沢支判昭36・5・2下刑集3巻5＝6号399頁）。これは，主観的には，性欲を興奮または刺激させようとする意図のもとに，客観的には，一般人の正常な性的羞恥心を害し善良な性的道徳観念に反する行為がなされることを要する趣旨である。判例・通説によれば，本罪は傾向犯であり，もっぱら報復または侮辱・虐待の目的でなされる行為は，本罪ではなく強要罪を構成する。しかし，強制わいせつ罪の保護法益は，被害者の性的羞恥心ないし性的意思決定の自由であると解すべきである。それは行為者の内心的傾向とは無関係に侵害され得る。したがって，本罪が成立するためには性的意図は必要でないので，本罪は傾向犯ではないことになる。

　本判決は，まず「刑法176条前段のいわゆる強制わいせつ罪が成立するためには，その行為が犯人の性欲を刺戟興奮させまたは満足させるという性的意図のもとに行なわれることを要」すると判示し，従来の判例の立場を堅持している。そして，その見地から本件について，「婦女を脅迫し裸にして撮影する行為であっても，これが専らその婦女に報復し，または，これを侮辱し，虐待する目的に出たときは，強要罪その他の罪を構成するのは格別，強制わいせつの罪は成立しないものというべきである」と判示している。

13 住居侵入罪の保護法益

最判昭 58・4・8（刑集 37 巻 3 号 215 頁）

事実 全逓信労組釜石支部書記長の被告人 X と同青年部長の被告人 Y は，春闘の一環として，A 郵便局にビラ 1000 枚を貼付することとし，昭和 48 年 4 月 18 日午後 9 時 30 分頃，6 名の組合員とともに，ビラ多数と糊，バケツなどを携帯して同郵便局に行き，施錠されていない通用門から局構内に入り，局舎内の備品，窓ガラス，壁などにビラ約 1000 枚を貼付した。同郵便局局長 B は，同日午後 10 時過ぎ頃局長代理とともに局舎に入り，ビラ貼りを中止するよう注意した。

被告人 X・Y は，局舎内への立入り行為について建造物侵入罪で起訴されたが，第 1 審は，立入り行為が平穏であったことなどの諸事情を考慮し，本件立入り行為は建造物侵入罪の構成要件に該当しないとして無罪を言い渡した。検察官からの控訴に対して原審は，立入り拒否の意思が外部に表明されていないとして控訴を棄却した。

検察官から上告がなされ，最高裁の本判決は，次のように判示して原判決を破棄して，原裁判所に差し戻している。

争点 住居侵入罪の保護法益は，住居などの管理権者（住居権者）の意思なのか，住居などにおける平穏なのか。

判旨 「刑法 130 条前段にいう『侵入シ』とは，他人の看守する建造物等に管理権者の意思に反して立ち入ることをいうと解すべきであるから，管理権者が予め立入り拒否の意思を積極的に明示していない場合であっても，該建造物の性質，使用目的，管理状況，管理権者の態度，立入りの目的などからみて，現に行われた立入り行為を管理権者が容認していないと合理的に判断されるときは，他に犯罪の成立を阻却すべき事情が認められない以上，同条の罪の成立を免れないというべきである。」

解説 本件においては，住居侵入罪における「侵入」の意義が問題となった。これは，本罪の保護法益との関連で決まる問題である。

大審院の判例は，「刑法第130条に規定せる住居侵入の罪は，他人の住居権を侵害するを以て本質と為し，住居権者の意思に反して違法に其住居に侵入するに因りて成立す」と判示した（大判大7・12・6刑録24輯1506頁）。これは，旧住居権説をとるものである。

通説は，本罪の保護法益を住居における平穏であると解する。しかし，最近では，新住居権説が有力になっている。住居権は，住居その他の建造物を管理する権利の一内容として，これに他人の立入りをみとめるか否かの自由を意味し，住居権者の意思に反して侵入すれば，住居侵入罪が成立するとされる。わたくしは，新住居権説が妥当であると解する。

本判決は，新住居権説の立場をとるものである。本判決は，「侵入し」とは，「他人の看守する建造物等に管理権者の意思に反して立ち入ることをいう」から，立入り拒否の意思を積極的に明示していなくても，「該建造物の性質，使用目的，管理状況，管理権者の態度，立入りの目的などからみて，現に行われた立入り行為を管理権者が容認していないと合理的に判断されるとき」は，本罪の成立を免れないと判示しているのである。そして，本件においては，被告人らの本件局舎内への立入りは管理権者である局長の意思に反するものであるとして建造物侵入罪の成立を肯定している。その後，この立場が堅持されている（最決平19・7・2刑集61巻5号379頁，最決平20・4・11刑集62巻5号1217頁）。すなわち，最決平19・7・2は，「現金自動支払機利用客のカードの暗証番号などを盗撮する目的で，現金自動支払機が設置された銀行支店出張所に営業中に立ち入った」行為は「同所の管理権者である銀行支店長の意思に反するものである」から，建造物侵入罪が成立すると判示し，最判平20・4・11は，ビラを投函する目的で集合住宅敷地などに立ち入る行為に関して，「『侵入し』とは，他人の看守する邸宅などに管理権者の意思に反して立ち入ることをいうものであ」り，「被告人らの立入りがこれらの管理権者の意思に反するものであった」から，本件立入りは，「刑法130条前段に該当する」と判示しているのである。

14 名誉毀損罪における公然性の意義

最判昭 34・5・7（刑集 13 巻 5 号 641 頁）

事実　被告人 X は，昭和 31 年 4 月 6 日午後 10 時頃，自宅寝室の窓ガラスに火が反射したことに不審を抱き外を見たところ，その場所から南側に約 10 m 離れた自宅庭先において，燻炭囲の菰が燃えているのを発見したので消火しようと駆けつけた。その際，たまたまその付近で男の姿を見て，これを近所の A だと思い込んだ X は，同年 5 月 20 日頃，自宅において，A の弟 B および火事見舞に来ていた村会議員 C に対して，さらに同年 6 月 10 日頃には，A 宅において A の妻 D，A の長女 E および近所の F，G，H らに対して，問われるまま「A の放火を見た」，「火が燃えていたので A を捕えられることは出来なかった」旨を述べた。その結果，A が放火したという噂は，村中に相当広まった。

　第 1 審および原審は，公然性があるとして名誉毀損罪の成立をみとめた。被告人側から上告がなされ，上告趣意において，個人の住居内で対談相手からの質問に答えたにすぎず，積極的な事実の発表でもないので，これをもって公然事実を摘示したとはいえないなどとの主張がなされた。最高裁の本判決は，次のように判示して上告を棄却している。

争点　不特定または多数の人が知り得る状態で少数の人に事実を述べたばあい，「公然と」事実を摘示したことになるか。

判旨　「原判決は第 1 審判決の認定を維持し，被告人は不定多数の人の視聴に達せしめ得る状態において事実を摘示したものであり，その摘示が質問に対する答としてなされたものであるかどうかというようなことは，犯罪の成否に影響がないとしているのである。そして，このような事実認定の下においては，被告人は刑法 230 条 1 項にいう公然事実を摘示したものということができる。」

解説 本件においては、個人の住居内での発言が、不特定または多数の人が知り得る状態でなされたばあい、公然といえるか、が問題となった。名誉毀損罪における「公然と」とは、不特定または多数の者が認識できる状態をいう（大判昭3・12・13刑集7巻766頁）。多数人でも、その数または集合の性質上、よく秘密が保たれ、絶対に伝播の可能性がないときは、公然とはいえない（大判昭12・11・19刑集16巻1513頁）。

判例は、特定の少数の者に対して事実を摘示しても、それが伝播して不特定多数人に認識される可能性があるばあいには、公然性があるとする（大判大8・4・18新聞1556号25頁、前掲大判昭12・11・19、最判昭34・5・7刑集13巻5号641頁）。このような考えは、伝播可能性の理論と称される。大審院の大正8年4月18日判決は、「刑法第230条の罪の成立に必要なる公然たることは、必ずしも事実の摘示を為したる場所に現在せし人員の衆多なることを要せず。関係を有せざる二三の人に対して事実を告知したる場合と雖も、他の多数人に伝播すべき事情あるに於ては之を公然と称するに妨な」しと判示している。そして、最高裁の本判決もこれと同じ立場に立つに至っている。すなわち、本判決は、「被告人は不定多数の人の視聴に達せしめ得る状態において事実を摘示したものであり、その摘示が質問に対する答としてなされたものであるかどうかというようなことは、犯罪の成否に影響がないとしているのである。そして、このような事実認定の下においては、被告人は刑法230条1項にいう公然事実を摘示したものということができる」と判示している。

判例の見解を支持する学説も有力である。しかし、これでは「公然」の概念が不当に拡大されすぎるので、事実の摘示は、直接に不特定または多数の人に対してなされる必要があると解するべきである。すなわち、公然とは、一般の人が直接に認識できる状態を意味すると解するべきであるから、特定かつ少数の者に情報を伝達しただけでは足りず、それが現実に不特定または多数の者に知らされるなど、社会一般に知れわたり得る状態に達することが必要であると解する。なぜならば、そうでなければ、個人的な噂話なども公然と事実を摘示したことになる虞(おそれ)があるからである。

15 名誉毀損罪における「公共の利害に関する事実」——月刊ペン事件

最判昭 56・4・16（刑集 35 巻 3 号 84 頁）

事実 月刊ペン社の編集局長の被告人 X は，宗教法人 A 会を批判するため，同社発行の『月刊ペン』誌上で特集記事を組み，B 会長（当時）の私的な行動も取り上げ，B 会長が女性関係において，きわめて華やかで，その雑多な関係が「病的であり色情狂的でさえあるという情報」があるなどの記事を掲載し，さらに，同会長は A 会夫人部の幹部である C 子と D 子を「お手付き情婦」として国会に送り込んだなどの記事を掲載して，B 会長，女性幹部 C 子・D 子および A 会の名誉を毀損すべき事実を摘示した。

第 1 審および原審は，上記の摘示事実が刑法 230 条の 2 第 1 項にいう「公共の利害に関する事実」に当たらないとして名誉毀損罪の成立をみとめた。これに対して被告人側から上告がなされ，最高裁の本判決は，職権によって，次のように判示して，第 1 審判決および原判決を破棄し，本件を第 1 審裁判所へ差し戻している。

争点 ①私人の私生活上の行状（私行）は「公共の利害に関する事実」（230 条の 2 第 1 項）に当たり得るか。②「公共の利害に関する事実」に当たるか否かの判断はどのようになされるべきか。

判旨 「私人の私生活上の行状であっても，そのたずさわる社会的活動の性質及びこれを通じて社会に及ぼす影響力の程度などのいかんによっては，その社会的活動に対する批判ないし評価の一資料として，刑法 230 条ノ 2 第 1 項にいう『公共ノ利害ニ関スル事実』にあたる場合があると解すべきである。」

「同会長は，同会において，その教義を身をもって実践すべき信仰上のほぼ絶対的な指導者であって，公私を問わずその言動が信徒の精神生活等に重大な影響を与える立場にあったばかりでなく，右宗教上の地位を背景とした直接・間接の政治的活動等を通じ，社会一般に対

しても少なからぬ影響を及ぼしていたこと，同会長の醜聞の相手方とされる女性二名も，同会婦人部の幹部で元国会議員という有力な会員であったことなどの事実が明らかである」。「このような本件の事実関係を前提として検討すると，被告人によって摘示されたB会長らの前記のような行状は，刑法230条ノ2第1項にいう『公共ノ利害ニ関スル事実』にあたると解するのが相当であって，これを一宗教団体内部における単なる私的な出来事であるということはできない。」

「『公共ノ利害ニ関スル事実』にあたるか否かは，摘示された事実自体の内容・性質に照らして客観的に判断されるべきものであり，これを摘示する際の表現方法や事実調査の程度などは，同条にいわゆる公益目的の有無の認定等に関して考慮されるべきことがらであって，摘示された事実が『公共ノ利害ニ関スル事実』にあたるか否かの判断を左右するものではない。」

解説 本件においては，230条の2第1項の事実証明による免責の要件の1つである「公共の利害に関する事実にかかること」の意義が問題となった。具体的には，①「私人の私生活上の行状」（私行）であっても，そのたずさわる社会的活動の性質およびこれを通じて社会に及ぼす影響力の程度などの如何によっては，その社会的活動に対する批判ないし評価の一資料として，「公共の利害に関する事実」に当たるばあいがあるかどうか，②それに当たるか否かは摘示された事実自体の内容・性質に照らして客観的に判断されるべきなのかどうか，が問題とされたのである。

本判決は，「私人の私生活上の行状であっても，そのたずさわる社会的活動の性質及びこれを通じて社会に及ぼす影響力の程度などのいかんによっては，その社会的活動に対する批判ないし評価の一資料として，刑法230条ノ2第1項にいう『公共の利害に関する事実』にあたる場合がある」と判示し，B会長の私的行状は「公共の利害に関する事実」に当たるとしている。

「公共の利害に関する事実」に当たるか否かの判断方法について，本判決は，「摘示された事実自体の内容・性質に照らして客観的に判断されるべきものであ」ると判示している。これは，判断方法として妥当であり，表現方法や事実調査の程度などは公益目的の有無などに関連するにすぎないことを明示したことの意義も大きいといえる。

16 名誉毀損罪における事実の真実性に関する錯誤

最[大]判昭44・6・25（刑集23巻7号975頁）

事実 和歌山時事新聞社を経営していた被告人Xは、X発行の昭和38年2月18日付「夕刊和歌山時事」に、「吸血鬼Aの罪業」と題し、A本人または同人の指示のもとに同人経営の「和歌山特だね新聞」の記者が和歌山市役所土木部の某課長に向かって「出すものを出せば目をつむってやるんだが、チビリくさるのでやったるんや」と聞こえよがしの捨てせりふを吐いたうえ、上層の某主幹に向かって「しかし魚心あれば水心ということもある、どうだ、お前にも汚職の疑いがあるが、一つ席を変えて一杯やりながら話をつけるか」と凄んだ旨の記事を掲載し頒布した。

第1審は、記事の内容に真実性の証明がなく、真実と誤信したことに相当の理由もないとして、名誉毀損罪の成立をみとめた。被告人側から控訴がなされ、原審は、真実であると誤信したことにつき相当の理由があったとしても名誉毀損の罪責を免れ得ないとして控訴を棄却した。

被告人側からの上告に対して、最高裁の本判決は、適法な上告理由に当たらないとしたうえで、職権で次のように判示し、原判決および第1審判決を破棄して本件を第1審の和歌山地裁に差し戻した。

争点 事実を真実と誤信したことについて、確実な資料、根拠に照らし相当の理由があるばあい、名誉毀損罪の故意は阻却されるか。

判旨 「刑法230条ノ2の規定は、人格権としての個人の名誉の保護と、憲法21条による正当な言論の保障との調和をはかったものというべきであり、これら両者間の調和と均衡を考慮するならば、たとい刑法230条ノ2第1項にいう事実が真実であることの証明がない場合でも、行為者がその事実を真実であると誤信し、その誤信したことについて、確実な資料、根拠に照らし相当の理由があるときは、犯罪の故意がなく、名誉毀損の罪は成立しないものと解するのが相当である。これと異なり、右のような誤信があったとしても、およそ事実が真実で

あることの証明がない以上名誉毀損の罪責を免れることがないとした当裁判所の前記判例（昭和33年（あ）第2698号同34年5月7日第一小法廷判決，刑集13巻5号641頁）は，これを変更すべきものと認める。したがって，原判決の前記判断は法令の解釈適用を誤ったものといわなければならない。」

「本件においては，被告人が本件記事内容を真実であると誤信したことにつき，確実な資料，根拠に照らし相当な理由があったかどうかを慎重に審理検討したうえ刑法230条ノ2第1項の免責があるかどうかを判断すべきであったので，右に判示した原判決の各違法は判決に影響を及ぼすことが明らかであり，これを破棄しなければいちじるしく正義に反するものといわなければならない。」

解説 行為者が，摘示した事実は真実であると誤信していたが，裁判においてその真実性を証明できなかったばあいの取扱いについて判例・通説は，錯誤論によるアプローチをとり，真実性の誤信の問題を，故意阻却ないし責任阻却の問題として捉えている。すなわち，行為者が「証明可能な程度の資料・根拠」をもって事実を真実と誤信したばあいには，故意（ないし責任故意）が阻却されると解しているのである。

従来の最高裁の判例は，事実証明による免責規定（刑230条の2）の法的性格についてこれを処罰阻却事由であると把握し，したがって，事実の真実性に関する錯誤は犯罪の成否に影響を及ぼさず，かりに行為者が信頼し得る資料・根拠に基づいて事実を真実と誤信したとしても，真実性の証明ができなかったばあいには，名誉毀損罪が成立すると解してきた（最判昭34・5・7刑集13巻5号641頁）。このような見解によると，憲法の保障する言論の自由が不当に制限されることになるとの批判が強かった。そこで，最高裁の本判決は，「たとい刑法230条ノ2第1項にいう事実が真実であることの証明がない場合でも，行為者がその事実を真実であると誤信し，その誤信したことについて，確実な資料，根拠に照らし相当な理由があるときは，犯罪の故意がなく，名誉毀損の罪は成立しないものと解するのが相当である」と解して，昭和34年5月7日判決を変更したのである。これは，通説によって支持されている。

17 法人に対する侮辱罪

最決昭58・11・1（刑集37巻9号1341頁，判時1099号35頁，判タ515号126頁）

事実 被告人Xは，知人の交通事故に関し，相手方から損害賠償交渉の委任を受けているA火災海上保険株式会社の顧問弁護士Bと交渉を続けていたが，BおよびA火災海上保険関係者に圧迫を加えて交渉を有利に進めようと企て，数名と共謀のうえ，昭和57年7月30日午前2時30分ころから午前3時30分ころまでの間，C不動産株式会社所有管理のビル1階北側玄関柱に，管理者の許諾を受けずに「C海上の関連会社であるA火災は，悪徳B弁護士と結託して被害者を弾圧している，両社は責任を取れ！」と記載したビラ12枚を糊で貼付して，公然A火災海上保険株式会社およびBを侮辱し，みだりに他人の所有する工作物にはり札をした。

第1審は，A火災海上保険株式会社およびBに対する侮辱罪と工作物にはり札をした点につき軽犯罪法1条33号の成立をみとめ，Xを拘留25日に処した。X側から量刑不当を理由に控訴がなされたが，原審はこれを棄却した。そこでX側から上告がなされ，最高裁は，上告趣意は量刑不当の主張であるとして上告を棄却したが，なお書きで次のように判示している。

争点 法人に対しても侮辱罪は成立し得るか。

決定要旨 「なお，刑法231条にいう『人』には法人も含まれると解すべきであり（大審院大正14年（れ）第2138号同15年3月24日判決・刑集5巻3号117頁参照），原判決の是認する第1審判決が本件A火災海上保険株式会社を被害者とする侮辱罪の成立を認めたのは，相当である。」

解説 本決定は，最高裁がはじめて法人に対する侮辱罪の成立を肯定したものである。従来，法人に対して侮辱罪が成立するか否か，をめぐって学説上，対立があったので，最高裁の判例が明確な立

場を示したことの意義はきわめて大きい。法人に対する侮辱罪の成否の問題は，名誉棄損罪と侮辱罪の関係ないし侮辱罪の保護法益の理解に関わる重要問題であるといえる。

　通説は，名誉棄損罪と侮辱罪の区別について，事実を摘示したばあいが名誉棄損罪であるのに対して，事実を摘示しなかったばあいは侮辱罪であると解している。したがって，通説によれば，名誉棄損罪と侮辱罪は，保護法益を同じくし，構成要件的行為によって区別されるのである。本決定は，通説と同じ立場を採るものである。大審院の判例（大判大15・3・24刑集5巻117頁）は，「名誉棄損罪又は侮辱罪は或特定せる人又は人格を有するに団体に対し其の名誉を毀損し又は之を侮辱するに依りて成立する」としていたが，これは傍論に過ぎなかった。本決定は，最高裁が真正面からこの問題に取り組み法人に対する侮辱罪の成立を肯定したのである。

　区別説は，名誉棄損罪と侮辱罪の区別を保護法益の違いに求め，名誉棄損罪の保護法益が社会的名誉であるのに対して，侮辱罪の保護法益は個人の名誉感情であるとする。その根拠として，両罪の法定刑が著しく違い（「3年以下の懲役若くは禁錮又は50万円以下の罰金」か「拘留又は科料」），事実の摘示の有無ではなく，罪質がまったく異なると解する方が解釈論として妥当であることが挙げられる。区別説によると，名誉感情をもたない法人に対しては名誉棄損罪は成立しても，侮辱罪は成立しない。

　通説は，区別説を次のように批判する。すなわち，①区別説によると，名誉棄損罪が成立するばあいに侮辱罪との観念的競合をみとめるが，それは妥当でない。②区別説によると，名誉感情を有しない幼児，法人などについて侮辱罪が成立しなくなるが，それらの者を保護範囲から除外するのは不当である。③区別説によると，名誉棄損罪の成立が真実性の証明（230条の2）によって否定されても，依然として侮辱罪が成立して処罰されることになり，免責規定の実際上の意味がなくなる。④区別説によると，「公然」性が侮辱罪の成立要件であることを説明できない。つまり，面前での侮辱がもっとも侵害性が高いにもかかわらず，それは要件とされていないのである。名誉感情は，人格の根源に由来し個人の精神生活にとってきわめて重要であるから刑法的保護に値する。わたくしは区別説が妥当であると考えている。

18 公務に対する業務妨害

最決昭 62・3・12（刑集 41 巻 2 号 140 頁）

事実 N県高等学校教職員組合の書記長と県地方公務員労働組合共闘会議（地公労）の事務局長を兼務していた被告人 X は，他の 3 名と一緒に県議会の総務文教委員会において審議されてきた「職員の退職手当に関する条例」の改正案を不当として同委員会の開催と改正案の採決を阻止しようと計画し，地公労傘下の組合員約 200 名と共謀のうえ，警備員の制止を無視して約 200 名の組合員とともに委員会室に乱入し，既に着席していた委員に対して大声で罵声（ばせい）を浴びせ，委員席にあったプラスチック製の名札で机を叩くなどして委員長の再三の退出要求も無視して同室を占拠した。そして X らは，委員長が委員会の開催は困難であると判断して他の委員らとともに退出した後，さらに同室出入口扉を内側から施錠したうえ，机，椅子でバリケードを構築するなどして県当局の退室要求にも従わず同室の占拠を続けて，上記条例案の審議・採決を妨害した。

第 1 審は，建造物侵入罪および威力業務妨害罪の成立をみとめて被告人を懲役 5 月に処した（執行猶予 2 年）。被告人側から控訴がなされたが，棄却されたため，さらに上告がなされた。最高裁の本決定は，上告を棄却し，「なお書き」で威力業務妨害罪の成否について次のとおり判示している。

争点 県議会委員会の条例案の審議・採決の事務は，威力業務妨害罪にいう「業務」に当たるか。

決定要旨 「なお，原判決の是認する第一審判決の認定によれば，本件において妨害の対象となった職務は，新潟県議会総務文教委員会の条例案採決等の事務であり，なんら被告人らに対して強制力を行使する権力的公務ではないのであるから，右職務が威力業務妨害罪にいう『業務』に当たるとした原判決は，正当である（最高裁昭和 31 年（あ）第 3015 号同 35 年 11 月 18 日第 2 小法廷判決・刑集 14 巻 13 号 1713 頁，同昭

36年(あ)第823号同41年11月30日大法廷判決・刑集20巻9号1076頁参照)。」

解説　本件においては，威力業務妨害罪における「業務」の意義が問題となった。業務妨害罪・威力業務妨害罪における「業務」とは，精神的であると経済的であるとを問わず，広く職業その他継続して従事する事務または事業を総称する（大判大10・10・24刑録27輯643頁）。公務が業務に含まれるか，について見解が分かれている。すなわち，①すべての公務が業務に含まれるとする説，②公務はいっさい含まれないとする説，③公務員がおこなう公務は含まれないが，非公務員がおこなう公務は含まれるとする説，④権力的・支配的公務は含まれないが，非権力的・非支配的公務は含まれるとする説，⑤非権力的公務はつねに含まれ，権力的公務も非公務員によって執行されるばあいには含まれるとする説などが主張されているのである。このように，見解が分かれるのは，公務の妨害については別に公務執行妨害罪が規定されているからである。両罪は，行為態様を異にすることがあり，本罪から公務を排除すると，公務の保護が薄くなるという不都合が生ずる。

　本決定は，県議会の委員会における条例案の採決に関して，「本件において妨害の対象となった職務は，新潟県議会総務文教委員会の条例案採決等の事務であり，なんら被告人らに対して強制力を行使する権力的公務ではないのであるから，右職務が威力業務妨害罪にいう『業務』に当たるとした原判断は，正当である」と判示している。これは，権力的公務か非権力的公務を基準とし，非権力的公務は威力業務妨害罪の業務に含まれるとするものである。この立場は，④説と同じであり，妥当であるといえる。

　本決定の延長線上において，最決平12・2・17（刑集54巻2号38頁）は，威力および偽計により選挙長の立候補届出受理事務を妨害したばあいに業務妨害罪の成立をみとめている。さらに，新宿駅の「動く歩道」を設置するために都職員がおこなった段ボール小屋の撤去作業は，権力的公務ではないとして威力業務妨害の成立をみとめた最高裁判所の判例がある（最決平14・9・30刑集56巻7号395頁）。

19 威力業務妨害罪の成否

最決平14・9・30（刑集56巻7号395頁）

事実 東京都は，新宿駅西口から新宿副都心へ通じる通路に「動く歩道」を設置することを計画し，本件通路からの退去を求められる路上生活者らを保護するため，臨時保護施設を開設するなどし，本件工事に着手するに先立ち，3回にわたる周知活動や本件工事を実施する旨の事前通告および上記臨時保護施設の案内をおこなうとともに，路上生活者に自主的退去を促した。被告人XおよびYは，本件工事を実力で阻止するため，平成8年1月24日午前2時ころから，多数の路上生活者に指示して，本件通路の都庁側出入口に強化セメント製植木ボックス，ベニヤ板などでバリケードを構築し，その内側で約100名の者とともに座り込むなどして都職員らの同工事区域内への進入を阻止したうえ，同日午前6時30分ころから同日午前8時10分ころまでの間，本件工事に従事していた都職員らに対し，鶏卵，旗竿，花火などを投げ付け，消火器を噴射し，「帰れ，帰れ」とシュプレヒコールを繰り返し怒号するなどして座込みを続けた。

都職員は，同日午前11時半ころまでに，自主的な退去者のもののほか，警察官に排除，連行された者のものを含め，本件通路に放置されていた段ボール小屋などを全部撤去した。

第1審は，本件行為は権力的公務に当たるとして威力業務妨害罪の構成要件該当性を否定した。原審は，本件行為は権力的公務に当たらず，要保護性に欠けるところはないとして第1審判決を破棄自判し，本罪の成立をみとめた。被告人側からの上告に対して，最高裁の本決定は，次のように判示しこれを棄却している。

争点 ①東京都職員が路上生活者のダンボール小屋などを撤去する行為は，権力的公務か。②本件業務は「要保護性」を有するか。

決定要旨 「本件において妨害の対象となった職務は，動く歩道を設置するた

め，本件通路上に起居する路上生活者に対して自主的に退去するよう説得し，これらの者が自主的に退去した後，本件通路上に残された段ボール小屋等を撤去することなどを内容とする環境整備工事であって，強制力を行使する権力的公務ではないから，刑法234条にいう『業務』に当たると解するのが相当であり（最高裁昭和59年（あ）第627号同62年3月12日第一小法廷決定・刑集41巻2号140頁，最高裁平成9年（あ）第324号同12年2月17日第二小法廷決定・刑集54巻2号38頁参照），このことは，……段ボール小屋の中に起居する路上生活者が警察官によって排除，連行された後，その意思に反してその段ボール小屋が撤去された場合であっても異ならないというべきである。」「本件工事は，公共目的に基づくものであるのに対し，本件通路上に起居していた路上生活者は，これを不法に占拠していた者であって，これらの者が段ボール小屋の撤去によって被る財産的不利益はごくわずかであり，居住上の不利益についても，行政的に一応の対策が立てられていた上，事前の周知活動により，路上生活者が本件工事の着手によって不意打ちを受けることがないよう配慮されていたということができる。……道路管理者である東京都が本件工事により段ボール小屋を撤去したことは，やむを得ない事情に基づくものであって，業務妨害罪としての要保護性を失わせるような法的瑕疵があったとは認められない。」

解説　本件においては，①路上生活者の段ボールなどを東京都職員が撤去するのは，権力的公務に当たるか否か，および，②その公務に要保護性がみとめられるか否か，が問題となった。①の点について，本決定は，妨害の対象となった職務は環境整備工事であって強制力を行使する権力的公務ではないから，本罪にいう業務に当たると判示している。これは，路上生活者が警察官によって排除，連行された後，その意思に反してその段ボール小屋が撤去されたばあいであっても，異ならないとされている。

②について本決定は，撤去行為の目的の公共性，路上生活者は通路を不法に占拠していた者であって段ボール小屋の撤去によって被る財産的不利益はごくわずかであること，行政的に一応の対策が立てられていたうえ，事前の周知活動により，路上生活者が本件工事の着手によって不意打ちを受けることがないよう配慮されていたこと，行政代執行の手続きを取ることの困難性などを根拠にして，要保護性を肯定している。これは妥当な判断である。

20 不法原因給付と詐欺罪

最判昭 25・7・4（刑集 4 巻 7 号 1168 頁）

事実　被告人 X らは，かねて A から代金 54 万円で買い受ける契約をしていた綿糸 1 梱半の残代金 52 万円が入っているように装って，2 個の鞄のうち 1 個には現金 25 万円を入れ，他の 1 個には古雑誌 15 冊を入れてこれらを A に渡し，真実残代金の支払いを受けるものと誤信させて A から綿糸 1 梱半の交付を受けた。X は，詐欺罪で起訴された。

　第 1 審および原審は，詐欺罪の成立をみとめた。被告人側から上告がなされ，上告趣意において，一般に駆け引きの甚だしい「闇取引の行動に付いては，取引の当事者の財産的利益は刑法の対象にはならない」などの主張がなされた。最高裁の本判決は，次のように判示して上告を棄却している。

争点　欺かれて一定の商品を売却することが統制法規に違反するいわゆる闇行為であるばあい，不法原因給付に当たりその商品の返還を請求できないので，財産上の損害がないとして詐欺罪の成立は否定されるのか。

判旨　「被害者が本件綿糸を処分したことが統制法規に違反する所謂闇行為であるとしてもそれによって被告人の詐欺罪の成立に消長を来たすいわれはない，けだし欺罔手段によって相手方の財物に対する支配権を侵害した以上，たとい相手方の財物交付が不法の原因に基いたものであって民法上其返還又は損害賠償を請求することができない場合であっても詐欺罪の成立をさまたげるものではないからである」。「詐欺罪の如く他人の財産権の侵害を本質とする犯罪が，処罰されたのは単に被害者の財産権の保護のみにあるのではなく，かかる違法な手段による行為は社会の秩序をみだす危険があるからである。そして社会秩序をみだす点においては所謂闇取引の際に行われた欺罔手段でも通常の取引の場合と何等異るところはない。従って，闇取引として経済統制法規によって処罰される行為であるとしても相手方を欺罔する方法

> 即ち社会秩序をみだすような手段を以て相手方の占有する財物を交付せしめて財産権を侵害した以上被告人の行為が刑法の適用をまぬかるべき理由はない。」

解説 本件においては，欺かれて交付された財物が不法原因給付物に当たるばあいに詐欺罪が成立するかどうか，が問題となった。不法の原因に基づいて財物を給付した者はその物の返還を請求できない（民708条）。このように民法上，裁判による法的保護を受けない物について財産犯が成立し得るか，が「不法原因給付と財産犯」の問題である。民法708条の法意の解明がこの問題解決の前提となる。

民法は，不法原因給付物の所有権の帰属関係に変更を生じさせるのではなくて，法律上の返還に協力しない旨を明らかにしているにとどまる。それは，汚れた手による財産権の実現に法は味方しない旨のクリーン・ハンズの原則を宣言するもので，所有権の得喪には触れてはいない。

判例は，通貨偽造資金として金銭を詐取するばあい（大判明43・5・23刑録16輯906頁，大判昭12・2・27刑集16巻241頁），闇米を買ってやると偽ってその代金を詐取したばあい（最判昭25・12・5刑集4巻12号2475頁）に詐欺罪の成立をみとめる。本判決は，「被害者が本件綿糸を処分したことが統制法規に違反する所謂闇行為であるとしてもそれによって被告人の詐欺罪の成立に消長を来た」さないとし，「欺罔手段によって相手方の財物に対する支配権を侵害した以上，たとい相手方の財物交付が不法の原因に基いたものであって民法上其返還又は損害賠償を請求することができない場合であっても詐欺罪の成立をさまたげるものではない」とする。そして，本判決は，「闇取引として経済統制法規によって処罰される行為であるとしても相手方を欺罔する方法即ち社会秩序をみだすような手段を以て相手方の占有する財物を交付せしめて財産権を侵害した以上被告人の行為が刑法の適用をまぬかるべき理由はない」と判示しており，妥当である。

また昭和25年12月5日判決は，「闇米の売買であっても，実際被告人は米を買ってやる意思がないにも拘わらず米を買ってやると欺いて其代金を騙取した以上詐欺罪の成立すること勿論である」と判示している。

21 不法原因給付と横領罪

最判昭 23・6・5（刑集 2 巻 7 号 641 頁）

事実 被告人 X は，警察官の A および B の収賄行為を隠蔽する手段として，同人らの上司である C 警察署司法主任らを買収するため，A および B から 2 万 2000 円を受け取り，これを保管中に，上記金銭のうち 2 万円を費消した。

原審は，X について横領罪の成立をみとめた。被告人側から上告がなされ，上告趣意において，A らは給付した金銭の返還請求権を有しないので，給付を受けた金銭を自由に処分できる地位にあったのであり，これを費消しても横領罪は成立しないとの主張がなされた。最高裁の本判決は，次のように判示して上告を棄却している。

争点 贈賄に供するための金銭（不法原因給付物）を他人から受け取って保管していた者が，これを勝手に費消したばあい，横領罪が成立するか。

判旨 「不法原因の為め給付をした者はその給付したものの返還を請求することができないことは民法第 708 条の規定するところであるが刑法第 252 条第 1 項の横領罪の目的物は単に犯人の占有する他人の物であることを要件としているのであって必ずしも物の給付者において民法上その返還を請求し得べきものであることを要件としていないのである。そして前示原判示によれば被告人は他に贈賄する目的をもって本件金員を原審相被告人 A 及び B から受取り保管していたものであるから被告人の占有に帰した本件金員は被告人の物であるといふことはできない。又金銭の如き代替物であるからといって直ちにこれを被告人の財物であると断定することもできないのであるから本件金員は結局被告人の占有する他人の物であってその給付者が民法上その返還を請求し得べきものであると否とを問わず被告人においてこれを自己の用途に費消した以上横領罪の成立を妨げないものといわなければならな

い。然らば原判決が右と同一見解の下に被告人を横領罪として処断したのは正当であって論旨は理由がない。」

解説 本件においては，不法原因に基づいて給付された物について横領罪が成立するか否か，が問題となった。この点について通説は，肯定説をとっている。すなわち，委託者（給付者）は民法708条によって給付物の返還請求はできないが，その物についての所有権を喪失しないから，その給付物は受託者（受給者）にとって，なお「自己の占有する他人の物」(252条)であり，委託関係もある。したがって，これをほしいままに処分する行為は横領罪を構成することになるのである。

大審院の判例は肯定説をとってきた（大判明43・7・5刑録16輯1361頁，大判明43・9・22刑録16輯1531頁，大判大2・12・9刑録19輯1393頁など）。本判決は，「横領罪の目的物は単に犯人の占有する他人の物であることを要件としているのであって必ずしも物の給付者において民法上その返還を請求し得べきものであることを要件としていないのであ」り，「金銭の如き代替物であるからといって直ちにこれを被告人の財物であると断定することもできないのであるから本件金員は結局被告人の占有する他人の物であってその給付者が民法上その返還を請求し得べきものであると否とを問わず被告人においてこれを自己の用途に費消した以上横領罪の成立を妨げない」と判示している。これは，大審院判例の立場を踏襲するものであり，妥当である。

刑法は，横領罪のばあい，民法によって規律されている所有権（ないしその他の本権）を保護するのであるから，所有権の帰属関係は，もっぱら民法によって決められるので，この問題は，結局，民法708条の解釈問題に帰着する。民法708条は，受給者に対して所有権の移転をみとめているのではなくて，返還請求に法が協力しないことを宣言しているにすぎないのである。なお，最判昭45・10・21（民集24巻11号1560頁）は，不法原因給付に当たる贈与のばあい，受贈者への所有権移転をみとめるが，これは横領罪の成否に影響を及ぼさない。なぜならば，贈与形態のばあいに所有権移転にともなう占有の移転は，信任関係の設定を意味しないからである。

22 権利の実行と恐喝罪

最判昭 30・10・14（刑集 9 巻 11 号 2173 頁）

事実　被告人 X は，A とともに土木建築請負業を始めて B 株式会社を設立したが，その後 A と不和となり B 社を退く際，A から 18 万円の支払いを受けることになり，内金として 15 万円を受領した。その後 A が残金の支払いをしないので，X は，Y，Z ほか 1 名と共謀のうえ，4 名で A に対して要求に応じないときは同人の身体に危害を加えるような態度を示し，Y および Z らが A に対して「俺達の顔を立てろ」などと申し向けて，A を畏怖させ，残額 3 万円を含む 6 万円を X に交付させた。

第 1 審および原審は，恐喝罪の成立をみとめた。被告人側から上告がなされ，上告趣意において，権利行使の範囲内であれば，脅迫罪が成立するは格別，恐喝罪は成立しないとするのが大審院以来の判例であるから，残額 3 万円についてまで恐喝罪の成立をみとめたのは不当であるなどの主張がなされた。

最高裁の本判決は，次のように判示して上告を棄却している。

争点　権利行使のために脅迫行為をおこなって金銭の交付を受けたばあい，権利部分を含む全額について恐喝罪が成立するか。

判旨　「他人に対して権利を有する者が，その権利を実行することは，その権利の範囲内であり且つその方法が社会通念上一般に忍容すべきものと認められる程度を超えない限り，何等違法の問題を生じないけれども，右の範囲程度を逸脱するときは違法となり，恐喝罪の成立することがあるものと解するを相当とする（昭和 26 年（れ）2482 号同 27 年 5 月 20 日第三小法廷判決参照）。本件において，被告人等が所論債権取立のために執った手段は，原判決の確定するところによれば，若し債務者 A において被告人等の要求に応じないときは，同人の身体に危害を加えるような態度を示し，且同人に対し被告人 Y 及び Z 等は『俺達の顔を立てろ』等と申向け A をして若しその要求に応じない時は自己の身体に危害を加えられるかも知れないと畏怖せしめたというの

であるから，もとより，権利行使の手段として社会通念上，一般に忍容すべきものと認められる程度を逸脱した手段であることは論なく，従って，原判決が右の手段によりAをして金6万円を交付せしめた被告人等の行為に対し，被告人XのAに対する債権額のいかんにかかわらず，右金6万円の全額について恐喝罪の成立をみとめたのは正当である」る。

解説 本件においては，権利の行使に当たって脅迫がなされたばあい，脅迫罪または恐喝罪のいずれが成立するのか，が争われた。この点につき大審院の判例は，当初，脅迫罪の成立をみとめたが（大判大11・11・7刑集1巻642頁，大判昭5・5・26刑集9巻342頁），その後，恐喝行為が社会通念上，被害者において許容すべきものと一般にみとめられる程度を超えるばあいには，それは「権利の濫用」であって恐喝罪を構成すると解するに至った（大判昭9・8・2刑集13巻1011頁）。最高裁判所の判例も，脅迫罪説をとったこともあるが（最判昭26・6・1刑集5巻7号1222頁），本判決は，恐喝罪の成立をみとめている。すなわち，本判決は，「他人に対して権利を有する者が，その権利を実行することは，その権利の範囲内であり且つその方法が社会通念上一般に忍容すべきものと認められる程度を超えない限り，何等違法の問題を生じないけれども，右の範囲程度を逸脱するときは違法となり，恐喝罪の成立することがあるものと解するを相当とする」と判示しているのである。そして「被告人XのAに対する債権額のいかんにかかわらず，右金6万円の全額について恐喝罪の成立を認め」ている。

権利を実現するためになされた脅迫行為は，それ自体として意味を有するのではなくて，権利を実現する目的のもとになされたという点において，法的評価を受けるのである。脅迫罪説が手段としての脅迫行為だけを取り出して独立に評価して脅迫罪の成立を肯定するのは，妥当でない。恐喝罪が成立するためには，損害の発生が必要である。畏怖しなければ交付しないであろうと考えられる財物を，脅迫されて畏怖した結果，交付したことによって，債務者はその物に関する使用・収益・処分という財産権の事実的機能を害されるので，財産上の損害があるとされ，恐喝罪の成立は肯定される。判例の立場は妥当である。

23 窃盗罪の保護法益

最決平元・7・7（刑集43巻7号607頁）

事実　Xは，客Aに対し，自動車の時価の2分の1ないし10分の1程度の融資金額を提示し「買戻約款付自動車売買契約書」に署名押印させて融資をした（自動車金融）。その契約内容は，借主であるAが自動車を融資金額でXに売り渡してその所有権と占有権をXに移転し，返済期限に相当する買戻期限までに融資金額に一定の利息を付した金額を支払って買戻権を行使しないかぎり，Xが自動車を任意に処分することができるというものであり，契約当事者の間では，借主が契約後も自動車を保管し，利用することができることは，当然の前提とされていた。Aは，契約後も，従前どおり自宅，勤務先などの保管場所で自動車を保管し，これを使用していたが，期限どおりに返済できなかった。そこで，Xは，返済期限の翌日未明に，借主の自宅，勤務先などの保管場所に赴き，同行した合鍵屋に作らせた合鍵を利用するなどしてAに無断で自動車を引き揚げた。

Xは窃盗罪で起訴された。第1審および原審は，原判決が，担保提供者の占有は法律上の保護に値する利益を有するので，Xの行為が窃盗罪を構成するのは明らかであるとした。被告人側から上告がなされ，最高裁の本決定は，次のように判示して上告を棄却している。

争点　貸主である行為者が，自動車金融の形式により借主との間に買戻約款付自動車売買契約を締結し，借主の買戻権喪失後，借主が使用中の自動車を無断で引揚げる行為は①窃盗罪を構成し，かつ，②違法といえるか。

決定要旨　「以上の事実に照らすと，被告人が自動車を引き揚げた時点においては，自動車は借主の事実上の支配内にあったことが明らかであるから，かりに被告人にその所有権があったとしても，被告人の引揚行為は，刑法242条にいう他人の占有に属する物を窃取したものとして窃盗罪を構成するというべきであり，かつ，その行為は，社会通念上借主に受忍を求める限度を超えた違法なものというほかはない。」

解説

　本件における争点の①は，窃盗罪の保護法益と関連する刑法242条にいう「他人の占有に属する物」の解釈問題であり，②は，権利行使と財産犯の成否の問題である。

　①に関して，最高裁の判例は，占有（所持）が窃盗罪の保護法益である旨を判示し，いわゆる譲渡担保事件において，「他人の事実上の支配内にある本件自動車を無断で運び去った被告人の行為を窃盗罪にあたるとした原判決の判断は相当である」とした（最判昭35・4・26刑集14巻6号748頁）。この事件においては，たとえ自動車の所有権が譲渡担保契約に基づいて行為者に移っていたとしても，行為者には，なお清算義務が残っていたのであり，債務会社はその履行まで自動車の引渡しを拒むことができ，しかもその自動車は破産管財人の占有下にあり，被告人は更生手続きによってのみ権利行使が可能であったので，管財人の占有は所有権その他の本権に基づく占有とはいえないが，法令上の権限に基づいて占有しているという意味で「適法な占有」といえる事情が存在していたとされる。

　本決定においては，借主の買戻権の喪失により所有権が行為者に移転したばあいには，借主の占有は，これを基礎づける法令上の根拠がまったく存在しないので，「適法」とはいえない。にもかかわらず，本決定は，借主の占有する自動車を刑法242条にいう他人の占有に属する物に当たると解したのであるから，昭和35年判決により歩を進め，所持説の立場をより明確に判示したことになる。

　このような「違法な」占有も242条にいう他人の占有に当たると明言した本決定を本権説によって論拠づけることは困難であるので，本決定により平穏占有説が判例上，確立されたと評価できるとする見解もある。

　②権利行使と財産犯の成否につき，最高裁の判例は，権利行使が「その権利の範囲内であり且つその方法が社会通念上一般に認容すべきものと認められる程度……を逸脱するときは違法とな（る）」として，恐喝罪の成立を肯定している（最判昭30・10・14刑集9巻11号2173頁）。本決定は，これと同じ趣旨を窃盗罪についてもみとめたものである。

　①②の判断はいずれも妥当なものであり，学説上も多くの支持が得られている。

24 窃盗か占有離脱物横領か

最判昭 32・11・8（刑集 11 巻 12 号 3061 頁）

事実 被告人Xは，昭和 31 年 9 月 30 日午前 11 時 50 分頃，甲府市内のバス待合室南通路において，Aが置き忘れたカメラ 1 台を持ち去った。そのカメラは，バスに乗るために行列中のAがバスを待つ間，身辺の約 30cm 左にあるコンクリート台の上に置いたものであり，行列の移動中にカメラを置き忘れたことに気づいてただちに引き返したが，その場所に引き返すまでの時間は約 5 分，距離は約 19.58 m であった。

第 1 審は，窃盗罪の成立を肯定した。Xからの控訴に対して原審は，カメラは依然としてAの実力的支配のうちにあったとして窃盗罪の成立をみとめた。被告人側から上告がなされ，上告趣意において，カメラは実力的支配になかったので占有離脱物横領罪が成立するとの主張がなされた。最高裁の本判決は，次のように判示して上告を棄却している。

争点 バス待ちで行列中のAが，バス待合室通路にカメラを置き忘れたことに気付いたが，その間約 5 分で距離も約 20 m であったばあい，そのカメラはなおAの実力支配下にあったといえるか。

判旨 「刑法上の占有は人が物を実力的に支配する関係であって，その支配の態様は物の形状その他の具体的事情によって一様ではないが，必ずしも物の現実の所持又は監視を必要とするものではなく，物が占有者の支配力の及ぶ場所に存在するを以て足りると解すべきである。しかして，その物がなお占有者の支配内にあるというを得るか否かは通常人ならば何人も首肯するであろうところの社会通念によって決するの外はない。

ところで原判決が……説示したような具体的状況……を客観的に考察すれば，原判決が右写真機はなお被害者の実力的支配のうちにあったもので，未だ同人の占有を離脱したものとは認められないと判断したことは正当である。……また，原判決が，当時右写真機はバス乗

> 客中の何人かが一時その場所においた所持品であることは何人にも明らかに認識しうる状況にあったものと認め，被告人がこれを遺失物と思ったという弁解を措信し難いとした点も，正当であ」る。

解説 本件においては，窃盗罪または占有離脱物（遺失物）横領罪の何れが成立するのか，が問題となった。窃盗罪は，他人が「占有する」財物を奪取することによって成立するのに対して，占有離脱物横領罪は，他人が占有していない財物を領得したばあいに成立するのである。そうすると，被害者の「占有」の有無が両罪を区別することになる。

刑法上の占有（所持）とは，財物に対する支配の意思をもって事実上，その財物を支配することをいう。本判決によれば，刑法上の占有は，人が物を実力的に支配する関係であって，必ずしも物の現実の所持または監視を必要とせず，物が占有者の支配力の及ぶ場所に存在することをもって足りる。そして，本件において，Aがバスを待って行列中にカメラを置き忘れても，その間約5分であり，距離も約20メートルであったばあいは，そのカメラはなおAの実力的支配内にあったものであり，占有離脱物ではないとされるのである。ほかの判例によれば，駅の窓口に財布を置き忘れ，その1，2分後，約15メートルの所で気付いて戻ったばあいは，その財布は被害者の実力的支配内にあったものとされる（東京高判昭54・4・12刑月11巻4号277頁）。また，行為者において，被害者が公園のベンチにポシェットを置き忘れて立ち去る様子を見て，被害者が27メートル離れた時点でこれを領得したばあい，被害者の本件ポシェットに対する占有は失われていないので，窃盗罪が成立することになる（最決平16・8・25刑集58巻6号515頁）。東京高判平3・4・1（判時1400号128頁）は，スーパーの6階のベンチに置き忘れた財布を，10分後に地下1階で思い出して取りに戻ったばあい，その存在を認識し，かつ，放棄する意思でなかったときには，その財物は所有者の占有に属するとされる。

本判決は，刑法上の占有の意義とその判断方法について判示している点で重要判例であり，具体的状況の下で占有をみとめた事例判例としての意義を有する。

25 死者の占有

最判昭 41・4・8（刑集 20 巻 4 号 207 頁）

事実 被告人 X は，自動車を運転中に，帰宅途中の女性 A を見かけ，強姦する目的で，家まで乗せると欺いて A を乗車させて某所まで連れて行き，近くの草地内に引っ張り込んで A を姦淫した。その後，X は，犯行の発覚を防ぐため，A の首を絞めて殺害し，穴を掘ってその死体を埋めたが，その際，A の腕時計 1 個（価格約 2000 円相当）をもぎ取った。X は，強姦罪，殺人罪，死体遺棄罪および窃盗罪で起訴された。

第 1 審は，上記の犯罪の成立を肯定して X に死刑を言い渡した。被告人側からの控訴に対して原審は，原判決を維持し控訴を棄却した。被告人側から上告がなされ，上告趣意において，死体から腕時計をもぎ取った行為は遺失物横領罪（占有離脱物横領罪）に該当するとの主張がなされた。

最高裁の本判決は，上告趣意は単なる法令違反の主張であって適法な上告理由とはならないとして上告を棄却し，次のように判示している。

争点 野外において A を殺害後に領得の意思を生じ A が身につけていた財物を取得する行為は，窃盗罪を構成するか。

判旨 「被告人は，当初から財物を領得する意思は有していなかったが，野外において，人を殺害した後，領得の意思を生じ，右犯行直後，その現場において，被害者が身につけていた時計を奪取したのであって，このような場合には，被害者が生前有していた財物の所持はその死亡直後においてもなお継続して保護するのが法の目的にかなうものというべきである。そうすると，被害者からその財物の占有を離脱させた自己の行為を利用して右財物を奪取した一連の被告人の行為は，これを全体的に考察して，他人の財物に対する所持を侵害したものというべきであるから，右奪取行為は，占有離脱物横領ではなく，窃盗罪を構成するものと解するのが相当である。」

解説 本件においては、いわゆる死者の占有が問題となった。すなわち、人を死亡させた後、その財物を奪取する意思を生じてこれを奪ったばあい、その奪取行為が窃盗罪となるのか、遺失物横領罪（占有離脱物横領罪）となるのか、が争われたのである。

行為者が殺害の直後に被害者の財物を奪取したばあいに、遺失物横領罪をみとめるのは、形式的思考にすぎ、現実的でないので、本判決のように窃盗罪の成立を肯定すべきである。死者の占有という観念をみとめて、被害者自身が死後にもその財物の占有を継続して有し、これを侵害することになるとする見解もある。しかし、死者には、占有の意思・財物に対する現実的な支配の事実をみとめることができないので、死者は占有の主体とはなり得ない。被害者が生前に有した占有は、被害者を死亡させた犯人に対する関係では、被害者の死亡と時間的、場所的に近接した範囲内にあるかぎりにおいて、刑法的保護に値する。犯人が被害者を死亡させたことを利用してその財物を奪取したという一連の行為は、全体的に見て、窃盗罪と評価される。

本判決は、野外において人を殺害した後、領得の意思を生じ、その直後に現場で被害者の腕時計を奪取した事案において窃盗罪の成立をみとめている。すなわち、本判決は、当初から財物を領得する意思は有していなかったが、野外において、人を殺害した後、領得の意思を生じ、「犯行直後」、「その現場において」、被害者が身につけていた時計を奪取したようなばあいには、被害者が生前有していた財物の所持はその「死亡直後においてもなお継続して保護するのが法の目的にかなう」ものであるとする。「被害者からその財物の占有を離脱させた自己の行為を利用して右財物を奪取した一連の被告人の行為」を「全体的に考察」して、他人の財物に対する所持を侵害したものと評価している点に本判決の特徴があるといえる。下級審の判例において、同棲中の女性を殺害し、その死体を遺棄して4日後に同女の室内の遺留物を奪取したばあい、その財物は、外部的に見て一般的に同女の占有下にあると見られる状況にあったのであるから、社会通念上、なお所持は継続しているとするもの（東京高判昭39・6・8高刑集17巻5号446頁）や殺害して5日後および10日後に被害者の居宅から財物を持ち去ったばあい、遺失物横領罪が成立するとするものがある（新潟地判昭60・7・2刑月17巻7号663頁）。

26 自動車の一時使用と不法領得の意思

最決昭 55・10・30（刑集 34 巻 5 号 357 頁）

事実 被告人 X は，昭和 54 年 12 月 28 日午前零時ころ，広島市内の給油所の駐車場に駐車してあった A 所有の普通乗用自動車を無断で乗り回し，午前 5 時 30 分ころまでには元の場所に戻すつもりで乗り出して運転中，午前 4 時 10 分ころ，無免許運転により検挙された。

第 1 審は，使用窃盗による無罪の主張を排斥して窃盗罪の成立をみとめ懲役 10 月に処した。被告人側から量刑不当を理由とする控訴がなされ，原審は控訴を棄却した。被告人側から上告がなされ，上告趣意において控訴審判決は使用窃盗に関する従来の判例に反するとの主張がなされた。最高裁の本決定は，次のように判示して上告を棄却している。

争点 他人所有の普通乗用車を無断で乗り回した後に元の場所に戻しておく意図で，4 時間余り乗り回したばあい，不法領得の意思はみとめられるか。

決定要旨 「被告人は，深夜，広島市内の給油所の駐車場から，他人所有の普通乗用自動車（時価約 250 万円相当）を，数時間にわたって完全に自己の支配下に置く意図のもとに，所有者に無断で乗り出し，その後 4 時間余りの間，同市内を乗り廻していたというのであるから，たとえ，使用後に，これを元の場所に戻しておくつもりであったとしても，被告人には右自動車に対する不正領得の意思があったというべきである（最高裁昭和 42 年（あ）第 2478 号同 43 年 9 月 17 日第三小法廷決定・裁判集 168 号 691 頁参照）。」

解説 本件においては，約 4 時間余りの間の自動車の一時使用について，返還意思があったばあいに不法領得の意思が存在するか否かが問題となった。不法領得の意思とは，権利者を排除して他人の物を自己の所有物として，その経済的用法に従ってこれを利用または処分す

る意思をいう（判例・通説）。

　従来，判例は，窃盗罪の成立には不法領得の意思を必要とし，他人の財物をたんに一時使用のために自己の所持に移しても同罪に当たらないので，他人の自転車を無断使用して乗り捨てても，自己の所持に入れる際には，一時使用の意思であれば窃盗罪は成立しないとしてきた（大判大9・2・4刑録26輯26頁）。一時使用（使用窃盗）のばあいには，他人の物を自己の所有物として利用・処分する意思が欠けるので，不法領得の意思の存在がみとめられず，窃盗罪は不成立とされるのである。

　ところが，本決定は，他人の自動車を数時間，完全に自分の支配下におく意図のもとに所有者に無断で4時間余り乗り回したばあい，たとえ使用後に元の場所に戻しておくつもりであったとしても，不法領得の意思があるとして窃盗罪の成立をみとめている。すなわち，他人所有の普通自動車を，「数時間にわたって完全に自己の支配下に置く意図のもとに」，所有者に無断で乗り出し，その後「4時間余りの間」，市内を乗り回していたという事実を重視して，「使用後に，これを元の場所に戻しておくつもり」であったとしても，不法領得の意思があったと判断している。

　また，下級審の裁判例においても，会社の機密資料である会員名簿を保管者の机から無断で持ち出し，これを社外でコピーして，約2時間後に元に戻したばあい，この名簿の経済的価値はその内容自体にあるから，この内容をコピーして，それを第3者に譲渡する手段として前記名簿を利用する意思は，権利者を排除し，前記名簿を自己の所有物と同様にその経済的用法に従って利用する意思とみとめ（東京地判昭55・2・14刑月12巻1＝2号47頁），甲・乙共謀のうえ，甲が丙の保管する秘密資料を持ち出し，乙がこれをコピーして原本は約7時間後および約16時間後に元の場所に戻したとしても，本件資料の経済的価値がその具現化された情報の有用性・価値性に依存する以上，資料の内容をコピーしその情報を獲得しようとする意思は，権利者を排除し前記資料を自己の物と同様にその経済的用法に従って利用する意思であり不法領得の意思に当たるとされているのである（東京地判昭59・6・15判時1126号3頁）。そうすると，不法領得の意思必要説を採っても，一時使用目的のばあいには，不要説と同じ結論になる。

27 親族相盗

最決平6・7・19（刑集48巻5号190頁）

事実 被告人Xは，平成4年8月25日，大分県内のA方において，同所に駐車中の軽四輪貨物自動車内から，Aの保管に係るB株式会社（代表取締役C）所有の現金約2万6000円を窃取した。XとAとは，6親等の血族関係であったが，同居してはいなかった。

第1審は，被告人に懲役1年，執行猶予3年の有罪判決を言い渡した。被告人側から控訴がなされ，被告人とAは同居していない親族の関係にあるから，刑法244条により親告罪となりAの告訴を欠き公訴棄却の判決をすべきとの主張に対して原審は，「刑法244条1項が適用されるには，窃盗犯人と財物の占有者及び所有者双方との間に同条項所定の親族関係のあることが必要であ」り，窃盗犯人と財物の所有者との間には親族関係がないから，同条項後段の適用はない」として，控訴を棄却した。被告人側から上告がなされ，上告趣意において，判例（最判昭24・5・21刑集3巻6号858頁）違反などが主張された。最高裁の本決定は，掲記判例は事案を異にし本件に適切でないとして上告を棄却し，次のように判示している。

争点 親族相盗例（刑244条）が適用されるためには，誰と誰との間に親族関係が必要なのか。

決定要旨 「窃盗犯人が所有者以外の者の占有する財物を窃取した場合において，刑法244条1項が適用されるためには，同条1項所定の親族関係は，窃盗犯人と財物の占有者との間のみならず，所有者との間にも存することを要するものと解するのが相当であるから，これと同旨の見解に立ち，被告人と財物の所有者との間に右の親族関係が認められない本件には，同条1項後段は適用されないとした原判断は，正当である。」

解説 刑法244条1項は，窃盗罪および不動産侵奪罪が直系血族，配偶者および同居の親族の間で犯されたばあいには，その刑を免除し，2項は，これらの罪が1項に規定する親族以外の親族との間

で犯されたばあいには親告罪とする旨を規定し，3項は親族でない共犯者については1項・2項の規定を適用しない旨を定めている。このように，一定の親族の間で窃盗罪がおこなわれたばあいの特別の扱いを親族相盗例といい，これは詐欺罪・背任罪・恐喝罪および横領罪について準用される（251条・255条）。通説は，「法は家庭に入らず」という法思想を具体化したものが親族相盗例であり，「刑の免除」は，犯罪として成立するが刑罰を科さない（刑罰阻却事由）とする有罪判決の一種であると解する。親族相盗例が適用されるためには，誰と誰の間に親族関係が必要なのか，をめぐって見解の対立がある。通説は，行為者と所有者および占有者との間に存在する必要があると解する。「法律は家庭に入らず」という思想からすれば，目的物の所有者または占有者が親族でないばあい，事柄はすでに家庭外に波及しているので，本条は適用されない。

最高裁の判例は，当初，本条は，窃盗罪の直接の被害者である財物の占有者と犯人との関係についての規定であって，その所有権者と犯人との関係についての規定ではないと解していた（最判昭24・5・21刑集3巻6号858頁）。しかし，本決定は，窃盗犯人が所有者以外の者の占有する財物を窃取したばあいに，本条1項が適用されるためには，同項所定の親族関係は，窃盗犯人と財物の占有者との間だけでなく，所有者との間にも存在することを要すると解しているのである。すなわち，本決定は，「刑法244条1項が適用されるためには，同条1項所定の親族関係は，窃盗犯人と財物の占有者との間のみならず，所有者との間にも存することを要するものと解するのが相当である」と判示している。本決定は，窃盗犯人，占有者および所有者との間に親族関係が必要であることを明言している点に判例として重要な意義を有する。

最高裁の判例は，未成年者の祖母である未成年後見人について親族相盗例の適用を否定している（最決平20・2・18刑集62巻2号37頁）。この決定の事案は，家庭裁判所から選任された未成年後見人である被告人が，共犯者2名と共謀のうえ，後見の事務として業務上預かり保管中の未成年被後見人の貯金を引き出して横領したというものである。家庭裁判所の関与によって，家庭内の問題ではなくなっているのであるから，判例の立場は妥当であるとおもう。

28 不動産侵奪罪における「占有」の意義

最決平11・12・9（刑集53巻9号1117頁）

事実 Aは，本件土地・建物の所有者であるB工務店から，平成8年2月28日，本件地上建物の賃借権およびこれに付随する本件土地の利用権を取得し，同月下旬，その権利をCに譲り渡した。そのころ，B工務店は，代表者とその家族が行方をくらまし，事実上の廃業状態となっていたところ，建築解体業を営む被告人Xは，同年3月5日，Cから権利を買い受け，土地の引渡しを受けた後，これを廃棄物の集積場にしようと企て，そのころから同月30日までの間に，従業員Yとともに本件土地の上に建設廃材や廃プラスチック類などからなる廃棄物約8606.677㎡を，高さ約13.12mに堆積させて，容易に原状回復できないようにした。XおよびYは，不動産侵奪罪で起訴された。

第1審および原審は，不動産侵奪罪の成立を肯定したが，原判決はXが土地を占有していた時点でBは間接占有者として占有を有しており，XおよびYは，これを排除して土地を自己の占有に移転したとしている。

被告人側から上告がなされたが，本決定は，次のように判示して上告を棄却している。

争点 代表者が行方をくらまし事実上廃業状態の工務店所有の建物に対する賃借権とこれに付随する土地の利用権を有する者が，その土地に大量の廃棄物を堆積させ容易に原状回復できなくしたばあい，不動産侵奪罪が成立するか。

決定要旨 「B工務店は，代表者が行方をくらまして事実上廃業状態となり，本件土地を現実に支配管理することが困難な状態になったけれども，本件土地に対する占有を喪失していたとはいえず，また，被告人らは，本件土地についての一定の利用権を有するとはいえ，その利用権限を超えて地上に大量の廃棄物を堆積させ，容易に原状回復をすることが

できないようにして本件土地の利用価値を喪失させたというべきである。そうすると，被告人らは，B工務店の占有を排除して自己の支配下に移したものということができるから，被告人両名につき不動産侵奪罪の成立を認めた原判決の判断は，相当である。」

解説　不動産が窃盗罪の客体となり得るか，に関してかつて争いがあったが，昭和35年の刑法の一部改正によって不動産侵奪罪が新設されたので，これは立法的に解決された。すなわち，不動産については「窃盗」罪はみとめられず，不動産「侵奪」罪が成立し得ることとなったのである。通説・判例によれば，本罪は，不法領得の意思をもって他人の不動産を侵奪する行為を罰するものであるが，客体が不動産である点以外は，罪質・保護法益など窃盗罪のばあいと同じである。したがって，「侵奪」は，「取り去る」点を除いて「窃取」と内容的には同じであるとされている。そこで，侵奪といえるためには，不動産に対する「占有」の排除と取得とが必要である。

　本件においては，まず土地所有者であるB工務店に「占有」があるか否か，が問題となった。というのは，B工務店の代表者らは，「行方をくらまして事実上廃業状態となり，本件土地を現実に支配管理することが困難な状態」にあったからである。この点につき本決定は，「占有」を喪失していたとはいえないと判断している。学説上，代表者らが夜逃げしたとはいえ，債権者の追及をかわすための一時しのぎの方策にすぎず，なお法的に本件土地に対する事実上の支配を回復する手だては残されていることを根拠にして本決定の結論は支持されている。

　次に，本決定は，建物の賃借権とこれに付随する土地の利用権を有するにしても，その利用権限を超えて地上に大量の廃棄物を堆積させて容易に原状回復することができないようにする行為は，所有者の占有を排除して自己の支配下に移したものといえるから，本罪を構成するとしている。大量の廃棄物を土地に堆積させることによって容易に原状回復することをできなくするのは，土地の所有者の「占有」を「排除」して自らがそれを「取得」したことになるので，本決定の判断は妥当である。

29 不動産侵奪罪における「侵奪」の意義

最決平 12・12・15（刑集 54 巻 9 号 1049 頁）

事実 A不動産は，自己所有の土地を，転貸禁止，ただちに撤去可能な屋台営業だけをみとめるという条件で，Bに無償で貸し渡していたところ，Bは，鉄パイプの骨組みの上に角材を固定し，トタン板などで屋根を作り，ビニールシートを壁面とする仮設の店舗を構築した後，塩化ビニール樹脂の板を屋根にし，ビニールシートを壁面とするものに増築した（以下「本件施設」という）。本件施設で飲食業を営んでいたBは，その後，前述の条件でCに本件土地および本件施設を賃貸し，Cも本件施設で飲食業を営んだ後，被告人Xに前記条件を伝えて本件土地を賃貸し，本件施設とともに引き渡した。Xは，本件施設の骨組みを利用したうえで，コンクリートパネルを張って床面を作り，天井板を張り付けた天井や化粧ベニヤを張り付けた壁面で内部を区切って8個の個室を作り，各室にシャワーや便器を設置して，風俗営業のための本格的店舗を作った。

第1審および原審は，不動産侵奪罪の成立を肯定した。そこで被告人側から上告がなされ，上告趣意において，本件建物が堅固ではなく撤去の困難さは本件施設より格段に増したともいえないなどの主張がなされた。

最高裁の本決定は，次のように判示して上告を棄却している。

争点 ただちに撤去可能な屋台で営業するという条件で使用貸借中の他人の土地に仮設の店舗を構築した者から土地・店舗を転借し，その構造を異にし解体・撤去が困難な建物に改築する行為は，不動産の「侵奪」に当たるか。

決定要旨 「Bが本件土地上に構築した本件施設は，増築前のものは，A不動産との使用貸借契約の約旨に従ったものであることが明らかであり，また，増築後のものは，当初のものに比べて堅固さが増しているとはいうものの，増築の範囲が小規模なものである上，鉄パイプの骨組み

をビニールシートで覆うというその基本構造には変化がなかった。ところが，被告人が構築した本件建物は，本件施設の骨組みを利用したものではあるが，内壁，床面，天井を有し，シャワーや便器を設置した8個の個室からなる本格的店舗であり，本件施設とは大いに構造が異なる上，同施設に比べて解体・撤去の困難さも格段に増加していたというのであるから，被告人は，本件建物の構築により，所有者であるA不動産の本件土地に対する占有を新たに排除したものというべきである。したがって，被告人の行為について不動産侵奪罪が成立するとした原判断は，正当である。」

解説 本件においては，不動産侵奪罪（刑235条の2）にいう「侵奪」の存否が問題となった。侵奪とは，不法領得の意思をもって，不動産に対する他人の占有を排除し，これを自己または第3者の占有に移すことをいう（大阪高判昭40・12・17高刑集18巻7号877頁，大阪高判昭42・5・12高刑集20巻3号291頁など）。

侵奪の有無は，判例によれば，不動産の種類，占有侵害の方法，態様，占有期間の長短，原状回復の難易，占有排除および占有設定の意思の強弱，相手方に与えた損害の有無などを総合的に判断し，社会通念に従って決定すべきであるとされる。最高裁の判例は，公園予定地の一部の上に，無権限で，角材を土台として柱と屋根を取り付けて周囲をビニールシートなどで覆った簡易建物を作り，相当期間退去要求に応じなかったばあいは，本罪が成立するとしている（最判平12・12・15刑集54巻9号923頁）。

本件においては，所有者の重畳的占有をみとめたうえで，不動産の占有態様の事実的変更が動産に対する他人の共同占有を排除して単独占有に変更するものであるといえるのか，が問題となったのである。この点につき本決定は，使用貸借されている土地を所有者に無断で転借した行為者が，引渡しを受けた土地の上にある簡易施設を解体・撤去の困難さが格段に増した本格的店舗に改造したことを理由にして，侵奪があったとみとめている。

本決定は，肯定説の立場から判断を示したものであり，事例判例として重要な意義を有する。本件においては，不動産の占有状態に決定的変更を生じさせているので，本決定の判断は，結論的にも妥当である。

30 強盗罪における暴行・脅迫の意義

最判昭 23・11・18（刑集 2 巻 12 号 1614 頁）

事実　被告人 X・Y・Z は，共謀のうえ，被害者 A 方の裏勝手口から屋内に侵入し，X と Y は，それぞれ草刈鎌を，Z は，ナイフを被害者 A らに突き付け，「静かにしろ」「金を出せ」などと言って脅迫し A を畏怖させ同人から現金 3170 円，腕時計，懐中時計，ライターなど 40 数点を強奪した。

原審は強盗罪の成立をみとめた。被告人側から上告がなされ，上告趣意において弁護人は，「本件は未だ心身の自由を完全に制圧するに至らず十分被害者の心身の自由の余地を残して」いるので，強盗罪は成立しない旨を主張した。最高裁の本判決は，次のように判示して上告を棄却している。

争点　強盗罪における暴行・脅迫は，どのような内容を有するのか。被害者の精神および身体の自由を完全に制圧することを必要とするのか。

判旨　「強盗罪の成立には被告人が社会通念上被害者の反抗を抑圧するに足る暴行又は脅迫を加え，それに因って被害者から財物を強取した事実が存すれば足りるのであって，所論のごとく被害者が被告人の暴行脅迫に因ってその精神及び身体の自由を完全に制圧されることを必要としない。そして原審は……被告人等が判示午前 1 時頃屋内に侵入し，被告人 X 及び Y はそれぞれ草刈鎌を，被告人 Z はナイフを被害者 A 等に突付交々『静にしろ』『金を出せ』等言って脅迫し，同人を畏怖させ，その所有の現金 3170 円，腕時計，懐中時計，ライター等 40 数点を強奪しと判示して，被告人等が社会通念上被害者の反抗を抑圧するに足る脅迫を加え，これに因って被害者が畏怖した事実をも明に説示して，手段たる脅迫と財物の強取との間に因果関係の存することをも認定しているから，これに対し刑法第 249 条を適用せずに同法第 236 条第 1 項を適用したのは正当であって，原判決には所論のように法律の適用を誤った違反はない。」

解説 強盗罪は，財産犯であると同時に，他人の生命・身体・自由・生活の平穏などを害する要素を含む攻撃犯・暴力犯でもある。この点で窃盗罪とは罪質を異にする。そして，強盗罪は，手段および客体の範囲について恐喝罪と共通するが，暴行・脅迫の程度において異なる。

刑法上，暴行には①最広義の暴行，②広義の暴行，③狭義の暴行および④最狭義の暴行がある。強盗罪における暴行は，④最狭義の暴行であり，「人の身体に向けられ，しかも人の反抗を抑圧する程度の不法な有形力の行使」を意味する。脅迫には①広義の脅迫，②狭義の脅迫および③最狭義の脅迫がある。強盗罪における脅迫は，③最狭義の脅迫であり，何らかの害悪の告知で相手方の反抗を抑圧するに足りる程度のものを意味する。

本件において，強盗罪の成立要件である暴行・脅迫の意義が問題となった。本判決は，強盗罪が成立するためには，社会通念上，「被害者の反抗を抑圧するに足る暴行又は脅迫」を加え，それによって被害者から財物を強取した事実が存在すれば足り，必ずしも被害者が被告人の暴行脅迫によって「その精神及び身体の自由を完全に制圧されること」は必要ではないとする。これは，暴行・脅迫に関して，社会通念上，被害者の「反抗を抑圧」するに足りる「程度」のものであることが必要であり，かつそれで足りるとするものである。この立場は妥当であり，通説によって支持されている。

本判決は，強盗罪における暴行・脅迫の意義を明示し，その判断基準を「社会通念」に求めている点において，判例上重要な意義を有する。このような判例の立場によれば，暴行または脅迫を加えて財物を奪取したばあいに，それが恐喝罪となるか強盗罪となるかは，その暴行または脅迫が，社会通念上，一般に被害者の反抗を抑圧するに足りる程度のものかどうか，という客観的基準によって決せられることになるのであって，具体的事案の被害者の主観を基準としてその被害者の反抗を抑圧する程度であったかどうか，ということによって決せられるのではない。したがって，深夜，被害者方において匕首を示して脅迫し金品を奪取したばあい，たまたま被害者の反抗を抑圧する程度に至らなかったとしても，恐喝罪ではなく強盗既遂罪が成立することになる（最判昭24・2・8刑集3巻2号75頁）。

31 2項強盗における不法の利得の意義

最判昭 32・9・13（刑集 11 巻 9 号 2263 頁）

事実 被告人 X は，A から計 11 万円を借り受けるとともに，A から委任され取り立てた金銭を A に返済しなかったので，A が不信を抱き，再三その返済を督促したため，X は虚言を弄してかわしていた。X は，返済の手段がなかったので，貸借につき証書もなく内容が明らかでないこと，A が死亡すれば X 以外にその詳細を知る者がいないことから，A を殺害して債務の履行を免れようと企て，X の誘いに応じて出て来た A の頭部などを薪様の凶器で殴打し重傷を負わせたが，殺害の目的を遂げなかった。

第 1 審は，2 項強盗殺人罪の成立をみとめた。被告人側から控訴がなされ，原審は，量刑不当で原判決を破棄したが，2 項強盗殺人未遂罪の成立を肯定した。被告人側から上告がなされ，上告趣意において，被害者による処分行為を必要とする大判明 43・6・17（刑録 16 輯 1210 頁）に違反するとの主張がなされたが，最高裁の本判決は，次のように判示して上告を棄却している。

争点 2 項強盗罪（強盗利得罪）が成立するためには，被害者による財産上の処分が必要なのか。債務の支払いを免れる目的で債権者を殺害する行為に及んだばあい，2 項強盗殺人未遂罪が成立するか。

判旨 「236 条 2 項の罪は 1 項の罪と同じく処罰すべきものと規定され 1 項の罪とは不法利得と財物取得とを異にする外，その構成要件に何らの差異がなく，1 項の罪におけると同じく相手方の反抗を抑圧すべき暴行，脅迫の手段を用いて財産上不法利得するをもって足り，必ずしも相手方の意思による処分行為を強制することを要するものではない。犯人が債務の支払を免れる目的をもって債権者に対しその反抗を抑圧すべき暴行，脅迫を加え，債権者をして支払の請求をしない旨を表示せしめて支払を免れた場合であると，右の手段により債権者をして事実上支払の請求をすることができない状態に陥らしめて支払を免れた場合であるとを問わず，ひとしく右 236 条 2 項の不法利得罪を構

成するものと解すべきである。この意味において……〔大審院〕明治43年判例は変更されるべきである。」

解説 2項強盗罪（強盗利得罪）の行為は，暴行または脅迫を用いて財産上不法な利益を得，または他人にこれを得させることである。本件において財産上不法の利益を取得するについて，つねに被害者の処分行為を必要とするか，が問題となった。この点に関して，積極説は，財物の強取が所持の移転によって成立するのと同様に，利益取得にあっても，利益が被害者の支配から他に移転したとみとめられるべき外部的事実として被害者による処分行為が必要であると主張している。しかし，本判決は，強取罪と利得罪とは財物の強取と財産の不法利得が異なるだけであるから，強取罪が被害者の処分行為を要件としていない以上，利得罪についても同様に解されなければならないとする。

判例は，当初，積極説の立場に立って債権者を殺害しても処分行為がないから強盗殺人罪ではなく殺人罪が成立するにすぎないとした（大判明43・6・17刑録16輯1210頁）。すなわち，大審院の判例は，強盗利得罪の成立には，暴行・脅迫により財産上不法の利益を得るために，「他人に財産上の処分（作為又は不作為を含む）を強制することを要」するのであり，「債務者が債務の履行を免るる目的を以て単に債権者を殺害する行為の如きは同条項の強盗罪を以て論ずることを得」ないと判示し，強盗利得罪の成立にも，被害者の処分行為を要求したのである。しかし，最高裁の本判決は，これを変更し処分行為を不要として強盗殺人罪の成立をみとめたのである。暴行・脅迫が相手方の反抗を抑圧する程度のものであることを要するので，相手方が意思表示できない程度に抑圧されるばあい，相手方の意思表示を不可能にして財物を奪取するところに強取罪の本質がある以上，利得罪についても同じことがいえるのであり，この立場は妥当である。

本判決は，債務を免れる目的で債権者を殺害する行為に出たばあいに，被害者による財産上の処分行為がなくても2項強盗殺人未遂罪をみとめた点において，最高裁として初めて処分行為不要説をとることを明らかにした重要判例である。

32 事後強盗罪の成否

最判平 16・12・10（刑集 58 巻 9 号 1047 頁）

事実 被告人Xは，金品を窃取する目的で，平成15年1月27日午後0時50分ころ，A方住宅に，1階居間の掃き出し窓から侵入し，居間で現金などの入った財布および封筒を窃取して数分後に玄関扉の施錠を外して戸外に出て，誰からも追跡されずに自転車で約1km離れた公園に行った。Xは，同公園で盗んだ現金を数えたところ，3万円余りしかなかったので，再度A方に盗みに入ることにして引き返し，午後1時20分ころ，A方玄関の扉を開けた際，室内に家人がいると気づき，門扉外の駐車場に出たが，帰宅していた家人のBに発見され，逮捕を免れるため，ポケットからボウイナイフを取り出し，Bに刃先を示し，左右に振って近づき，Bがひるんで後退したすきを見て逃走した。

第1審は，事後強盗罪の成立をみとめたので，被告人側から控訴がなされた。原審も，同罪の成立をみとめ控訴を棄却した。さらに被告人側から上告がなされ，上告趣意において，脅迫は窃盗の機会の継続中になされたものではないとの主張がなされたが，最高裁の本判決は，次のように判示して原判決を破棄し原審に差し戻している。

争点 窃盗犯人が犯行現場から離れた後，再度窃盗目的で現場に戻ったばあい，事後強盗罪における「窃盗の機会」は，継続しているといえるか。

判旨 「上記事実によれば，被告人は，財布等を窃取した後，だれからも発見，追跡されることなく，いったん犯行現場を離れ，ある程度の時間を過ごしており，この間に，被告人が被害者等から容易に発見されて，財物を取り返され，あるいは逮捕され得る状況はなくなったものというべきである。そうすると，被告人が，その後に，再度窃盗をする目的で犯行現場に戻ったとしても，その際に行われた上記脅迫が，窃盗の機会の継続中に行われたものということはできない。」

解説 本件においては、窃盗犯人が犯行現場から逃走した後、ふたたび窃盗目的で現場にもどった際、家人に見つかったので、逮捕を免れるために脅迫を加えたばあいに、事後強盗罪が成立するか否か、が問題となった。つまり、このばあいの脅迫は、「窃盗の機会」になされたものといえるか否か、が問題となったのである。

　事後強盗罪の行為は、財物を取り返されることを防ぐため、逮捕を免れるため、または罪跡を隠滅するために、暴行または脅迫をすることである。暴行・脅迫は、「窃盗の機会」におこなわれることが必要であり、時間的・場所的に窃盗行為に接着した範囲内でおこなわれることを要する。したがって、時間的・場所的に多少の離隔があっても、犯人が犯行現場から引き続き追跡されているなど、時間的・場所的に継続的延長があるとみとめられる状況のもとで暴行・脅迫がおこなわれたばあいには、事後強盗罪が成立することになる。

　「窃盗の機会」の継続性について最高裁は、窃取後も被害者宅の天井裏に3時間潜んでいた犯人が警察官に暴行・傷害を加えた事案につき、「被害者等から容易に発見されて、財物を取り返され、あるいは逮捕され得る状況が継続していた」として、事後強盗（強盗致傷）罪の成立をみとめている（最決平14・2・14刑集56巻2号86頁）。

　本判決は、窃盗犯人が、住居侵入窃盗後、犯行現場から離れ、30分後、さらに同一住宅に侵入窃盗をおこなう意図で玄関扉を開けた時に、帰宅していた家人がこれに気付いて門扉外の駐車場まで追跡して来たので、所携のナイフでその家人を脅して逃走したばあい、その脅迫行為は窃盗の機会の継続中におこなわれたものとはいえないので、本罪は成立しないと判示している。すなわち、これは、財布などを窃取した後、誰からも発見、追跡されることなく、いったん犯行現場を離れ、ある程度の時間が経過していることを理由に、窃盗行為は終了したと解するものである。したがって、「窃盗の機会の継続中」とはいえないことになる。この判断は妥当である。

　本判決は、最高裁の平成14年決定が示した判断基準を引き継いで、いわゆる「現場回帰型」の事案について判断を示した事例判例として重要な意義を有する。

33 事後強盗罪の予備

最決昭 54・11・19（刑集 33 巻 7 号 710 頁）

事実 被告人Xは，勤めていた会社を退職後，職がなく，蓄えも底をつき生活に窮したため，事務所などに忍び込んで窃盗をし，もし誰かに発見されたばあいには，その者に脅迫を加え，金品を得るか，もしくは逮捕，盗品の取り返しを免れることを計画し，そのための凶器として，刃体の長さ約 14.5cm の登山ナイフおよび模造拳銃を，窃盗のために使用するドライバー，ガラス切り，懐中電灯，面相をかくすためのサングラスなどの道具とともにアタッシュケースに入れて携帯し，深夜都心のビル街の路上を侵入すべき事務所などを物色しながら徘徊していた。

第 1 審は，強盗予備罪の成立をみとめ，Xに懲役 6 月，執行猶予 2 年の刑を言い渡した。被告人側から控訴がなされ，原審は，上記の事実のうち，Xの凶器携帯の目的について，いわゆる居直り強盗に係る部分に関しては消極的に解し，事後強盗目的の予備罪のみの成立を肯定した。

被告人側から上告がなされ，上告趣意において，強盗目的の確定性に関する原審事実認定の誤りのほか，事後強盗目的の予備が刑法 237 条の予備に含まれない旨の主張がなされたが，本決定は，なお書きで次のように判示して上告を棄却している。

争点 強盗予備罪における「強盗の目的」は，事後強盗をおこなう目的を含むか。

決定要旨 「なお，刑法 237 条にいう『強盗ノ目的』には，同法 238 条に規定する準強盗を目的とする場合を含むと解すべきであって，これと同旨の原判断は正当である。」

解説　本件においては，事後強盗目的の予備罪の成否が問題となった。具体的には，強盗予備罪における「強盗の目的」に 238 条に規定する事後強盗を目的とするばあいを含むか否か，が問題となったのである。

　刑法 237 条は，強盗の目的で予備をおこなった者を処罰している。本条に規定されている「強盗の罪を犯す目的で，その予備をした」とは，強盗の実行を決意して，その実行行為をおこなう準備をしたことをいう。たとえば，強盗を共謀して出刃包丁，刺身包丁，ジャックナイフ，懐中電灯を買い求め，これを携えて徘徊する行為（最判昭 24・12・24 刑集 3 巻 12 号 2088 頁）などが，これに当たる。

　本件においては，前述のとおり，「強盗の目的」には，事後強盗の目的をも含まれるか否か，が争われた。この点について本決定は，事後強盗罪に関してこれを肯定している。しかし，その理由については，まったく触れられていない。判例の立場を支持する肯定説は，強盗と事後強盗とは，構成要件上，いずれも財物の奪取および暴行・脅迫を含んでいて犯罪類型が近似しており，現象的にも類似し，危険性の程度にもほとんど差がないこと，条文の配列，および，「強盗として論ずる」という文言をその論拠としてあげている。

　これに対して，否定説は，条文の配列上も，他の予備罪において，後に規定された犯罪の予備を処罰するものはないこと，事後強盗は，暴行・脅迫をした際に，行為者が窃盗犯人であることを要求される犯罪であること，「強盗の目的」は確定的でなければならないが，事後強盗のばあいには，暴行・脅迫の意図は，第 2 次的で不確定的であることを論拠としてあげている。強盗の目的は確定的であることを要するか否か，が争われているので，これを検討する必要がある。この点につき，強盗の目的は確定的な認識を必要とする説と予備罪の目的を基本犯罪の故意と解し，強盗予備罪の目的は未必の意図で足りるとする説に分かれる。主観的違法要素としての目的は，故意とは異なって確定的でなければならないと解すべきである。このように見てくると，わたくしは，否定説が妥当であると考えている。

34 逃走中の暴行と強盗致死傷

最判昭24・5・28（刑集3巻6号873頁）

事実　被告人Xは，他の4名と金品を強取することを共謀し，日本刀などの凶器をそれぞれ準備して，某日午前1時半頃A宅の表入口横の窓から屋内に侵入し，他の1名とともに奥6畳間で就寝中のAの長男B（当時19歳）と次男C（当時16歳）を起こし所携の日本刀を突きつけ脅迫し，他の3名は匕首（あいくち）などの凶器を携えて表6畳の間に入ってAを起こし，出刃包丁や刺身包丁を突きつけ脅迫して，反抗を抑圧して金銭を強奪しようとした。ところが，Aが救いを求めて戸外に脱出し，その妻Dらも騒ぎ立てたため，金銭奪取の目的は達成できず，他の共犯者が逃走を始めたので，Xも逃走しようとした際，逮捕される危険を感じて，同宅表入口付近で，Xを追って来たBとCの下腹部を日本刀で突き刺し両名を死亡させた。

　原審は，240条を適用してXに死刑を言い渡した。被告人側から上告がなされ，上告趣意において，殺人がおこなわれた場所は強盗現場とはいえず，殺意をもって被害者を突き刺していないから，強盗未遂と傷害致死とすべきであるとの主張がなされた。最高裁の本判決は，次のように判示して上告を棄却している。

争点　強盗犯人が，逃走し追跡して来た者を表入口付近で殺害したばあい，強盗の「機会」になされたものとして，強盗殺人罪の成立をみとめることができるか。

判旨　「刑法第240条後段の強盗殺人罪は強盗犯人が強盗をなす機会において他人を殺害することにより成立する罪である。原判決の摘示した事実によれば，家人が騒ぎ立てたため他の共犯者が逃走したので被告人も逃走しようとしたところ同家表入口附近で被告人に追跡して来た被害者両名の下腹部を日本刀で突刺し死に至らしめたというのである。即ち殺害の場所は同家表入口附近といって屋内か屋外か判文上明

> でないが，強盗行為が終了して別の機会に被害者両名を殺害したものではなく，本件強盗の機会に殺害したことは明である。然らば原判決が刑法第240条に問擬したのは正当であって所論のような違法はない。」

解説　本件においては，まず，強盗殺人罪のばあい，死亡の結果は強盗の手段としてなされた行為から生じたことを要するか否か，が問題となった。この点について学説は，手段説（限定説）と機会説に分かれている。手段説は，刑法上，本罪と法定刑を同じくする強盗強姦致死傷罪（241条）が別個の類型とされているので，致死傷の結果は強盗の手段である行為から生じたことを要すると解する。機会説は，致死傷の原因である行為が強盗の機会におこなわれれば足りると解する。

本判決は，強盗殺人罪が成立するためには，強盗犯人が強盗の「機会」に殺害することで足りる旨を判示して，手段説を排斥して機会説をとることを明示している。すなわち，判例・通説によれば，強盗致傷罪は，強盗犯人が「強盗の機会」に人に傷害を負わせたり死亡させたりすることによって成立し，それが財物強取の手段としておこなわれることを要しない。強盗の機会には致死傷のような残虐な行為を伴うことが少なくないから，これを重い情状となし，この行為がいかなる目的でなされたとしても重く処罰する趣旨であるとされる（大判昭6・10・29刑集10巻511頁）。

次に，本件においては，「強盗の機会」とは「強盗の現場」であることを要するか否か，が問題となった。この点につき，同一の「機会」といえるためには，時間的・場所的近接性があれば足りると解される。本判決は，強盗犯人が逃走しようとした際に，追跡して来た被害者を日本刀で突き刺し死亡させたばあい，強盗行為が終了して別の機会に殺害したものではなく，強盗の機会に殺害したものであるとしている。これは，妥当な結論であるといえる。これに対して，前日に岡山県で強盗によって得た財物を船で運搬し，神戸で陸揚げしようとした際に，巡査に発見され，逮捕を免れるため暴行を加えて傷害を負わせたばあいには，強盗の機会とはいえず強盗致傷罪は成立しないとされている（最判昭32・7・18刑集11巻7号1861頁）。

35 強盗殺人罪の未遂

大判昭4・5・16（刑集8巻251頁）

事実 被告人Xは、犯意を継続して、①大正15年11月5日午前零時過ぎころ、窃盗の目的で大阪市内のA方に侵入して、Aの妻Bの枕許において、金品を物色中、Bが目を覚ました気配があったので、Bらを殺害して金品を強取しようと決意し、携帯してきた工具でBおよびAの頭部を乱打し、両人が死亡したものと思い、A所有の現金を強取したが、いずれも殺害の目的を遂げず、②昭和2年7月6日午後11時過ぎころ、窃盗の目的で同市内のC方に侵入して金品を物色している際に、Cに気づかれたと思い、Cを殺害して金品を強取することを決意し、木ぎれでCの頭部を乱打するなどして布のきれはしでCの頸部を締め、左頭頂部打撲傷によりCを死亡させたが、金品を発見できず強取は失敗した。

原審は、①の現金の強取と殺害行為につき強盗殺人未遂罪、②の殺害行為につき強盗殺人罪の成立をそれぞれみとめ、両者を連続犯（刑法旧55条）とし、被告人を死刑に処した。被告人側から上告がなされ、上告趣意において、②の事実に関して、強盗が人を殺害し財物強取が未遂に終わったばあいも、刑法240条の未遂であるとの主張がなされた。大審院の本判決は、次のように判示して上告を棄却している。

争点 強盗殺人が殺意を有するばあい、財物奪取の有無にかかわらず、殺害結果の存否により強盗殺人罪または同未遂罪のみが成立するのか。

判旨 「財物強取の手段として人を殺害したるときは、刑法第240条後段の犯罪成立するものにして財物を得たりや否やは其の犯罪の構成に関係なきものとす。蓋し同条後段は、強盗の要件たる暴行脅迫を加うる行為に因り相手方の生命を害することあるべきが故に、強盗、故意に又は故意なくして人を死に致す場合を予想し之が処罰規定を設けたるものにして、同条後段の罪の未遂たる場合は、強盗、故意に人を死に

> 致さんとして遂げざるときに於て之を認むるを得べく、財物を得たるや否やは同条の構成要件に属せざるものと解するを相当とすればなり。然らば原判決は、被告人の判示第2の行為を刑法第240条後段にのみ問擬したるは正当にして所論の如き擬律を誤りたる違法あることなし。」

解説 本件においては、強盗殺人罪および同未遂罪の要件が問題となった。240条の文言は、結果的加重犯としての強盗致死傷罪だけを含んであるように見えるので、殺傷の点について故意があるばあいの適用条文が問題となる。本条について未遂罪を処罰する規定があり（243条）、かりに240条が純然たる結果的加重犯だけを規定していると解すると、結果的加重犯の未遂があり得ない以上、無意味な規定となる。したがって、240条は故意があるばあいを包含すると解するのが妥当である。

当初、判例は、強盗殺人には240条後段一罪だけの成立をみとめていた（大判明42・6・8刑録15輯728頁）。しかし、一転して判例は、強盗殺人につき強盗致死罪と殺人罪との牽連犯（大判明43・5・1刑録16輯1012頁）または両者の観念的競合（大判大4・2・26刑録21輯164頁）と解するに至った。その後再び見解を改め、「本罪は強盗罪と殺人罪との結合罪又は強盗罪と傷害致死罪との結合罪に外なら」ないので、強盗殺人行為は240条後段だけの適用をうけるのであって、さらに199条を適用されることはないとした（大判大11・12・22刑集1巻815頁）。本判決も、強盗犯人に殺意があるばあい、財物奪取の有無にかかわらず、強盗殺人未遂罪の成立をみとめている。

最高裁判所もこの見解をとっている（最判昭32・8・1刑集11巻8号2065頁）。後段に殺意があるばあいを含ませている以上、判例は、前段に傷害の故意があるばあいも含まれると解していることになり、前段・後段ともに結果的加重犯と故意犯の両者を包含すると解しているのである。

強盗致死傷罪は、財産よりも人の生命・身体の安全を保護することに重点がおかれているので、人の死傷を故意に惹き起こしたばあいには、そうでないばあいよりも重く処罰されるべきであるから、判例・通説の立場が妥当である。

36 詐欺罪と財産上の損害（1）

最決昭34・9・28（刑集13巻11号2993頁）

事実 医師でなく，電気医療器販売につき県知事の指定を受けていないXは，昭和33年1月から3月にかけて，13回にわたり17名の者にドル・バイブレーターを貸し付けまたは売却し，その対価としてそれぞれ2200円ないし2400円を取得した。そのバイブレーターは，市販され容易に入手できる時価約1500円程度の普通の電気アンマ器であったが，Xは，それは一般には入手困難な中風や小児麻痺に特効のある新しい特殊治療器で，高価なものであるとの虚偽の事実を告知して被害者をその旨誤信させ，上記器具の貸付けまたは売却名義の下に現金の交付を受けた。

第1審は，詐欺罪の成立をみとめXを懲役10月に処した。被告人側から控訴がなされたが，原審はこれを棄却した。さらに被告人側から上告がなされた。最高裁の本決定は，上告を棄却したが，なお書きで次のように判示している。

争点 行為者が商品の効能を偽って被害者を欺いたうえ，価格相当の商品を提供したばあい，詐欺罪が成立するか。

決定要旨 「たとえ価格相当の商品を提供したとしても，事実を告知するときは相手方が金員を交付しないような場合において，ことさら商品の効能などにつき真実に反する誇大な事実を告知して相手方を誤信させ，金員の交付を受けた場合は，詐欺罪が成立する。そして本件の各ドル・バイブレーターが所論のようにD型で，その小売価格が2100円であったとしても，原判決の是認した第1審判決が確定した事実によると，被告人は判示H外16名に対し判示のごとき虚構の事実を申し向けて誤信させ，同人らから右各ドル・バイブレーターの売買，保証金などの名義のもとに判示各現金の交付を受けたというのであるから，被告人の本件各所為が詐欺罪を構成するとした原判示は正当に帰する。」

解説 本件においては、虚偽の事実を申し向けて相手方を欺いたうえで、価格相当の商品を提供して代金を受領したばあいに、詐欺罪が成立するか否か、が問題になった。すなわち、このようなばあいに、「財産的損害」が発生したかどうか、が問題になったのである。

詐欺罪は、財産犯であるから、それが成立するためには「財産的損害」の発生が必要である。他人を欺いてその者から財物の交付を受けて時価相当額を対価として支払ったばあい、欺かれた者には財産上の損害は生じていないのではないか、という疑問が生ずる。

本件においては、上述のように、行為者は価格相当の商品を提供しているので、財産的損害の存否が問題となった。これは、財産上の損害の意義の問題であり、この点に関して、学説は、次のように分かれている。すなわち、①損害を全体財産の減少と考え、損害と利益とは表裏の関係にあるとする説、②詐取・利益の対象となった財物または財産上の利益そのものの喪失と考える説、③詐欺罪が個別財産に対する罪（1項）と全体財産に対する罪（2項）とを含むものであるという認識を前提として、1項詐欺では財物の喪失自体を損害と考える説が主張されているのである。相手方に相当な対価を支払ったばあい、①説によれば詐欺罪は成立しないが、②説・③説によれば詐欺罪が成立することになる。

本決定は、この点につき詐欺罪の成立を肯定している。その欺く行為がなかったならば、欺かれた者が財物を交付しなかったであろうばあいに、欺いてその財物を交付させたのであるから、その財物の交付自体が財産上の損害であるとして、詐欺罪の成立をみとめている。すなわち、本決定は、「事実を告知するときは相手方が金員を交付しないような場合において、ことさら商品の効能などにつき真実に反する誇大な事実を告知して相手方を誤信させ、金員の交付を受けた場合」は、「たとえ価格相当の商品を提供したとしても」詐欺罪が成立すると判示しているのである。これは、価格相当の商品を提供したばあいであっても、代金の交付それ自体が「財産的損害」であると解するものである。被害者は代金を交付したことによって金銭の利用権能を失ったのであるから、本決定の立場は妥当である。

37 詐欺罪と財産上の損害（2）

最判平 13・7・19（刑集 55 巻 5 号 371 頁）

【事実】建築請負会社の現場責任者である被告人 X と主任技術者である Y は，大阪府から請け負ったくい打ち工事に関して，工事代金の支払いを受けるためには府の検査員による完成検査を受け検査調書を作成させなければならなかったが，実際は正規に処理した量が約 45㎥ にとどまるのに 525㎥ を正規に処理したとする内容虚偽の建設業汚泥排水処理券を府の検査員に提出し，工事が適正におこなわれた旨の検査調書を作成させて，府から工事代金 7288 万円の交付を受けた。X と Y は，1 項詐欺罪で起訴された。

第 1 審は，X および Y は内容虚偽の処理券を提出して工事代金の支払時期を不当に早めたとして 1 項詐欺罪の成立をみとめた。

被告人側から控訴がなされ，原審は，不法投棄の事実をみとめたうえで，請負代金が減額されるべきであったのに X・Y は過大な代金を受け取ったとして 1 項詐欺罪の成立を肯定して控訴を棄却した。被告人側から上告がなされた。

最高裁の本判決は，本件請負契約によれば，発注者に請負代金の減額請求権は発生しないので，減額請求できることを前提とした原判決は是認できないとしたうえで，次のように判示して第 1 審判決も否定し原判決を破棄して差し戻している。

【争点】本来受領する権利を有する者が欺罔手段を用いて不当に早く受領したばあいに，詐欺罪が成立するのはどういうときか。

【判旨】「請負人が本来受領する権利を有する請負代金を欺罔手段を用いて不当に早く受領した場合には，その代金全額について刑法 246 条 1 項の詐欺罪が成立することがあるが，本来受領する権利を有する請負代金を不当に早く受領したことをもって詐欺罪が成立するというために

は，欺罔手段を用いなかった場合に得られたであろう請負代金の支払とは社会通念上別個の支払に当たるといい得る程度の期間支払時期を早めたものであることを要する」ところ，第1審判決は，「内容虚偽の処理券を提出したことにより，これを提出しなかった場合と比較して，工事完成払金の支払時期をどの程度早めたかを認定していないから，詐欺罪の成立を認める場合の判示として不十分である。」

解説 本件においては，「本来受領する権利を有する請負代金を欺罔手段を用いて不当に早く受領した」ことにより詐欺罪が成立するかどうか，が問題となった。具体的には，仮に正規に処理された汚泥の量について大阪府に対して真実を告げたとすれば，府の汚泥処理の予想量をはるかに下回っていたので，不法投棄をおこなったのではないかという疑念が生じて調査がなされ，その結果，工事の完成検査が遅れてしまい工事完成払金に支払い時期も遅れてしまったのではないか，が問題となったのである。

判例および通説は，欺かれた者が真実を知っていたとすれば財物を交付しなかったといえるばあいには，その財物の交付自体が財産的損害であるとして，1項詐欺罪の成立をみとめる（最判昭34・9・28刑集13巻11号2993頁）。このような立場に立てば，財物を受け取る権利を有する者が，他人を欺くことによって，本来ならば交付されない時期に早く財物の受領したばあいは，被欺罔者が真実を知っていればその時期には交付しなかったといえるので，詐欺罪が成立することになる。すなわち，本来の支払い時期を不当に早めることは，支払い義務者の期限の利益を失わせることとなって，そこに財産上の損害が発生したと評価されるのである。本判決は，この立場をとるものであって，妥当である。

次に，どういうばあいに「不当に早く受領した」ことになるかが問題となるが，この点について，本判決は，「社会通念上別個の支払に当たるといい得る程度の期間支払時期を早めた」か否か，という基準を提示している。このような基準を明確に提示している点において，本判決は，判例として重要な意義を有する。

38 誤振込みと詐欺罪

最決平 15・3・12（刑集 57 巻 3 号 322 頁）

事実 税理士Ａは，被告人Ｘを含む顧問先からの顧問料などの取立てを集金業務代行業者Ｂ株式会社に委託しており，Ｂは，顧問先の預金口座から自動引落しの方法で顧問料などを集金し，これを一括してＡの指定預金口座に振込送金していた。Ａの妻が，誤って振込送金先をＸ名義の普通預金口座に変更する旨の届出をしたため，Ｂは，集金した顧問料など合計 75 万 31 円をＸの口座に振り込んだ。Ｘは，通帳の記載からＢが誤振込みをしたことを知ったが，これを自己の借金の返済に充てようと考え，銀行窓口係員に対し，誤振込みがあった旨を告げずに，残高が 92 万円余りとなっていた預金のうち 88 万円の払戻しの請求をし，交付を受けた。

第 1 審および原審は，Ｘにつき詐欺罪の成立をみとめた。被告人側から上告がなされ，最高裁の本決定は，次のように判示して上告を棄却している。

争点 誤って自己の銀行口座に受け取る権限のない金銭を振り込まれた者が，銀行員にそのことを告知せずに払戻しを受けたばあい，詐欺罪が成立するか。

決定要旨 「本件において，振込依頼人と受取人である被告人との間に振込みの原因となる法律関係は存在しないが，このような振込みであっても，受取人である被告人と振込先の銀行との間に振込金額相当の普通預金契約が成立し，被告人は，銀行に対し，上記金額相当の普通預金債権を取得する（最高裁平成 4 年(オ)第 413 号同 8 年 4 月 26 日第二小法廷判決・民集 50 巻 5 号 1267 頁参照）。

しかし他方，記録によれば，銀行実務では，振込先の口座を誤って振込依頼をした振込依頼人からの申出があれば，受取人の預金口座への入金処理が完了している場合であっても，受取人の承諾を得て振込依頼前の状態に戻す，組戻しという手続が採られている。また，受取人から誤った振込みがある旨の指摘があった場合にも，自行の入金処

理に誤りがなかったかどうかを確認する一方，振込依頼先の銀行及び同銀行を通じて振込依頼人に対し，当該振込みの過誤の有無に関する照会を行うなどの措置が講じられている。」

「銀行にとって，払戻請求を受けた預金が誤った振込みによるものか否かは，直ちにその支払に応ずるか否かを決する上で重要な事柄であるといわなければならない。これを受取人の立場から見れば，受取人においても，銀行との間で普通預金取引契約に基づき継続的な預金取引を行っている者として，自己の口座に誤った振込みがあることを知った場合には，銀行に上記の措置を講じさせるため，誤った振込みがあった旨を銀行に告知すべき信義則上の義務があると解される。社会生活上の条理からしても，誤った振込みについては，受取人において，これを振込依頼人等に返還しなければならず，誤った振込金額相当分を最終的に自己のものとすべき実質的な権利はないのであるから，上記の告知義務があることを知った受取人が，その情を秘して預金の払戻しを請求することは，詐欺罪の欺罔行為に当たり，また，誤った振込みの有無に関する錯誤は同罪の錯誤に当たるというべきであるから，錯誤に陥った銀行窓口係員から受取人が預金の払戻しを受けた場合には，詐欺罪が成立する。」

解説 本件においては，誤振込みがあった旨を告げずに払戻し請求をして交付を受けたばあいに詐欺罪が成立するか否か，が問題となった。本決定は，誤振込みであっても，受取人は，銀行に対し，上記金額相当の普通預金債権を取得することをみとめ，銀行にとって，払戻請求を受けた預金が誤った振込みによるものか否かは「重要な事柄」であり，受取人は，「誤った振込みがあった旨を銀行に告知すべき信義則上の義務がある」とする。そうすると，誤振込みを知った受取人が，「その情を秘して預金の払戻しを請求することは，詐欺罪の欺罔行為に当たり，また，誤った振込みの有無に関する錯誤は同罪の錯誤に当たるというべきであるから，錯誤に陥った銀行窓口係員から受取人が預金の払戻しを受けた場合には，詐欺罪が成立する」と判示している。これは，不作為による詐欺罪の成立をみとめるものであり，妥当である。誤振込みにつき CD 機を使用したばあいは，窃盗罪が成立する（東京高判平 6・9・12 判時 1545 号 113 頁）。

39 無銭飲食・宿泊

最決昭 30・7・7（刑集 9 巻 9 号 1856 頁）

事実 被告人Ｘは，所持金がなく代金を支払う意思もないにもかかわらず，それがあるかのように装って，料亭Ａに昭和 27 年 9 月 20 日から同月 22 日まで宿泊し，飲食 3 回をおこない，その後，自動車で帰宅する知人を見送ると嘘を言ってＡの店先に出てそのまま逃走し，合計 3 万 2290 円の代金の支払いを免れた。Ｘは，2 項詐欺罪で起訴された。

第 1 審は，2 項詐欺罪の成立をみとめてＸを懲役 6 月に処した。被告人側から控訴がなされたが，原審も，2 項詐欺罪の成立を肯定し控訴を棄却した。被告人から上告がなされたが，最高裁の本決定は，次のように判示して上告を棄却している。

争点 所持金のない行為者が，①料亭に宿泊・飲食後，知人を見送ると欺いて店外に出て逃走したばあい，②店主を欺いて宿泊・飲食したばあい，それぞれ 2 項詐欺罪・1 項詐欺罪が成立するか。

決定要旨「刑法 246 条 2 項にいわゆる『財産上不法の利益を得』とは，同法 236 条 2 項のそれとはその趣を異にし，すべて相手方の意思によって財産上不法の利益を得る場合をいうものである。従って，詐欺罪で得た財産上不法の利益が，債務の支払を免れたことであるとするには，相手方たる債権者を欺罔して債務免除の意思表示をなさしめることを要するものであって，単に逃走して事実上支払をしなかっただけで足りるものではないと解すべきである。されば，原判決が，『原（第 1 審）判示のような飲食，宿泊をなした後，自動車で帰宅する知人を見送ると申欺いて被害者方の店先に立出でたまま逃走したこと』をもって代金支払を免れた詐欺罪の既遂と解したことは失当であるといわなければならない。しかし，……逃亡前すでにＴを欺罔して，代金 32290 円に相当する宿泊，飲食等をしたときに刑法 246 条の詐欺罪が既遂に達したと判示したものと認めることができる。」

解説 本件においては，無銭宿泊・飲食行為が詐欺罪を構成するか否か，が問題となった。詐欺罪が成立するためには，①欺く行為と②錯誤に基づく処分行為の存在が必要であり，無銭宿泊・飲食のばあい，これらの要件を具備するかどうか，が問題となる。無銭宿泊とは，宿泊料金を支払う意思がないのに，それを有しているように装って宿泊することをいい，無銭飲食とは，所持金がないにもかかわらず食事を注文し，食後，代金を支払わないことをいう。

行為者が，当初から所持金のないことを認識しながら食事を注文したばあい，注文した時点で支払い意思について欺く行為が存在し，これに基づいて飲食物を提供するという処分行為（財物の交付）がなされており，行為者は，錯誤に基づく処分行為の結果として飲食物という財物を取得しているので，1項詐欺罪が成立する。飲食・宿泊した後に所持金がないことに気付き，料金を踏み倒す意思で逃走したばあい，事実上，債務の支払いを免れただけでは，欺く行為が存在しないから，2項詐欺罪は成立しない（通説）。

宿泊客が「知人を送ってくる」と嘘を言って旅館主の許諾を得て玄関から出て，そのまま逃走したばあいには，欺く行為が存在するので，この欺く行為に基づく処分行為の存否が問題となる。この点につき，本決定は，宿泊，飲食した後，「自動車で帰宅する知人を見送る」と店の者に嘘を述べて代金を支払わずに逃走したばあい，「詐欺罪で得た財産上不法の利益が，債務の支払を免れたことであるとするには，相手方たる債権者を欺罔して債務免除の意思表示をなさしめることを要するものであって，単に逃走して事実上支払をしなかっただけで足りるものではない」として，「債務免除の意思表示」の存在を必要としている。本件においては，債権者による支払い代金を免除するという意思表示はみとめられず，事実上，支払いを免れただけであるから，2項詐欺罪は成立しないことになる。現に本決定は，そのように解しているのである。しかし，本決定は，本件では，当初から支払意思がないのを隠して宿泊飲食したものと認定して詐欺罪の既遂の成立をみとめている。

「無意識の不作為による処分行為」の観念をみとめる見地からは，一時請求を免れさせる結果となるべき外出許諾の意思表示は，財産上の処分行為であり，2項詐欺罪の成立が肯定される。

40 クレジットカードの不正使用

最決平 16・2・9（刑集 58 巻 2 号 89 頁）

事実 被告人Xは，不正に入手したA名義のクレジットカードを使用してA本人に成りすまし加盟店のガソリンスタンドBの従業員に対してカードの正当な利用権限がないのにこれがあるように装い，その旨誤信させて，ガソリンの給油を受けた。本件A名義のクレジットカードは，もともと，Cが，友人のAから許されて使用していたものである。ガソリンスタンドBでは，名義人以外によるクレジットカードの利用行為には応じないこととなっていた。

第1審は，クレジットカードの名義人に成りすます行為は，詐欺行為に当たるとして，詐欺罪の成立をみとめた。被告人側から控訴がなされたが，原審は，他人名義のクレジットカードを利用する行為は，カードの正当な使用権限を偽るので，詐欺行為に当たるとして控訴を棄却した。

被告人側から上告がなされたが，最高裁の本決定は，次のように職権で判断を示し上告を棄却している。

争点 クレジットカードの名義人に成りすましてそのカードを使って財物の交付を受けたばあい，詐欺罪が成立するか。

決定要旨 「以上の事実関係の下では，被告人は，本件クレジットカードの名義人本人に成り済まし，同カードの正当な利用権限がないのにこれがあるように装い，その旨従業員を誤信させてガソリンの交付を受けたことが認められるから，被告人の行為は詐欺罪を構成する。仮に，被告人が，本件クレジットカードの名義人から同カードの使用を許されており，かつ，自らの使用に係る同カードの利用代金が会員規約に従い名義人において決済されるものと誤信していたという事情があったとしても，本件詐欺罪の成立は左右されない。したがって，被告人に対し本件詐欺罪の成立を認めた原判断は，正当である。」

解説 本件においては，不正に入手した他人名義のクレジットカードを使用してその名義人に成りすまして加盟店から物品を購入する行為が詐欺罪を構成するか否か，が問題となった。上告趣意において，弁護人は，名義人の承諾があれば詐欺罪を構成せず，被告人はその承諾があると誤信していた以上，詐欺の故意がないので詐欺罪は成立しない旨を主張した。本決定は，この主張を排斥している。このばあい，加盟店に対する関係で，加盟店から交付を受けた商品について1項詐欺罪の成立をみとめるのが妥当である。すなわち，カード会社による加盟店に対する代金決済がなされないことがあり得るのであり，そのばあいには会員は直接加盟店に対し代金債務を履行する義務を負う。したがって，加盟店は，会員の支払い意思・支払い能力の有無に利害関係を有しており，会員にその意思・能力がないことを知ったときには商品の販売を拒否できるから，加盟店を欺いて商品の交付を受ける行為は1項詐欺罪を構成するのである（和歌山地判昭47・9・27判時775号178頁参照）。

　本決定は，規約上，名義人だけが利用でき，加盟店には利用者が本人であることを確認するべき義務を負うとされているクレジットカードにつき，カード名義人の承諾を得て使用していた者から，そのカードを入手した第3者が，名義人に成りすまし，正当な利用権限がある旨従業員を誤信させてガソリンの交付を受けたばあいには，加盟店に対する詐欺罪の成立をみとめている。すなわち，名義人に成りすまして正当な利用権限があるように装う行為が欺く行為（欺罔行為）であり，その旨誤信してガソリンを交付した点が「財物」を交付する処分行為に当たることを意味する。

　さらに本決定は，「仮に，被告人が，本件クレジットカードの名義人から同カードの使用を許されており，かつ，自らの使用に係る同カードの利用代金が会員規約に従い名義人において決済されるものと誤信していたという事情があったとしても，本件詐欺罪の成立は左右されない」と判示している。

　本決定は，不正に入手した他人名義のクレジットカードを使用してその名義人に成りすまして財物の交付を受けたばあいに1項詐欺罪の成立をみとめた点，および，名義人の承諾があり，かつ，名義人が決済すると誤信していたとしても詐欺罪が成立することをみとめた点で，重要な意義を有する。

41 訴訟詐欺

最判昭 45・3・26（刑集 24 巻 3 号 55 頁）

【事実】 被告人Ｘは，昭和28年8月29日に大阪簡易裁判所において，金融業者Ａ株式会社との間で，ＸがＡ社に対して負っている債務金300万円を承認することで和解したうえで，自己所有の建物について上記金銭債務を被担保債権とする抵当権を設定して登記し，同一建物についてＡ社を権利者とする代物弁済予約による所有権移転請求権保全の仮登記をした。その後，Ｘが上記債務を完済したため，上記和解調書はその効力を失い，上記各登記も抹消された。その後，1番抵当権者に昇格したＢが，その権利を実行して強制執行をしたので，上記建物はＢが所有かつ占有するところとなった。Ｘは，他3名と共謀のうえ，上記建物の奪回を企て，Ｘがその建物を所有，占有しているかのように装い，大阪簡易裁判所に対し，すでに効力を失っている和解調書正本につき執行文付与の申請をし，同裁判所書記官補をその旨誤信させて執行文の付与を受け，大阪地方裁判所所属執行吏に対しても，上記各事実を秘して上記執行文を提出して誤信させて上記建物に対する強制執行をおこなわせ，Ｂ占有下の同建物をＡ社の占有に移転させた。

第1審は，Ｘらに詐欺罪の共同正犯の成立をみとめ懲役8月執行猶予2年に処した。被告人側から控訴がなされたが，原審も詐欺罪の成立を肯定して控訴を棄却した。被告人側から上告がなされたが，最高裁の本判決は，原判決を破棄したうえで自判し，被告人を無罪としている。

【争点】 裁判所を欺いて勝訴の判決などを得て強制執行により相手方から財物などを取得する行為（訴訟詐欺）は，詐欺罪を構成するか。

【判旨】 破棄自判（無罪）。
「詐欺罪が成立するためには，被欺罔者が錯誤によってなんらかの財産的処分行為をすることを要するのであり，被欺罔者と財産上の被

害者とが同一人でない場合には、被欺罔者において被害者のためその財産を処分しうる権能または地位のあることを要するものと解すべきである。

これを本件についてみると、2番目の強制執行に用いられた債務名義の執行債務者は、あくまで被告人Xであって、Bではないから、もとより右債務名義の効力がBに及ぶいわれはなく、したがって、本件で被欺罔者とされている裁判所書記官補および執行吏は、なんらBの財産である本件家屋を処分しうる権能も地位もなかったのであり、また、同人にかわって財産的処分行為をしたわけでもない。してみると、被告人らの前記行為によって、被告人らが本件家屋を騙取したものということはできないから、前記第1審判決の判示事実は罪とならないものといわなければならない。」

解説 本件においては、訴訟詐欺が詐欺罪を構成するための要件と要件としての財産処分権能が問題となった。訴訟詐欺とは、裁判所を欺いて勝訴の判決を得て敗訴者から財物（財産上の利益）を交付させることをいう。訴訟詐欺が詐欺罪を構成するか、について、判例は、一貫してこれを肯定している（大判明44・11・27刑録17輯2041頁、大判大3・5・12刑録20輯856頁、大判大11・7・4刑集1巻381頁、大判昭5・8・5刑集9巻534頁、大判大9・11・17刑録26輯837頁など）。訴訟詐欺が詐欺罪を構成すると解する判例・通説の立場は妥当である。

最高裁の判例として、欺かれた者に処分権限がないことを理由に詐欺罪の成立を否定したものがある（最決昭42・12・21刑集21巻10号1453頁）。

本判決は、「被欺罔者と財産上の被害者とが同一人でない場合には、被欺罔者において被害者のためその財産を処分しうる権能または地位のあることを要する」と解したうえで、本件のばあい、2番目の強制執行に用いられた債務名義の執行債務者は、被告人Xであって、Bではないから、債務名義の効力はBに及ばないので、被欺罔者とされる裁判所書記官補および執行吏は、Bの財産である本件家屋を処分しうる権能も地位もなかったのであり、また、同人にかわって財産的処分行為をしたわけでもないから、被告人らが本件家屋を騙取したものとはいえず、詐欺罪は成立しないとしている。

42 2項詐欺における処分行為と利得との関係

最判昭30・4・8（刑集9巻4号827頁）

事実　リンゴの仲買を業とする被告人Xは，青森県内において，Aにリンゴ500箱を群馬県内の甲駅で昭和23年3月24日頃までに売り渡すという契約をし，その代金62万5000円を受領したが，履行期限経過後も履行しなかったため，Aから再三の督促を受けると，4月11日履行の意思がないのにAを青森県の乙駅に案内し，同駅でXの使用人Bにリンゴ422箱を貨車に積み込ませ，これに甲駅行の車標を挿入させて，リンゴ500箱を甲駅まで発送する手続きを完了したかのようにAに示してその旨を誤信させ，安心したAを帰宅させ，そのまま履行をしなかった。

第1審および原審は，2項詐欺罪の成立をみとめた。被告人側から上告がなされ，上告趣意において，第1審判決および原判決は，大審院判決に反するとの主張がなされた。最高裁の本判決は，次のように判示して，第1審判決には，審理不尽，理由不備の違法があるとして，同判決およびこれを支持した原判決を破棄して第1審裁判所に差し戻している。

争点　仲買人Xは，Aにリンゴ500箱を甲駅で売り渡すという契約をし代金を受領したが，期限経過後も履行しなかったため，Aから督促を受けた際，履行意思がないのにAを乙駅に案内し，Bにリンゴ422箱を貨車に積み込ませたうえ貨車に甲駅行きの車標をつけさせて，発送手続きが完了したものとAを誤信させたので，Aが安心して帰宅したばあい，2項詐欺罪が成立するか。

判旨　刑法246条2項の罪が成立するためには，「他人を欺罔して錯誤に陥れ，その結果被欺罔者をして何らかの処分行為を為さしめ，それによって，自己又は第三者が財産上の利益を得たのでなければならない。しかるに，右第1審判決の確定するところは，被告人の欺罔の結果，被害者Aは錯誤に陥り，『安心して帰宅』したというにすぎない。

同人の側にいかなる処分行為があったかは，同判決の明確にしないところであるのみならず，右被欺罔者の行為により，被告人がどんな財産上の利益を得たかについても同判決の事実摘示において，何ら明らかにされてはいないのである。……すでに履行遅滞の状態にある債務者が，欺罔手段によって，一時債権者の督促を免れたからといって，ただそれだけのことでは，刑法246条2項にいう財産上の利益を得たものということはできない。その際，債権者がもし欺罔されなかったとすれば，その督促，要求により，債務の全部または一部の履行，あるいは，これに代りまたはこれを担保すべき何らかの具体的措置が，ぜひとも行われざるをえなかったであろうといえるような，特段の情況が存在したのに，債権者が，債務者によって欺罔されたため，右のような何らか具体的措置を伴う督促，要求を行うことをしなかったような場合にはじめて，債務者は一時的にせよ右のような結果を免れたものとして，財産上の利益を得たものということができるのである。」

解説 本件においては，2項詐欺罪（詐欺利得罪）における処分行為と利得の意義が問題となった。この点につき本判決は，詐欺利得罪が成立するためには，「他人を欺罔して錯誤に陥れ，その結果被欺罔者をして何らかの処分行為を為さしめ，それによって，自己又は第三者が財産上の利益を得たのでなければならない」と判示しており，これは，2項詐欺罪の要件として処分行為と利得の存在を示した初めての最高裁判決である。その意味において，本判決は重要な意義を有する。

利得の点について，本判決は，すでに履行遅滞の状態にある債務者が，欺罔手段によって，一時債権者の督促を免れただけでは，財産上の利益を得たものとはいえず，債権者が欺罔されなかったとすれば，その督促，要求により，債務の全部または一部の履行またはこれを担保すべき何らかの具体的措置がなどがなされざるを得なかったような「特段の情況」が存在したのに，欺罔されたため，そのような具体的措置を伴う督促，要求をしなかったようなばあいに，債務者は財産上の利益を得たといえるのであるとする。しかし，本判決は，本件においては，「特別の事情」の存否につき必要な審理が尽くされていないと判示している。

43 使途を定めて寄託された金銭の他人性

最判昭 26・5・25（刑集 5 巻 6 号 1186 頁）

事実　被告人 X は，A ら数名の者から製茶の買付けの依頼を受け，その買付資金として預かった金銭を，数 10 回にわたって，自己の生活費や遊興費などに費消した。X は，横領罪で起訴された。

第 1 審は，横領罪の成立をみとめた。被告人側から控訴がなされたが，原審も，同罪の成立を肯定し控訴を棄却した。

被告人側から上告がなされ，上告趣意において，金銭は代替性を有するので，預かった金銭と同一のものを返還する必要はなく，A らから受け取った金銭の中には，被告人が取得すべき利益も含まれており，これを費消しても横領罪は成立しないなどの主張がなされた。最高裁の本判決は，次のように判示して上告を棄却している。

争点　使途を定めて寄託された金銭は，横領罪における「他人の物」に当たるか。

判旨　「原判決は所論金銭は製茶買受資金として被告人に寄託されたものであることを認定している。即ち，右金銭についてその使途が限定されていた訳である。そして，かように使途を限定されて寄託された金銭は，売買代金の如く単純な商取引の履行として授受されたものとは自らその性質を異にするのであって，特別の事情がない限り受託者はその金銭について刑法 252 条にいわゆる『他人ノ物』を占有する者と解すべきであり，従って，受託者がその金銭について擅に委託の本旨に違った処分をしたときは，横領罪を構成するものと言わなければならない。そして所論の金銭の中には将来被告人の受くべき利益金を包含していないことは判文上明かであるから，原判決が所論の金銭について判示の如き事実を認定して被告人を横領罪に問擬したことは相当である」る。

解説 本件においては、使途を限定して寄託された「金銭」が「他人の物」に当たるか否か、が問題となった。横領罪における「他人の物」とは、他人の所有に属する財物をいう。

判例によれば、当該財物が受託者にとって他人の物か否かは、民法上の所有権の概念を前提として、さらに刑法における所有権の観点から実質的に決定される（最判昭 38・5・10 刑集 17 巻 4 号 261 頁）。しかし、横領罪の保護法益が民法上の所有権である以上、その帰属は民法によって決定されるべきである。封金のように、特定性を保持したままで委託された金銭の所有権は、委託者に属するから、それは受託者にとっては、他人の物である。封金とされていないが一定の使途を定めて寄託された金銭の所有権は、通常、委託者に属する（判例・通説）。たとえば、被告人が、不動産を買い受ける資金として預かっていた金銭がそうである（大判昭 9・4・23 刑集 13 巻 517 頁）。

本判決は、製茶の買い受け資金として寄託された金銭について、「使途を限定されて寄託された金銭は、売買代金の如く単純な商取引の履行として授受されたものとは自らその性質を異にするのであって、特別の事情がない限り受託者はその金銭について刑法 252 条にいわゆる『他人ノ物』を占有する者と解すべきであり、従って受託者がその金銭について擅に委託の本旨に違った処分をしたときは、横領罪を構成する」と明言する。これは、妥当な判断である。なお、「金銭の中には将来被告人の受くべき利益金を包含していないことは判文上明かである」と判示している。

ところで、金銭はきわめて強い代替性があるので、使途を定めて委託された金銭が通貨としては特定していないばあいには、受託者が、委託の趣旨に応じて、必要な時期には他の金銭で確実に代替させ得る状況のもとで、そのような意思でこれを一時、他に流用する行為は、横領罪を構成しないと解すべきである。これに対して、使途の定めがなく不特定物として委託された金銭の所有権は、委託と同時に受託者に移転し、これを受託者が勝手に処分しても、横領罪を構成しない。次に、金銭の受領を伴う一定の行為を委託された者が、委託者のために受け取った金銭の所有権は、原則として委託者に属するので、債権者から債権の取り立てを委任された者が、債権者から取り立てた金銭を勝手に処分すると横領罪が成立する（大判昭 8・9・11 刑集 12 巻 1599 頁）。

44 横領か背任か

大判昭9・7・19（刑集13巻983頁）

事実 某県A村の村長の職に在る被告人Xは，親交のある被告人Yから，Xが村長として業務上保管しているA村基本財産を，Yが社長として経営しているB無尽株式会社のために貸与してほしい旨懇請されてこれを承諾し，当該基本財産中，昭和3年10月3日に5400円を，同年11月18日に424円34銭を，いずれも村会の決議を経ずにほしいままに，B社に費消させるため預金名義をもってB社の社長Yに交付した。

原判決は，業務上横領罪が成立するとして，X・Yをそれぞれ懲役1年6月に処した。大審院は，次のように判示して背任罪の成立をみとめた。

争点 横領罪と背任罪を区別する基準は何か。

判旨 「他人の為其の事務を処理するに当り自己の占有する本人の物を自ら不正に領得するに非ずして第三者の利益を図る目的を以て其の任務に背きたる行為を為し本人に財産上の損害を加へたるときは背任罪を構成すべく之を横領罪に問擬すべきものに非ざることは本院の判例（昭和8年（れ）第9号同年3月16日判決）とする所なり。原判決の認定したる判示第1事実は措辞妥当を欠くの嫌なきに非ざれとも，判文の全体を通読するに被告人Xは，判示A村村長在職中予て親交ある被告人Yの懇請に因り同人の社長として経営せるB無尽株式会社の利益を図り自己の村長として職務上保管せる同村基本財産を同村の計算に於て同会社に貸付せんことを決意し同会の決議を経ずして昭和3年10月3日同基本財産中金5400円を同年11月18日同金424円34銭を被告人Yに交付して其の任務に背きたる行為を為し仍て右A村に財産上の損害を加へ，被告人Yは右行為に加功したる趣旨に解するを相当とす。従て原判示第1事実は背任罪の事実関係を判示したるものなりと謂ふを得べし。最も原判示中に横領なる文字あれども并は原審が法律上の見解を表示したるものと解すべく斯る文字あるの故を以て右原判決に表示したる具体的事実関係たる背任行為を横領行為なりと論

ずるを得ざること勿論なり。然れば則ち原判決が背任行為たる判示第1事実に対し業務上横領罪の法条たる刑法第253条を適用したるは擬律錯誤の違法あるものにして論旨理由あり。」

解説 本件においては，業務上横領罪が成立するのか，それとも背任罪が成立するのか，が問題となった。背任も横領もともに信任関係・信頼関係に違背するという共通の基盤を有するので，両者の区別が問題となる。法定刑に差があるので，この問題は，実際上もきわめて重要である。多くの判例は，自己の占有する他人の物をほしいままに処分したばあい，自己の利益を図る目的でおこなったときは，不法領得の意思があったものとして一般に横領罪の成立をみとめるが，第3者の利益を図る目的でおこなったときは，その処分が「自己の名義ないし計算」においてなされたのであれば横領罪の成立を，「本人の名義ないし計算」においてなされたのであれば背任罪の成立を，それぞれみとめる。本件判決がまさにそうである。すなわち，A村の村長Xは，村長として保管していた同村の基本財産を「A村の名義において」B会社に交付したのであるから，業務上横領ではなくて背任行為をおこなったものとされているのである。

最高裁の判例も，信用組合の支店長らが支店の預金成績の向上を装うため，勧誘に応じた一部預金者に対し，正規の預金のほかに多額の金員を自己の業務上保管する組合の金員の中から預金謝礼金名下に勝手に支出交付し，その謝礼金を補填するため，正規に融資を受ける資格のない者に対し，同様に組合の金員を貸付名下に高利をもって勝手に支出交付したときは，それが自己の計算においてなされたものであるかぎり，いずれも業務上横領罪を構成すると解している（最判昭33・10・10刑集12巻14号3246頁）。

このように，判例の基本的傾向が，「本人の名義ないし計算」において処分したか，「自己の名義ないし計算」において処分したかを背任罪と横領罪の区別の基準としているのは，権限の範囲内における濫用なのか，権限の範囲を逸脱する処分なのか，を判断するための一応の基準としての意味をもつものと一般に解されている。

45 二重抵当と背任罪の成否

最判昭 31・12・7（刑集 10 巻 12 号 1592 頁）

事実 被告人 X は，昭和 27 年 5 月末頃，A との間に自己所有の家屋につき極度額を 20 万円とする根抵当権設定契約を締結して，同人に抵当権設定登記に必要な書類を交付したが，A が登記を完了していないことを知りながら，昭和 27 年 9 月 27 日頃，B との間に同一家屋につき極度額を 20 万円とする第 1 順位の根抵当権設定契約を締結してこれを登記し，A の抵当権を後順位のものにしてしまった。X は，背任罪で起訴された。

第 1 審は，「取引の通念上白紙委任状，印鑑証明，権利証を一括して相手方に交付せる以上右の登記はその相手方に於て完了すべきであって被告人は右によって一応の責を免れ譲渡担保等の如く目的物を滅失せしめる場合を除いて更に担保に供することは一向差支ないことであるから之を以て保全義務の違反とはなし難い」として X に無罪の判決を言い渡した。検察官から控訴がなされ，原審は，「A に対する抵当権を先順位の抵当権として登記手続を経由することに協力する任務に背き，B のため第 1 順位の根抵当権設定登記を完了して A に損害を蒙らしめた」と判示して第 1 審判決を破棄したうえ，背任罪の成立をみとめて X を懲役 1 年，執行猶予 3 年に処した。

被告人側から上告がなされ，上告趣意において，登記申請に協力する事務はその固有の事務であって「他人の事務」ではない，抵当権が第 2 順位に落ちても財産上の損害は生じない，詐欺罪の成立をみとめた大審院の判例に違反するなどの主張がなされた。最高裁の本判決は，次のように判示して上告を棄却している。

争点 不動産の所有者が，その不動産に抵当権を設定したが未登記であることを知りながら，さらに他の者に抵当権を設定して登記をしたばあい（二重抵当），背任罪が成立するか。

判旨　「抵当権設定者はその登記に関し，これを完了するまでは，抵当権者に協力する任務を有することはいうまでもないところであり，右任務は主として他人である抵当権者のために負うものといわなければならない。」

「抵当権の順位は当該抵当物件の価額から，どの抵当権が優先して弁済を受けるかの財産上の利害に関する問題であるから，本件被告人の所為たるAの1番抵当権を，後順位の2番抵当権たらしめたことは，既に刑法247条の損害に該当するものといわなければならない。」

「所論引用の大審院判例は，既に他に抵当権設定契約をしてあるのにかかわらず，この事実を詐り，第三者より抵当権設定を条件として金員を借り受けた所為は右第三者に対する詐欺罪を構成するとした判例であって，本件には不適切のものである。」

解説　本件においては，二重抵当のばあい，①「他人の事務」，②「財産上の損害」の有無，③詐欺罪の成否が問題となった。不動産の二重抵当とは，所有者（甲）が，自己所有の不動産について，ある者（乙）に対して抵当権を設定しておきながら，その抵当権が未登記であることを利用して，新たに第3者（丙）のために抵当権を設定することをいう。抵当権の順位は登記の前後によるので（民373条1項），丙に対する抵当権設定登記によって乙は第1順位の抵当権を失って損害をこうむるため，背任罪の成否が問題となる。乙に対する抵当権設定を隠して丙から融資を受ける行為が詐欺罪を構成するか否か，も問題になる。

第1順位の抵当権を取得している丙に財産上の損害が生じていないので詐欺罪は成立せず，乙に対する背任罪が成立し得る。

判例は，当初，詐欺罪説の立場に立っていたが（大判大元・11・28刑録18輯1431頁），本判決は，①抵当権設定者はその登記に関し，これを完了するまでは，「抵当権者に協力する任務」を有し，その「任務は主として他人である抵当権者のために負うもの」であり，②「抵当権の順位は当該抵当物件の価値から，どの抵当権が優先して弁済を受けるかの財産上の利害に関する問題」であるから，「1番抵当権を，後順位の2番抵当権たらしめたことは，既に刑法247条の損害に該当する」と判示しており，妥当である。

46 背任罪における図利加害目的
——平和相互銀行事件
最決平10・11・25（刑集52巻8号570頁）

事実　A銀行の監査役かつ顧問弁護士であり，その経営全般に強い発言力をもっていた被告人Xは，代表取締役Yらと共謀のうえ，A銀行と密接な関係を有するBクラブの資金を捻出すべく，同クラブの遊休資産を売却した際，当該物件の価格から見て大幅な担保不足になることを知りつつ，資産状況および業務内容が悪化していたC社とD社に購入資金などを貸し付けた。

第1審および原審は，特別背任罪の共同正犯の成立をみとめた。本件融資に関する事実を最高裁の本決定は，次のように認定している。融資業務を統括しあるいは担当するYらは，Bクラブに会員権預り保証金償還資金を確保させて，前記償還問題の解決を図り，ひいてはA銀行の利益を図るという動機もあったが，それは，「本件融資の決定的な動機」ではなかった。Xについて，「Bクラブの償還問題の解決のためという動機があったとしても，この段階ではそれは潜在的なものにとどまっていた」。

被告人側から上告がなされ，上告趣意において，本人図利目的と第3者図利目的の主従関係の判断に問題があるなどの主張がなされた。最高裁の本決定は，次のように判示して上告を棄却している。

争点　本人図利の目的と第3者図利の目的が併存するばあいに，本件図利の動機が決定的でないとき，特別背任罪における図利目的の存在がみとめられるか。

決定要旨　「以上の事実関係によれば，被告人及びYらは，本件融資が，Bクラブに対し，遊休資産化していた土地を売却してその代金を直ちに入手できるようにするなどの利益を与えるとともに，C及びDに対し，大幅な担保不足であるのに多額の融資を受けられるという利益を与えることになることを認識しつつ，あえて右融資を行うこととしたこ

とが明らかである。そして，被告人及びYらには，本件融資に際し，Bクラブが募集していたレジャークラブ会員権の預り保証金の償還資金を同社に確保させることにより，ひいては，Bクラブと密接な関係にあるA銀行の利益を図るという動機があったにしても，右資金の確保のためにA銀行にとって極めて問題が大きい本件融資を行わなければならないという必要性，緊急性は認められないこと等にも照らすと，前記……のとおり，それは融資の決定的な動機ではなく，本件融資は，主として右のようにBクラブ，C及びDの利益を図る目的をもって行われたということができる。そうすると，被告人及びYらには，本件融資につき特別背任罪におけるいわゆる図利目的があったというに妨げなく，被告人につきYらとの共謀による同罪の成立が認められるというべきであるから，これと同旨の原判断は正当である。」

解説

本件においては，特別背任罪（商法旧486条。現会社法960条）における図利加害目的の存在が問題となった。特別背任罪と刑法上の背任罪とは，条文の文言を若干異にするが，成立要件は，主体の身分を除き同じであるので，本決定の射程は，背任罪にも及ぶ。

本罪の目的は，①「利得の目的」，または，②「加害の目的」から成る。すなわち，①自己もしくは第3者の利益を図る目的（利得の目的），または，②本人に損害を加える目的（加害の目的）が必要とされるのである。

本決定は，被告人らは，本件融資が，Bクラブに対し利益を与えるとともに，CおよびDに対し大幅な担保不足であるのに多額の融資を受けられるという利益を与えることになることを認識しつつ，あえて融資したと認定したうえで，「右資金の確保のためにA銀行にとって極めて問題が大きい本件融資を行わなければならないという必然性，緊急性は認められないこと」などを考慮に入れ，本件融資は，主として「Bクラブ，C及びDの利益を図る目的」でなされたので，「本件融資につき特別背任罪におけるいわゆる図利目的があったというに妨げなく，被告人につき，Yらとの共謀による同罪の成立が認められる」と判示している。これは，融資をおこなわなければならない「必然性，緊急性」を基礎にして動機が決定的であるかどうか，を判断するものであり，重要な視点であるといえる。本決定の結論は妥当である。

47 有償処分あっせん罪の成否

最決平 14・7・1（刑集 56 巻 6 号 265 頁）

事実 被告人 X らは，A 株式会社から盗まれた約束手形 181 通（額面額合計約 7 億 8578 万円）の一部（131 通。額面額合計約 5 億 5313 万円）を A 関係者に売却することを手形ブローカーから依頼され，盗品であることを知りながら，共謀のうえ，約束手形を A 関係者に売りつけようと企て，A 関係者らと買取りの条件などを交渉し，A の関連会社である B 株式会社において，約束手形 131 通を代金 8220 万円と引き替えに交付して B に売却した。

第 1 審は，盗難被害者に盗品を売り付ける行為が被害者の正当な返還請求権の行使を妨げる行為であることは明白であるとして盗品等有償処分あっせん罪の成立をみとめた。被告人側から控訴がなされたが，原審は，被害者の無償での返還請求権の行使を困難ならしめ，「財産に対する罪を助成し誘発せしめる危険を有する」し，条文上も「あっせんの相手方を何ら限定してはいない」として，盗品等有償処分あっせん罪の成立をみとめたが，量刑の点で第 1 審判決を破棄した。被告人側から上告がなされたが，最高裁の本決定は，次のように判示して上告を棄却している。

争点 窃盗の被害者を相手方として盗品の有償処分をあっせんしたばあい，盗品等の有償処分あっせん罪が成立するか。

決定要旨 「盗品等の有償のあっせんをする行為は，窃盗等の被害者を処分の相手方とする場合であっても，被害者による盗品等の正常な回復を困難にするばかりでなく，窃盗等の犯罪を助長し誘発するおそれのある行為であるから，刑法 256 条 2 項にいう盗品等の『有償の処分のあっせん』に当たると解するのが相当である（最高裁昭和 25 年（れ）第 194 号同 26 年 1 月 30 日第三小法廷判決・刑集 5 巻 1 号 117 頁，最高裁昭和 26 年（あ）第 1580 号同 27 年 7 月 10 日第一小法廷決定・刑集 6 巻 7 号 876 頁，最高裁昭和 31 年（あ）第 3533 号同 34 年 2 月 9 日第二小法廷決定・刑集 13

巻 1 号 76 頁参照)。」

解説 本件においては，盗品等に関する罪の性質の把握が前提問題となる。判例によれば，盗品等に関する罪は，他人が不法に領得した物の占有を不法に取得し，もって所有者の物に対する追求権の実行を困難にすることを本質とし（大判大 11・7・12 刑集 1 巻 393 頁），被害者の財産権の保護を目的とするものであるから，被害者が民法の規定によりその物の回復請求権を失わない以上，その物について同罪が成立し得る（最判昭 34・2・9 刑集 13 巻 1 号 76 頁）。盗品等に関する罪の客体は，盗品その他財産に対する罪に当たる行為によって領得された物をいう。それは，財産罪によって取得された財物で，被害者が法律上の追求権を有する物を意味する。盗品等の有償の処分のあっせんが処罰されるのは，これによって被害者の返還請求権の行使を困難にするばかりでなく，一般に強盗罪・窃盗罪のような犯罪を助長し誘発させる危険があるからである。

本件においては，窃盗の被害者を相手方として盗品の売却をあっせんする行為が盗品等有償処分あっせん罪を構成するか否か，が問題となった。「盗品等の有償の処分のあっせん」とは，盗品等についての有償的な法律上の処分（たとえば，売買，交換，質入など）を媒介・周旋することをいう（大判大 3・1・21 刑録 20 輯 41 頁）。窃盗の被害者を相手方として盗品の有償の処分のあっせんをする行為は，一見すると，盗品を被害者に回復させることとなって本罪を構成しないかの観を呈する。しかし，本決定は，そのような行為は，被害者による盗品等の正常な回復を困難にするだけでなく，窃盗などの犯罪を助長し誘発する虞があるので，盗品等の有償の処分のあっせんに当たると解している。そこにおいては，①被害者による「正常な回復」を困難にすることと②「窃盗等の犯罪を助長し誘発するおそれ」があることが根拠とされている。①は，法律上の回復追求権の保障を，②は有償処分のあっせん行為の処罰根拠をそれぞれ意味する。本決定は，本罪の保護法益について，従来の判例を踏襲しており，通説によって支持されている。また本決定は，本件行為がその法益を侵害すると解するものであり，妥当である。

48 盗品保管罪における知情の時期

最決昭 50・6・12（刑集 29 巻 6 号 365 頁）

事実 被告人 X は，A から，昭和 48 年 2 月 22 日に背広 3 つ揃など 4 点（時価 1 万 6700 円相当）を，翌日，鞄 1 個（時価 1000 円相当）を，それぞれ預かり保管中，同月 26 日，上記物品は，いずれも A が他から窃取してきた物であることを知るに至ったが，同年 4 月 17 日ころまでの間，そのまま自室で保管を継続した。

X は，贓物寄蔵罪（現在の盗品等保管罪）で起訴された。第 1 審は，被告人において，上記物品が盗品であることを知った 2 月 26 日から 4 月 17 日ころまでの保管行為について，贓物寄蔵罪の成立をみとめた。被告人側から控訴がなされ，保管物が盗品であることを知っただけでは，その後の保管行為につき贓物寄蔵罪が成立するとは言えないとの主張がなされた。原審は，その主張を排斥し控訴を棄却した。

被告人側から上告がなされ，上告趣意において，「知情後の不返還という不作為を捉えて寄蔵罪に処することはできない」旨の主張がなされた。最高裁の本決定は，次のように職権で判断し上告を棄却している。

争点 盗品であることを知らずに物品の保管を開始した後，盗品と知ったのにそのまま保管を継続したばあい，盗品等保管罪が成立するか。

決定要旨 「所論に鑑み職権で判断するに，贓物であることを知らずに物品の保管を開始した後，贓物であることを知るに至ったのに，なおも本犯のためにその保管を継続するときは，贓物の寄蔵にあたるものというべきであり，原判決に法令違反はない。」

解説 本件においては，盗品等保管罪における知情の時期が問題となった。本罪の行為は，盗品等を保管することである。「盗品等を保管する」とは，委託を受けて，本犯者のために盗品等を保管す

ることをいう（最判昭34・7・3刑集13巻7号1099頁）。有償・無償を問わない（大判大3・3・23刑録20輯326頁）。寄託を受けるばあいが，その典型例であるが，質物としての受領（大判明45・4・8刑録18輯443頁），貸金の担保としての受領（大判大2・12・19刑録19輯1472頁）なども含まれる。本罪が成立するためには，盗品等の保管契約の成立だけでは足りず，盗品等の引渡しを受けたことを要する。

盗品等に関する罪は，他人が不法に領得した物の占有を不法に領得し，もって所有者の物に対する追求権の実行を困難にすることを本質とし（大判大11・7・12刑集1巻393頁），被害者の財産権の保護を目的とするものであるから，被害者が民法の規定によりその物の回復請求権を失わない以上，その物について同罪が成立し得る（最判昭34・2・9刑集13巻1号76頁）とされる。盗品等の保管が処罰されるのは，これによって被害者の返還請求権の行使を困難にするばかりでなく，一般に強盗罪・窃盗罪のような財産犯罪を助長し誘発させる危険があるからにほかならない。

盗品等に関する罪は故意犯であるから，客体が盗品等であること（盗品等性）の認識（知情）が必要である。その内容は，判例・通説によれば，客体が何らかの財産犯によって取得された物であることを認識していれば足り，その認識も未必的なもので足りる（最判昭23・3・16刑集2巻3号227頁）。

盗品等としての性質の認識の時期は，行為の時を基準とすべきであるから，行為の性質によってそれぞれ異なる。すなわち，無償譲受け・有償譲受けのばあいは，目的物の引渡し時に認識が必要であり，その前に盗品等性の認識が生じていたばあいであっても，無償譲受け・有償譲受け罪は成立しない。有償処分のあっせんのばあいは，あっせん時に認識が必要である。

運搬・保管のばあい，当初認識がなくても，運搬・保管中にその認識があれば，その後の運搬・保管行為について運搬罪・保管罪の成立がみとめられる。本決定も，当初，盗品であることを知らずに保管を開始したばあい，後で盗品性を認識しながらそのまま保管状態を維持するという不作為があれば，本罪が成立することをみとめている。盗品性を認識した以上，そのまま保管状態を維持するのは，被害者の回復請求を困難にする行為をおこなったことにほかならないので，本決定の立場は妥当であるとおもう。

49 盗品の同一性

最判昭 24・10・20（刑集 3 巻 10 号 1660 頁）

事実 被告人Xは，盗品であることを知りながら，昭和23年10月6日頃，自宅において，Aが窃取してきた中古婦人用自転車1台の車輪2本およびサドルを取り外し，これらをAが持参した男子用自転車車体に組み替え取り付けて男子用に変更し，これをBに対して売却する処分のあっせんをおこなった。

第1審は，Xに対して贓物牙保罪（現在の「盗品等有償処分あっせん罪」）の成立をみとめた。被告人側から控訴がなされ，本件自転車は加工により盗品性が失われ本罪は成立しないとの主張がなされた。原審は，被告人側の主張を斥け控訴を棄却した。

被告人側から上告がなされ，上告趣意において，民法246条1項ただし書および同条2項により，所有権は加工者たる本犯者Aに移転しその贓物性は失われる旨の主張がなされた。最高裁の本判決は，次のように判示して上告を棄却している。

争点 Aが窃取してきた婦人用自転車の車輪およびサドルを取りはずしてAの男子用自転車に組み替え取り付けて変更し，これをBに売却したばあい，盗品等有償処分あっせん罪（旧規定における贓物牙保罪）が成立するか。

判旨 「組替え取付けて男子用に変更したからといって両者は原形のまま容易に分離し得ること明らかであるから，これを以て両者〔が〕分離することできない状態において附合したともいえないし，また，もとより所論のように婦人用自転車の車輪及び『サドル』を用いてAの男子用自転車の車体に工作を加えたものともいうことはできない。されば中古婦人用自転車の所有者たる窃盗の被害者は，依然としてその車輪及び『サドル』に対する所有権を失うべき理由はなく，従って，その贓物性を有するものであること明白であるから，原判決には所論の違法は認められない。」

解説 本件においては，盗品の自転車から取りはずした車輪とサドルを他の自転車に取り付けたばあい，盗品としての同一性が失われるか否か，が問題となった。すなわち，盗品としての同一性が失われたばあいには，それは，盗品等有償処分あっせん罪の客体とはならず，本罪は成立しないので，同一性の有無が争われたのである。

判例によれば，盗品等に関する罪は，他人が不法に領得した物の占有を不法に取得し所有者の物に対する追求権の実行を困難にすることを本質とし（大判大 11・7・12 刑集 1 巻 393 頁），被害者の財産権の保護を目的とするから，被害者が民法の規定によりその物の回復請求権を失わない以上，その物について同罪が成立し得る（最判昭 34・2・9 刑集 13 巻 1 号 76 頁）。

盗品等有償処分あっせん罪の客体は，「盗品その他財産に対する罪に当たる行為によって領得された物」（以下，「盗品等」と略称する）である。盗品等とは，財産罪によって取得された財物で，被害者が法律上の追求権を有するものをいう。判例によれば，盗品等とは，不法に領得された物件で被害者が法律上追求できるものを汎称(はんしょう)し，領得行為が詐欺として取り消し得るものであっても，その物件は盗品等に当たるとされる（大判大 12・4・14 刑集 2 巻 336 頁など）。

盗品等は，被害者が法律上追求し得るものに限られるので，被害者が，回復権・追求権を欠き，またはそれを喪失したばあい，たとえば，民法 192 条によって第 3 者が所有権を即時取得したばあいは，盗品等性は失われる（大判大 6・5・23 刑録 23 輯 517 頁）。そのばあいは，盗品の所有権が第 3 者に帰属した以上，もはや被害者はその第 3 者に対して，法律上，返還を請求できないので，盗品等性は消滅することになるわけである。また，民法 246 条により加工者が所有権を取得した物も，盗品等性が失われる（大判大 4・6・2 刑録 21 輯 721 頁）。そこで，本件においては，加工による所有権の取得の有無が問題となったのである。この点について，本判決は，窃取した自転車の車輪とサドルを取り外して他の自転車に取り付けたばあい，これらを容易に原形のまま分離できるので，付合または加工により工作者が所有権を取得していないから，盗品等性はなお存続すると解している。これは妥当な結論であるといえる。

50 損壊の意義

最判昭 32・4・4（刑集 11 巻 4 号 1327 頁）

事実　被告人Ｘは，Ａ株式会社Ｂ工場に勤務し，Ｂ工場労働組合の組合員としてストライキに参加していたが，同組合中多数の者がＢ工場従業員組合（いわゆる第 2 組合）を結成したので，第 2 組合員の家族から同組合員に宛てた荷物が第 2 組合員に渡ることを阻止する目的で，その輸送小荷物 4 個に取り付けられた荷札 4 枚をはぎ取って，何人に配達すべきかの識別を不能にさせ，さらに，②会社 2 階庇に掲げてあった第 2 組合所有の長さ約 2 ｍ幅約 40cm の木製看板 1 枚を取り外し，他人に同所西方約 140 ｍを隔てたＣ方板塀内に投げ捨てさせ，14 日間使用を不能にさせた。

　第 1 審は，①および②につき器物損壊罪の成立をみとめた。被告人側から控訴がなされたが，原審も，①「既にはぎ取られた荷札本来の効用は減却した」のであり，②「事実上右看板を其の用方に従い利用をなし得ない状態にあった」ので，「看板本来の効用を減却した」のであるから器物損壊罪が成立するとして控訴を棄却した。被告人側から判例違反などを理由に上告がなされ，本判決は，次のように判示して上告を棄却している。

争点　従業員組合の組合員宛ての輸送小荷物から荷札を取りはずす行為および同組合の看板を取りはずして 140 ｍ離れた他人方の板塀内に投げ捨てさせる行為は，器物損壊罪における「損壊」に当たるか。

判旨　「本件Ｂ工場従業員組合の看板をとりはずした行為および本件荷物から荷札をとりはずした行為は，原審の認定した事実関係の下においては，いずれも右看板および荷札の本来の効用を喪失するに至らしめたものであることが認められるのであって，これを刑法 261 条の犯罪に該当するものであるとした原判示は正当であり，引用の判例に反する点は認められない。」

解説 本件においては，看板を取りはずす行為および荷札を取りはずす行為が器物損壊罪における「損壊」に当たるか否か，が問題となった。器物損壊罪は，財産毀損罪の典型であり，財物そのものを毀滅する点に特徴があり，財物の「効用」に変化を生じさせる犯罪類型である。「損壊」は，行為客体の「物としての効用」を減少させることを意味する。客体を物理的に消滅させ，またはその形状に物理的な変更を加えるばあいはもとより，その客体の本来の用法に従った使用を心理的に不可能にするばあいも「損壊」に含まれる（判例・通説）。大審院の判例は，「毀棄若くは損壊とは，普に物質的に器物其の物の物体を変更又は滅尽せしむる場合のみならず，事実上若くは感情上其の物をして再び本来の目的の用に供し能はざる状態に至らしめた場合をも包含するものとす」と判示し（大判明 42・4・16 刑録 15 輯 452 頁。同旨，大判大 10・3・7 刑録 27 輯 158 頁など），たとえば，食器に放尿したばあい，物理的に何ら形態に変化を生じさせていないが，心理的には食器としての使用を不可能にしているので器物損壊に当たるとしている（前掲大判明 42・4・16）。最高裁の判例も，「物質的に物の全部，一部を害し又は物の本来の効用を失わしむる行為」が損壊に当たるとし（最判昭 25・4・21 刑集 4 巻 4 号 655 頁），従来の判例の立場を踏襲している。

本判決は，まず荷物から荷札を取りはずした行為は「荷札の本来の効用を喪失するに至らしめたものである」と判示している。たしかに，はぎ取られた荷札そのものは，物理的には毀損されておらず，数日後に現姿のまま返還され一時的に効用が害されているにすぎない。しかし，一時的ではあるにしても，本来の効用を失わせたことになるので，その行為は，なお損壊に当たることになる。

次に，本判決は，看板を取りはずした行為は看板の「本来の効用を喪失するに至らしめたものである」と判示している。たしかに，看板は，物理的に破壊されてはおらず，他所に一時放置されていたにすぎないが，看板としての本来の効用を害しているのであるから，損壊に当たるわけである。

本判決は，従来の判例を踏襲する重要な事例判例である。すなわち，輸送小荷物の荷札を取りはずす行為は「荷札の本来の効用」を喪失させ，看板を取りはずす行為は看板の「本来の効用」を喪失させるものとされるのである。

51 境界損壊罪

最判昭 43・6・28（刑集 22 巻 6 号 569 頁）

事実 被告人 X は，昭和 39 年 6 月 1 日頃，A が同人の所有地と，その北側および西側において隣接する X の土地との境界に，境界標として設置した有刺鉄線張りの直径約 8cm，長さ約 1m の丸太 32 本を根元から鋸（のこぎり）で切り倒した。X は，境界毀損罪（現在の境界損壊罪）で起訴された。

第 1 審は，境界標を損壊して土地の境界を認識できないようにしたとして境界毀損罪（境界損壊罪）の成立をみとめた。被告人側から控訴がなされたが，原審は，事実誤認，量刑不当の主張を排斥して控訴を棄却した。被告人側から上告がなされ，上告趣意において，切り倒した杭は根元から鋸で切断され「その地中部分は勿論地表にもその一部が残存していることが明らかであって，充分に境界標としての効用を持続しており，本罪は成立しない」旨の主張がなされた。

最高裁の本判決は，上告趣意は刑訴法 405 条の上告理由に当たらないものとしたが，職権調査のうえ，次のように判示して原判決および第 1 審判決を破棄し，本件を第 1 審裁判所に差し戻している。

争点 境界損壊罪が成立するためには，境界標の損壊があれば足りるのか，さらに境界を認識できなくなるという結果の発生を必要とするのか。

判旨「境界毀損罪が成立するためには，境界を認識することができなくなるという結果の発生することを要するのであって，境界標を損壊したが，未だ境界が不明にならない場合には，器物毀棄罪が成立することは格別，境界毀損罪は成立しないものと解すべきである。これを本件について見ると，第 1 審判決の挙示する証拠を検討しても，被告人がその所有地と A の所有地との境界標として設置されていた有刺鉄線張りの丸太 32 本を根元から鋸で切り倒し，境界標を損壊した事実

は認められるが，この行為により境界が不明になったという事実を認めるには十分でない。かえって，右証拠中の司法警察員作成の実況見分調書および第1審第2回公判期日において取り調べられた司法警察員作成の現場写真撮影報告書によれば，右丸太は，いずれも地上すれすれのところで切断され，根元附近に有刺鉄線をつけたまま放置されており，その地中の部分（約20センチメートル）はそのまま残存し，しかも，その切株の位置を発見することが特に困難という状況にもなかったことがうかがわれるのである。そうすると本件境界は，被告人の行為後も，従来の境界標の一部によって，その認識が可能であった場合であると認定できないことはない。しかるに，右認識が不能になったものとして，境界毀損罪の成立を認めた第1審判決には，重大な事実の誤認を疑うに足りる顕著な事由ないし刑法の解釈適用をあやまった違法があり，判決に影響を及ぼすことが明らかであって，第1審判決およびこれを是認した原判決を破棄しなければ著しく正義に反するものといわなければならない。」

解説 本件においては，境界毀損罪の成立要件が問題となった。本罪の行為は，境界標を損壊し，移動し，もしくは除去し，またはその他の方法で土地の境界を認識することができなくすることを内容とする。

境界損壊罪が成立するためには，境界線を損壊，移動または除去しただけで足りるか，それともその行為の結果として土地の境界の認識を不能にしたことを要するか，について見解が対立している。

この点について本判決は，境界毀損罪が成立するためには，「境界を認識することができなくなるという結果の発生することを要するのであって，境界標を損壊したが，未だ境界が不明にならないばあいには，器物毀棄罪が成立することは格別，境界毀損罪は成立しないものと解すべきである」と判示している。これは通説によって支持されており，妥当である。

これに対して，境界標の損壊・移動・除去は，それ自体が境界の認識を不能にする行為として処罰され（抽象的危険犯），境界の認識が不能になった結果の発生を要するのは「その他の方法」によったばあいに限られると解する説も主張されている。

52 騒乱罪の成立要件
―新宿騒乱事件

最決昭 59・12・21（刑集 38 巻 12 号 3071 頁）

事実 昭和 43 年 10 月 21 日の国際反戦統一行動日に際し，学生運動の諸組織が，米軍用ジェット燃料の輸送阻止を標榜し，A 派，B 派，C 派，D 軍団は午後 7 時すぎに，E 派と F 派は午後 9 時すぎに新宿駅東口に集結した。午後 8 時 45 分頃から，各集団および群衆は，午後 8 時 52 分頃から逐次駅構内に侵入し，翌日の 22 日午前 1 時頃までの間に，同駅ホーム上，駅舎内，線路上，東口広場，中央口広場，南口改札口付近路上などを含む同駅周辺地域一帯において，多衆共同して，警察部隊に激しく投石をおこない，駅施設などを破壊し，放火するなどの暴行を繰り返し，停車中の電車を破壊して列車の運行を 22 日午前 10 時すぎまで不能にさせ，約 590 名の警察官を負傷させるなどして駅職員，乗降客，同駅周辺の住民らに極度の不安と恐怖を与えた。

第 1 審および原審は，騒擾（騒乱）指揮，同助勢などの有罪判決を下した。被告人 8 名から上告がなされ，最高裁の本決定は，次のように判示して上告を棄却している。

争点 ①同一地域内で複数の集団により異なる時間・場所で暴行・脅迫がなされたばあい，同一の共同意思によるものといえるか。
②「一地方」に当たるか否かの判断は，どのようになされるべきか。

決定要旨 「同一地域内において，構成を異にする複数の集団により時間・場所を異にしてそれぞれ暴行・脅迫が行われた場合であっても，先行の集団による暴行・脅迫に触発，刺激され，右暴行・脅迫の事実を認識認容しつつこれを承継する形態において，その集団による暴行・脅迫に時間的，場所的に近接して，後の集団による暴行・脅迫が順次継続的に行われたときには，各集団による暴行・脅迫は全体として同一の共同意思によるものというべきであって，……包括して 1 個の騒擾罪

が成立する。」「刑法106条にいう暴行・脅迫は，一方における公共の平穏，静謐を害するに足りるものでなければならない」が，この「『一地方』に該当するか否かについては，単に暴行・脅迫が行われた地域の広狭や居住者の多寡などといった静的，固定的要素のみによってこれを決めるべきものではなく，右地域（同所にある建物・諸施設，事業所などをも含む。）が社会生活において占める重要性や同所を利用する一般市民の動き，同所を職域として勤務する者らの活動状況などといった動的，機能的要素をも総合し，さらに，当該騒動の様相が右地域にとどまらず，その周辺地域の人心にまで不安，動揺を与えるに足りる程度のものであったか否かといった観点からの考察も併せて行うべきであ」る。

解説 本罪の暴行・脅迫は，集合した多衆の「共同意思」に出たものであることを要する。これは，多衆を構成する個々人の意思を超えた，集団としての多衆についてみとめられるべき全体的意思を意味する。複数の集団による暴行・脅迫と「共同意思」の関連について，本決定は，次のように解している。すなわち，同一地域内において，構成を異にする複数の集団により時間・場所を異にしてそれぞれ暴行・脅迫がおこなわれたばあいであっても，先行の集団による暴行・脅迫に触発・刺激され，その暴行・脅迫の事実を認識・認容しつつこれを承継する形態において，その集団による暴行・脅迫に時間的，場所的に近接して，後の集団による暴行・脅迫が順次継続的におこなわれたときには，各集団による暴行・脅迫は，全体として同一の共同意思によるものであると判断しているのである。

暴行・脅迫は，「一地方」における公共の平穏を害するに足りる程度のものであることを要する。本決定は，「一地方」に当たるか否かは，たんに暴行・脅迫がおこなわれた地域の広狭や居住者の多寡などの静的・固定的要素だけでなく，その地域の社会生活上の重要性や同所を利用する一般市民の動き，同所を職域として勤務する者らの活動状況などの動的・機能的要素，および，当該騒動の様相がその周辺地域の人心に不安，動揺を与えるに足りる程度のものであったか否か，をも総合して判断すべきであるとしている。これは妥当である。

53 放火罪の既遂時期

最判昭 25・5・25（刑集 4 巻 5 号 854 頁）

事実

被告人Ｘは，Ａから借りた土地に店舗を建築し，これを賃貸しようとしたが，すでに完成してＢおよびその家族が入居している建物などにつき，建築許可を得られず，建物を取り壊さなければならない状況となった。

Ｘは，すでにかけていた火災保険金でＢらに対する違約金支払い問題などを解決しようと考えて，上記木造平屋建建物に放火してこれを焼損（焼燬(しょうき)）しようと企て，昭和22年2月6日早朝，予め上記Ｂ方の押入の床下に仕掛けておいた五合桝の3方に高さ約4寸の杉板を打ち付け，機械油を浸したぼろおよび鉋屑(かんなくず)を詰めたものに，約1尺5寸ほどの長さに捻ったスレート包装紙を介してライターで点火して放火して，同家3畳間の床板約1尺四方ならびに押入床板および上段各約3尺四方などを燃焼させた。

原審は，現住建造物放火既遂の成立をみとめた。被告人側から上告がなされ，上告趣意において，上記の油が燃え上がったにとどまり，客体は独立燃焼していないなどとの主張がなされた。最高裁の本判決は，次のように判示して上告を棄却している。

争点

放火罪の既遂時期となる「焼損」とは，何を意味するのか。

判旨

「Ｂ及びその家族の現に居住する本件家屋の一部たる3畳間の床板約1尺四方並びに押入床板及び上段各3尺四方を焼燬したる原判示事実の認定を肯認することができる。そして原判決は右のごとき現に人の居住する家屋の一部を判示程度に焼燬したと判示した以上被告人の放火が判示媒介物を離れて判示家屋の部分に燃え移り独立して燃焼する程度に達したこと明らかであるから，人の現在する建造物を焼燬した判示として欠くるところはないものといわなければならない。それ故所論は採ることができない。」

解説 放火罪は，火力により建造物その他の物を焼損（旧規定では焼燬）して公共の危険を生じさせる公共危険罪である。公共の危険とは，不特定または多数人の生命，身体または財産に対する危険である。放火罪は，財産犯的性格をも併せもっている。すなわち，火災が建造物その他の財産を損壊する点は，財産犯としての性質を示すものであり，非現住建造物などについて，目的物が自己の所有に属するか否か，によって処罰に差を設けているのは，その表われにほかならない。

放火罪は，目的物の焼損によって既遂に達するが，焼損の概念をめぐって学説は，次のように分かれている。すなわち，①火が媒介物である燃料を離れて目的物に燃え移り独立して燃焼し得る状態に達した時とする「独立燃焼説」，②火力のため目的物の重要な部分が焼失しその効用が失われた時とする「効用喪失説」，③目的物の重要部分が燃え上った時とする「重要部分燃焼開始説」・「燃え上り説」や④火力により目的物が毀棄罪における損壊の程度に達した時とする「一部損壊説」などが主張されているのである。

判例は，一貫して①独立燃焼説をとっている（大判明43・3・4刑録16輯384頁，最判昭23・11・2刑集12巻1443頁）。これは，放火罪の公共危険罪としての側面を重視する立場である。本判決は，「被告人の放火が判示媒介物を離れて判示家屋の部分に燃え移り独立して燃焼する程度に達したこと明らかであるから，人の現在する建造物を焼燬〔焼損〕した」ものである旨を判示することによって独立燃焼説を採ることを明らかにしている。

独立燃焼説に対しては，わが国における建造物の多くが木造であるので，放火の未遂をみとめる余地がほとんどなくなってしまうし，放火罪の公共危険罪の側面だけを強調して財産罪の側面が軽視されることになるとの批判がある。そこで，通説は，効用喪失説を採って，財産犯罪としての側面を重視する。しかし，火力による公共の危険は，目的物の効用喪失に至らない段階でみとめられ得るから，通説は，放火罪の公共危険罪的性格を軽視しすぎる反面，放火罪の成立に過大の要求をする結果，その成立範囲を不当に狭めてしまい，実質的に妥当でない。独立燃焼説と効用喪失説の欠陥を克服しようとして，重要部分燃焼開始説，一部損壊説などの折衷説が主張される。公共危険罪と財産犯罪の性質を的確に把握している一部損壊説が妥当である。

54 不燃性建造物に対する放火

最決平元・7・7（判時1326号157頁, 判タ710号125頁）

事実 被告人Xは, 鉄骨鉄筋コンクリート造陸屋根12階建マンション内に設置されたエレベーターのかごに燃え移るかもしれないと認識しながら, ライターで新聞紙などに点火し, これを上記エレベーターのかごの床上に置かれたガソリンのしみこんだ新聞紙などに投げつけて放火し, 上記エレベーターのかごの側壁に燃え移らせて, その南側側壁化粧鋼板表面の化粧シート約0.3平方メートルを燃焼させた。

Xは現住建造物等放火罪で起訴された。第1審および原審は, 現住建造物等放火罪の成立を肯定した。被告人側から上告がなされ, 上告趣意において次のような主張がなされた。すなわち, 毀損せずに取り外し可能な本件エレベーターのかごを建造物の一部であるとした原判決は最高裁判所の判例に違反している, エレベーターのかご鋼板の表面の化粧シートの一部が燃えたにとどまり独立燃焼していないから, 既遂とはならないなど, と主張されたのである。最高裁の本決定は, 上告を棄却したうえで, なお書きで次のように判示している。

争点 不燃性（難燃性）建造物であるマンションのエレベーターのかご内の側壁である化粧鋼板の一部を燃焼させたばあい, 現住建造物等放火罪が成立するか。

決定要旨 「なお, 1, 2審判決の認定によれば, 被告人は, 12階建集合住宅である本件マンション内部に設置されたエレベーターのかご内で火を放ち, その側壁として使用されている化粧鋼板の表面約0.3平方メートルを燃焼させたというのであるから, 現住建造物等放火罪が成立するとした原審の判断は正当である。」

解説 本件においては，難燃性建造物であるマンションのエレベーターのかご内の側壁の一部を燃焼させたばあいに，現住建造物等放火罪が成立するか否か，が問題となった。不燃性ないし難燃性の耐火式建造物などに対する放火罪において，焼損の意義がとくに争われる。なぜならば，建造物が完全に不燃物であれば，放火罪は不能犯となるが，実際には，不燃ないし難燃の部分とともに可燃の部分を含む建造物などが少なくなく，その可燃部分についての放火行為に対しては放火罪の未遂と既遂が成立し得るからである。そこで，焼損となる基準が問題になるわけである。

この点について学説は，次のように分かれている。すなわち，①不燃物について独立燃焼に至らなくても，媒介物の火力により構造物が効用を失った時に焼損となると解する新効用喪失説，②独立燃焼説の立場から効用喪失説をも「併用」する必要性があるとする説，③一部損壊説の立場から，火力による目的物の損壊により有毒ガスの発生など燃焼するのと同様の公共危険を生じさせる可能性がある時に焼損となると解する説などが主張されている。

最高裁の本決定は，12階建のマンション内部に設置されたエレベーターのかご内で放火し，その側壁である化粧鋼板の表面約0.3平方メートルを燃焼させたばあいに，現住建造物等放火罪の成立をみとめている。本決定は，エレベーターのかごを現住建造物の一部とみとめたうえで，側壁の化粧鋼板の表面の一部について独立燃焼を肯定している点で，判例として重要な意義を有する。下級審判例は，鉄筋コンクリート造の建物の地下にある塵芥処理場の紙屑に放火し，コンクリート内壁表面のモルタルを約12.5平方メートル，天井表面の石綿約61.6平方メートルを剥離・脱落させるなどした事案について，現住建造物等放火罪の未遂をみとめている（東京地判昭59・6・22刑月16巻5＝6号467頁）。

一部損壊説の見地からは，次のように解すべきである。すなわち，全体として不燃ないし難燃の建造物などに強い火力を用いてその一部を損壊させたばあいに，他の部分などに導火するなど，公共的危険を招来する虞があるときは，焼損となり得るが，火力を加えた部分の損壊にとどまり，延焼の可能性がまったくないなど，公共的危険がうかがわれないときは，火力による建造物損壊罪が成立するのみで，放火罪にはならない。

55 建造物の現住性（1）
——平安神宮放火事件

最決平元・7・14（刑集43巻7号641頁）

事実 被告人Xは，平安神宮の本殿などを焼損しようと決意し，昭和51年1月6日午前3時過ぎころ，東西両本殿，祝詞殿，内拝殿，齋館，社務所などが東西各内外廻廊，東西各歩廊などにより接続している構造の平安神宮社殿の一部である祭具庫西側板壁付近にガソリン約10リットルを散布したうえ，ガスライターでこれに放火し，その祭具庫およびこれに接続する西翼舎，内拝殿，祝詞殿，東西両本殿などに燃え移らせて，その全部または一部を炎上させて焼損した。前記の各建物は，すべて木造であり，廻廊，歩廊にも多量の木材が使用されていたため，祭具庫，西翼舎などに放火されたばあいには，社務所，守衛詰所にも延焼する可能性があった。夜間には，宿直に当たる者が社務所または守衛詰所で執務をするほか，守衛やガードマンが建物などを巡回し，神職とガードマンは社務所，守衛は守衛詰所でそれぞれ就寝することになっていた。

第1審は，平安神宮社殿は一体として現住建造物に当たるとして108条の罪の成立をみとめた。被告人側からの控訴に対して原審も，現住建造物の一体性を肯定し控訴を棄却した。被告人側から上告がなされ，上告趣意において，被告人が焼損した建造物と社務所などの建物とは別物である旨の主張がなされた。最高裁の本決定は，次のように判示して上告を棄却している。

争点 その一部に放火されると全体に危険が及ぶ構造の社殿は，物理的・機能的に見て一個の現住建造物といえるか。

決定要旨 「以上の事情に照らすと，右社殿は，その一部に放火されることにより全体に危険が及ぶと考えられる一体の構造であり，また，全体が一体として日夜人の起居に利用されていたものと認められる。そうすると，右社殿は，物理的に見ても，機能的に見ても，その全体が一個の現住建造物であったと認めるのが相当であるから，これと同旨の見

解に基づいて現住建造物放火罪の成立を認めた原判決の判断は正当である。」

解説 本件においては、平安神宮について現住建造物放火罪の成否が争われた。現住建造物の一部を焼損すれば、現住建造物放火罪の既遂になるのに対し、非現住建造物に放火してその一部を焼損したばあい、現住建造物への延焼の認識があれば現住建造物放火の未遂、その認識がないときは非現住建造物放火罪の既遂がそれぞれ成立する。そこで、1個の現住建造物の範囲が重要な問題となるわけである。

「現に人の住居に使用する」とは、人の起臥(きが)寝食の場所として日常使用していることをいい、居住者がたまたま一時その家にいないばあいでもよいのであり（大判大2・12・24刑録19輯1517頁）、公共の危険の及ぶ範囲という観点からは、物理的に見て1個であって、「その一部に放火されることにより全体に危険が及ぶ」ような建造物は、現住部分と非現住部分とからなるばあいでも、1個の現住建造物といえる。本決定は、これをみとめ、学校の校舎の1階の一部に宿直室があり、夜間宿直員が宿泊していたから校舎全体が現住建造物に当たるとした判例（前掲大判大2・12・24）と軌を一にする。

さらに、機能的な観点から見て1個であって、「全体が一体として日夜人の起居に利用されていた」建造物であれば、たとえ物理的な観点から見て2個であっても、全体を1個の現住建造物と考えることができる。裁判所の宿直室とは別棟の本館庁舎は、宿直員が執務時間後も巡視していたから、その全体が現住建造物になるとした判例（大判大3・6・9刑録20輯247頁）や待合業を営む家の離れ座敷は、客が出入りして寝食していたので、現住建造物に当たるとした判例（最判昭24・6・28刑集3巻7号1129頁）は、この立場に立つものである。本決定は、この理をみとめ、「その一部に放火されることにより全体に危険が及ぶと考えられる一体の構造」を有し、かつ、「全体が一体として日夜人の起居に利用されていた」本件社殿は、「物理的に見ても、機能的に見ても、その全体が一個の現住建造物」に当たると判示している。

このように本決定は、現住建造物の範囲につき、「物理的」一体性と「機能的」一体性の基準を明確に採用しており、きわめて重要な判例である。

56 建造物の現住性（2）

最決平9・10・21（刑集51巻9号755頁）

事実　被告人Xは，第1審相被告人Yに勧められて，転売図利目的で，抵当権の付された本件家屋および敷地を購入したが，転売できないうちに，抵当権実行・競売開始決定がなされたので，Yと相談し，転売先が見つかるまで本件家屋の居住権を主張して競売手続きの進行を妨害するために，Xが経営する会社の従業員5名に指示して交替で同家屋に宿泊させ，同家屋が住居として使用されている外見を作出した。XおよびYは，本件家屋に放火して保険金を詐取することを共謀し，Xは，本件家屋および家財に総額1億3500万円の火災保険を付して，共謀に基づき，放火予定日前に従業員を社員旅行に連れ出し，旅行中の留守番役従業員にも宿泊は不要であると指示した。Yが，この旅行中に本件家屋に放火して全焼させた後，Xは，保険金を請求したが，詐取に失敗した。

XおよびYは現住建造物等放火および詐欺未遂の共同正犯で起訴された。第1審は，現住性を否定すべきとする弁護人の主張を排斥して現住建造物等放火罪の成立をみとめた。Xに関する双方の控訴に対して，原審は，弁護人の同前主張を排斥し，検察官の量刑不当の主張を容れて，破棄自判し懲役4年に処した。Xから上告がなされ，現住性の認定に関して判例違反の主張がなされたが，最高裁の本決定は，次のように判示して上告を棄却している。

争点　競売手続きの進行を妨害するため，従業員5名に指示して交替で自己所有の家屋に宿泊させていたところ，放火予定日前に従業員を社員旅行に連れ出し，留守番役従業員に宿泊不要と指示していたばあい，建造物の現住性がみとめられるか。

決定要旨　「以上の事実関係に照らすと，本件家屋は，人の起居の場所として日常使用されていたものであり，右沖縄旅行中の本件犯行時においても，その使用形態に変更はなかったものと認められる。そうすると，

> 本件家屋は、本件犯行時においても、……刑法108条にいう『現ニ人ノ住居ニ使用』する建造物に当たると認めるのが相当であるから、これと同旨の見解に基づき現住建造物等放火罪の成立を認めた原判決の判断は正当である。」

解説 　現住建造物等放火罪の客体は、現に人が住居に使用し、または人が現在する建造物、汽車、電車、艦船または鉱坑である。「現に人が住居に使用する」とは、犯人以外の者が起臥寝食をする場所として日常使用していることをいう。「人がいる」とは、放火の時点で、犯人以外の者がそこに現在することをいう。

　本件においては、Ｘが、自己の所有する家屋に対する競売手続きを妨害する目的で従業員5名を交替で宿泊させていたが、保険金詐欺を企て、この5名を旅行に連れ出し、留守番役の別の従業員には留守中の宿泊は不要である旨告げ、旅行中に共犯者Ｙに放火させたばあい、その家屋は現住建造物に当たるかどうか、が問題となった。弁護人は、居住の外見を作出するためだけの寝泊まりには住居としての使用の実態がなく、仮にこれで住居性をみとめるとしても、放火を決意して宿泊に行かないよう指示した時点で住居性は失われているので、現住建造物に当たらない旨主張した。これに対して本決定は、「本件家屋は、人の起居の場所として日常使用されていたものであり、右沖縄旅行中の本件犯行時においても、その使用形態に変更はなかったものと認められる」ので、「本件家屋は、本件犯行時においても、平成7年法律第91号による改正前の刑法108条にいう『現に人の住居に使用』する建造物に当たると認めるのが相当である」と判示している。本件家屋は、Ｘの会社の従業員5名が、Ｘの指示に基づいて交替で宿泊していたものである。本決定は、本件家屋に放火して保険金詐取の目的があるにしても、現に従業員が交替で宿泊していたことを重視して、「人の起居の場所として日常使用されていたもの」であると認定している。居住性がみとめられれば、行為時に従業員が旅行中であっても、現在性が要求されないのは当然である。本決定は、本件家屋の「使用形態に変更はなかった」としてそのことをみとめており、建造物の現住性に関する重要な事例判例としての意義を有する。

57 公共の危険の意義

最決平 15・4・14（刑集 57 巻 4 号 445 頁）

事実 被告人Xは，駐車場に無人で駐車中の自動車（以下，被害車両という）の車体のほぼ全体にガソリン約 1.45ℓ をかけ，ガスライターで点火して放火したところ，被害車両から，高さ約 20 ないし 30cm の火が上がり，発見者の通報により消防車が出動し，消火活動により鎮火した。消防隊員が現場に到着したころには，被害車両左後方の火炎は，高さ約 1m，幅約 40 ないし 50cm に達していた。本件駐車場は，市街地にあって公園および他の駐車場に隣接し，道路を挟んで小学校や農業協同組合の建物に隣接していた。本件当時，被害車両の近くには，被害者以外の者の2台の自動車が無人でとめられており，うち1台（以下，第1車両という）は被害車両の左側部から西側へ 3.8m の位置に，他の1台（以下，第2車両という）は第1車両の左側部から西側へ 0.9m の位置にあった。そして，被害車両の右側部から東側に 3.4m の位置には，周囲を金属製の網などで囲んだゴミ集積場が設けられており，本件当時，同所に可燃性のゴミ約 300kg があった。本件火災により被害車両は一部焼損し，第1および第2車両と前記ゴミ集積場に延焼の危険が及んだ。

第1審は，公共の危険の発生をみとめて建造物等以外放火罪などの成立を肯定した。被告人側からの控訴に対し原審も同罪の成立をみとめ控訴を棄却した。被告人側からの上告がなされたが，最高裁の本決定は，上告を棄却したうえで職権で次のように判示している。

争点 110 条の放火罪における「公共の危険」は，108 条・109 条所定の建造物等への延焼のおそれに限られるか，さらに不特定または多数人の生命，身体もしくは上記建造物等の財産に対する危険をも含むのか。

決定要旨 「所論は，刑法 110 条 1 項にいう『公共の危険』は，同法 108 条，109 条所定の建造物等への延焼のおそれに限られる旨主張する。しか

> し，同法110条1項にいう『公共の危険』は，必ずしも同法108条及び109条1項に規定する建造物等に対する延焼の危険のみに限られるものではなく，不特定又は多数の人の生命，身体又は前記建造物等以外の財産に対する危険も含まれると解するのが相当である。そして，市街地の駐車場において，被害車両からの出火により，第1，第2車両に延焼の危険が及んだ等の本件事実関係の下では，同法110条1項にいう『公共の危険』の発生を肯定することができるというべきである。本件について同項の建造物等以外放火罪の成立を認めた原判決の判断は，正当である。」

解説 本件においては，建造物等以外放火罪における「公共の危険」の意義が問題となった。学説には，108条および109条1項に規定されている物件への延焼のおそれに限定する限定説と，限定をしない非限定説がある。判例は，限定説を採っていると解されてきた（大判明44・4・24刑録17輯655頁，仙台高裁秋田支判昭32・12・10刑裁特4巻24号654頁，最判昭57・5・20刑集38巻6号2144頁参照など）。

しかし，本決定は，非限定説の立場に立つことを明言しており，その点できわめて重要な判例である。本決定は，「110条1項にいう『公共の危険』は，必ずしも同法108条及び109条1項に規定する建造物等に対する延焼の危険のみに限られるものではなく，不特定又は多数の人の生命，身体又は前記建造物等以外の財産に対する危険も含まれると解するのが相当である」と判示している。そして，本件事案については，「市街地の駐車場において，被害車両からの出火により，第1，第2車両に延焼の危険が及んだ等の本件事実関係の下では，同法110条1項にいう『公共の危険』の発生を肯定することができるというべきである。本件について同項の建造物等以外放火罪の成立を認めた原判決の判断は，正当である」と判示している。これは，公共の危険の発生をみとめた判例としての意義を有する。なお，公共の危険が発生していないとされた下級審の裁判例として，人家から300メートル以上離れた山腹にあって，周辺の雑木が切り払われて，引火延焼の危険がある物は何も存在していない炭焼小屋を，前夜来，小雨の降る状況の下で，付近に延焼しないように監視しながら焼損した事案がある（広島高裁岡山支判昭30・11・15刑裁特2巻22号1173頁）。

58 公共の危険の認識

最判昭 60・3・28（刑集 39 巻 2 号 75 頁）

事実 被告人Xは，対立する暴走族グループの単車を焼損するなどして破壊しようと企て，配下のYに対して，「Aらの単車を潰せ」「燃やせ」「Bの単車でもかまわない」などと言って指示したところ，Yは，Zら2人にXの指示を伝え，B所有の単車を焼損することを順次共謀し，ZらがD方1階ガラス窓から約30cm離れた軒下に置かれたB所有の単車のタンク内からガソリンを流出させて放火して，同車を焼損し，さらにD方に延焼させて，公共の危険を生じさせた。

第1審は，Xについて他人所有建造物等以外放火罪（刑110条1項）の共謀共同正犯の成立をみとめた。被告人側から控訴がなされ，原審は，同罪が成立するためには，「公共の危険発生についての認識は必要でない」として控訴を棄却した。被告人側から上告がなされたが，最高裁の本判決は，上告を棄却し，なお書きで次のように判示している。

争点 110条1項の罪が成立するためには，「公共の危険」の発生の認識を必要とするか。

判旨 「なお，刑法110条1項の放火罪が成立するためには，火を放って同条所定の物を焼燬する認識のあることが必要であるが，焼燬の結果公共の危険を発生させることまでを認識する必要はないものと解すべきであるから，これと同旨の見解に立ち，被告人に本件放火罪の共謀共同正犯の成立を認めた原判断は，記録に徴し正当として是認することができる。」

解説 本件において，「公共の危険」の発生の認識を必要とするかどうか，が問題となった。非現住建造物等放火罪（109条2項），建造物等以外放火罪（110条）において，「公共の危険」の発生が要

件とされている。公共の危険は、108条および109条1項に規定する建造物などに対する延焼の危険だけに限らず、不特定または多数の人の生命、身体または上記の建造物等以外の財産に対する危険も含まれる（最決平15・4・14刑集57巻4号445頁）。公共の危険が、その認識を必要とするかどうか、について学説は次のように分かれている。すなわち、①第1説（認識不要説）は、抽象的危険犯および具体的危険犯のいずれも公共の危険発生の認識を不要とする。②第2説（認識必要説）は、抽象的危険犯および具体的危険犯の双方につき公共の危険発生の認識を必要とする。③第3説（二分説）は、抽象的危険犯については公共の危険発生の認識は不要であるが、具体的危険犯については認識を必要とする。抽象的危険犯のばあい、公共の危険の発生が擬制されているので、その認識は不要である。具体的危険犯のばあいには、それは構成要件要素であるから、その認識が必要であると解すべきである。したがって、第3説が妥当である。

判例は、放火罪のばあい、大審院以来、抽象的危険犯および具体的危険犯について公共の危険発生の認識を不要としている（109条1項につき、大判昭10・6・6刑集14巻631頁）。

大審院の判例は、110条について、「刑法第110条第1項の犯罪は、火を放て同法第108条、第109条に記載したる以外の物を焼燬［焼損］し因て公共の危険を生ぜしめたることを以て該犯罪構成の要件となせども、火を放ち同条所定の物を焼燬［焼損］する認識あれば足り、公共の危険を生ぜしむる認識あることを要するものに非ざること同条の解釈上明白なり」（大判昭6・7・2刑集10巻303頁）と判示している。これは、110条は結果責任を規定したものであるから、建造物等以外の物を焼損することによって公共の危険が発生すれば足り、公共の危険の認識を不要と解するものである。この見地においては、公共の危険の発生は客観的処罰条件にほかならず、その認識は不要ということになる。

最高裁の本判決は、「刑法110条1項の放火罪が成立するためには、火を放って同条所定の物を焼燬［焼損］する認識のあることが必要であるが、焼燬の結果公共の危険を発生させることまでを認識する必要はない」と判示して、大審院の判例と同じ立場に立つことを明らかにしている。

59 往来の危険の意義

最決平 15・6・2（刑集 57 巻 6 号 749 頁）

事実 被告人 X は，某日午後 1 時 15 分頃から午後 5 時頃までの間，旧国鉄山陽本線瀬野駅・八本松駅間の鉄道用地と境界を接する自己の所有地を A にパワーショベルで境界に沿って深さ約 3.8 m ないし 4.3 m，幅約 2 m，長さ約 76 m にわたり掘削させたところ，境界と線路が最も接近している場所付近に存在していた電柱付近の土砂が崩壊し，土地の境界杭が落下したほか，盛土上に位置する線路の軌道敷自体が緩むことはなかったが，電柱付近の路盤の掘削断面は，著しく損なわれ，盛土の法面勾配に関する国鉄の安全基準を大幅に超える急傾斜となった。そこで，国鉄側は，このまま電車を運行させると電柱の倒壊などにより電車の乗客に危険が及ぶと判断して，送電停止の措置をとり，電車の運行を中止した。

第 1 審は，電汽車の衝突・転覆・脱線などの実害が発生する一般的可能性をみとめ，往来危険罪の成立を肯定した。被告人側から控訴がなされ，原審は，別の視点から危険の存在をみとめて控訴を棄却した。被告人からの上告に対して最高裁の本決定は，次のように判示して上告を棄却している。

争点 往来危険罪における「往来の危険」の意義は何であり，その存否は何を基礎にして判断されるのか。

決定要旨 「平成 7 年法律第 91 号による改正前の刑法 125 条 1 項にいう『往来ノ危険』とは，汽車又は電車の脱線，転覆，衝突，破壊など，これらの交通機関の往来に危険な結果を生ずるおそれのある状態をいい，単に交通の妨害を生じさせただけでは足りないが，上記脱線等の実害の発生が必然的ないし蓋然的であることまで必要とするものではなく，上記実害の発生する可能性があれば足りる……。本件についてこれをみると，……掘削行為の規模及び掘削断面と上止 69 号電柱等との位置関係や，本件当時，国鉄職員及び工事関係者らが，上記掘削により上止 69 号電柱付近において地すべりが生じ同電柱が倒壊するなどし

> て，電車の脱線など安全な走行ができない状態に至るなど，極めて危険な状態にあると一致して認識しており，その認識は，現場の状況からして相当な理由があり合理的なものであったといえることなどに照らすと，上記実害の発生する可能性があったと認められる。」

解説 本件においては，往来危険罪における「往来の危険」の意義とその存否が問題となった。本罪は，往来妨害の罪の一類型である。往来妨害の罪は，公の交通機関または交通施設を侵害してその保護法益である交通の安全を害する犯罪であり，公共危険罪である。

「往来の危険を生じさせる」とは，汽車・電車・艦船の衝突・転覆・脱線・沈没・破壊など，その往来に危険な結果が発生する虞のある状態を生じさせることをいう（最判昭35・2・18刑集14巻2号138頁）。

本決定は，被告人が，旧国鉄の線路沿いの土地をパワーショベルで掘削し，土砂の崩壊をもたらし，周囲の地盤が不安定になったため，掘削現場にいた旧国鉄職員らが地すべりによる電柱の倒壊など，電車の脱線などに至るきわめて危険な状態にあると認識し，その認識が現場の状況から見て相当な理由に基づく合理的なものであり，上記実害の発生する可能性があったばあいには，「往来の危険」の発生をみとめている。

本決定は，「往来の危険」の意義について「汽車又は電車の脱線，転覆，衝突，破壊など，これらの交通機関の往来に危険な結果を生ずるおそれのある状態をいい，単に交通の妨害を生じさせただけでは足りないが，上記脱線等の実害の発生が必然的ないし蓋然的であることまで必要とするものではなく，上記実害の発生する可能性があれば足りる」と判示している。これは，従来の判例の立場を踏襲するものであるといえる。そして，その存否の判断については，掘削行為の規模および掘削断面と電柱などとの位置関係や，国鉄職員工事関係者らが，きわめて危険な状態にあると一致して認識し，その認識は，「相当な理由があり合理的なもの」であったことなどを根拠にして，「実害の発生する可能性」の存在を肯定している。本決定は，実害の発生する可能性を判断する方法を明示している点で，判例として重要な意義を有する。

60 電車転覆致死罪の成否
――三鷹事件
最[大]判昭30・6・22（刑集9巻8号1189頁）

事実 被告人Xは，旧国鉄三鷹電車区構内に入庫中の無人の電車を発進させ，運転者なしでこれを暴走させて電車区構内出口の一旦停止の標識がある地点で脱線させ，これにより電車の出入庫を妨害しようとの意図の下に，その電車の発進操作をして，無人でこれを暴走させ，電車の往来の危険を生じさせた。しかし，同電車は，Xの予期に反し，構内出口の一旦停止の標識がある地点を過ぎ，三鷹駅下り1番線上に邁進し，同駅南改札口前の下り1番線車止めに衝突し，これを破壊して脱線転覆し，交番や民家を破壊し付近に居合わせた通行人など6名の人を死亡させた。

第1審は，刑法127条・126条3項を適用し，被告人を無期懲役に処した。被告人側から控訴がなされ，原審は，量刑につき第1審判決を破棄自判し，被告人を死刑に処した。

被告人側から上告がなされ，上告趣意において，原判決が127条・126条3項を適用したことは127条の解釈適用を誤っており，憲法31条に違反するなどの主張がなされた。最高裁の本判決は，次のように判示して上告を棄却している。

争点 ①127条にいう「前条」は，126条3項を含むか。②126条にいう「人」は，同条1項・2項の車中・船中に現在した人に限られるのか。

判旨 「127条は，125条の罪を犯し因て汽車電車の顛覆又は破壊の結果を発生せしめた場合，126条の例によって処断すべきことを規定している。この法意は，右の結果の発生した場合に126条1項2項の例によって処断すべしとするものであるばかりでなく，汽車電車の顛覆又は破壊によって致死の結果を生じた場合には，また3項の例によって処断すべきを定めたものと解するを相当とする。けだし127条には右致

死の結果の発生した場合について特に明記するところがないことは，所論のとおりであるが，同条が『前条ノ例ニ同シ』と規定して，前条3項を除外せず，また『前条第1項第2項ノ例ニ同シ』とも規定していないことは，文理上当然に，126条各項所定の結果の発生した場合には，すべて同条項と同様処断すべきものであることを示しているからである。」「なお126条3項にいう人とは，必ずしも同条1項2項の車中船中に現在した人に限定すべきにあらず，いやしくも汽車又は電車の顛覆若しくは破壊に因って死に致された人をすべて包含するの法意と解するを相当とする。けだし人の現在する汽車又は電車を顛覆又は破壊せしめ，若しくは汽車又は電車の往来の危険を犯しもって右と同様の結果が発生するときは，人命に対する危害の及ぶところは，独り当該車中の人に局限せられるわけのものではないからである。」

解説 本件においては，126条と127条の解釈が問題となった。すなわち，127条は，「前条の例による」と規定しており，車船の転覆などを引き起こしたばあい，126条1項と2項の例によることは明白であるが，①致死の結果が生じたばあいには，126条3項の例によるべきか否か，が問題となる。②さらに，126条3項における「人」の範囲も問題となる。

最高裁の本判決における法廷意見は，①についてこれを肯定している。すなわち，「127条は，125条の罪を犯し因て汽車電車の顛覆又は破壊の結果を発生せしめた場合，126条の例によって処断すべきことを規定している。この法意は，右の結果の発生した場合に126条の1項2項の例によって処断すべしとするものであるばかりでなく，汽車電車の顛覆又は破壊によって致死の結果を生じた場合には，また3項の例によって処断すべきを定めたものと解するを相当とする」と解しているのである。

②について本判決は，126条3項における「人」は，汽車などの転覆・破壊によって死亡させられたすべての人を含むと解している。本罪の公共危険罪としての性質上，このように解するのは妥当であるといえる。

本判決は，127条における「前条の例による」の意義と126条3項における「人」の範囲について判示した重要判例である。

61 写真コピーの文書性

最判昭 51・4・30（刑集 30 巻 3 号 453 頁）

事実 被告人 X は，行使の目的で，A 地方法務局供託官 B 作成名義の真正な供託受領証から切り取った供託官の記名印および公印押捺部分を，虚偽の供託事実を記入した供託書用紙の下方に接続させてこれを電子複写機で複写する方法で，B 作成名義の真正な供託金受領証の写しであるかのような外観を呈する写真コピーを作成し，これを行使した。

第 1 審および原審は，本件コピーが刑法所定の公文書に該当しない以上，X の行為は刑法 155 条 1 項，158 条 1 項の罪を構成しないとした。検察官からの上告に対して，本判決は，原判決を破棄し次のように自判している。

争点 真正な記名印・公印押捺部分と虚偽事実を記載した供託書を合成し電子複写機で作成した写真コピーは，刑法所定の公文書に当たるか。

判旨「公文書偽造罪は，公文書に対する公共的信用を保護法益とし，公文書が証明手段としてもつ社会的機能を保護し，社会生活の安定を図ろうとするものであるから，公文書偽造罪の客体となる文書は，これを原本たる公文書そのものに限る根拠はなく，たとえ原本の写であっても，原本と同一の意識内容を保有し，証明文書としてこれと同様の社会的機能と信用性を有するものと認められる限り，これに含まれるものと解するのが相当である。……写真機，複写機等を使用し，機械的方法により原本を複写した文書（以下「写真コピー」という）は，写ではあるが，複写した者の意識が介在する余地のない，機械的に正確な複写版であって，紙質等の点を除けば，その内容のみならず筆跡，形状にいたるまで，原本と全く同じく正確に再現されているという外観をもち，また，一般にそのようなものとして信頼されうるような性質のもの，換言すれば，これを見る者をして，同一内容の原本の存在を信用させるだけではなく，印章，署名を含む原本の内容についてまで，原本そのものに接した場合と同様に認識させる特質をもち，その

作成者の意識内容でなく，原本作成者の意識内容が直接伝達保有されている文書と見うるようなものであるから，このような写真コピーは，そこに複写されている原本が右コピーどおりの内容，形状において存在していることにつき極めて強力な証明力をもちうるのであり，それゆえに，公文書の写真コピーが実生活上原本に代わるべき証明文書として一般に通用し，原本と同程度の社会的機能と信用性を有するものとされている場合が多いのである。右のような公文書の写真コピーの性質とその社会的機能に照らすときは，右コピーは……原本作成名義人の印章，署名のある文書として公文書偽造罪の客体たりうるものと認めるのが相当である。」

解説　本判決は，写真コピーの文書性およびその偽造の問題に正面から取り組み，詳細に理由を述べつつ積極説の立場を明確に打ち出したきわめて重要な判例である。本判決の特徴は，公文書偽造罪の保護法益として公文書に対する「公共的信用」をあげ，本罪の目的を公文書が「証明手段としてもつ社会的機能」を保護することに求め，したがって，公文書偽造罪の客体となる文書の要件として，公文書に匹敵するような「証明文書としての社会的機能」と「信用性」をあげている点にある。本判決によれば，写真コピーは，手書きによる写しと異なり，写し作成者の意識が介在混入する余地がないことはもとより，紙質などの点を除けば，その内容，筆跡，形状が原本とまったく同じく正確に再現されるため，そこに複写されている原本がそのコピーどおりの内容，形状において存在していることにつき，きわめて強力な証明力をもち得る。したがって，公文書の写真コピーが実生活上「原本に代わるべき証明文書」として一般に通用し，原本と同程度の「社会的機能の信用性」を有するばあいが多いので，写真コピーは，「文書本来の性質上写真コピーが原本と同様の機能と信用性を有しえない場合を除き」公文書偽造罪の客体となり得るとされる。

　本判決は，写真コピーに表示された意識内容は，原本のそれが直接的に機械的に表示されたものと見得るので，原本の意識の主体が名義人であると解し，写真コピーの方法によって原本の作成名義の冒用がなされ得ることの理論的根拠を，原本の名義人の「許容」ないし「許諾」に求めている。

62 事実証明に関する文書の意義
―― 大学入試替え玉受験事件

最決平6・11・29（刑集48巻7号453頁）

事実 私立A大学職員の被告人X，被告人Yおよび同大学野球部元監督の被告人Zは，同大学の入学選抜試験に際し，志願者に合格点を取らせるため，いわゆる替え玉受験者に同試験を受験させてその答案を偽造・行使することを企て，替え玉受験者となる大学生らと共謀のうえ，替え玉受験者において，配布された解答用紙の氏名欄に志願者名を記入し，解答欄に記号を記入するなどし，試験監督にこれを提出した。X，YおよびZは，有印私文書偽造・同行使罪で起訴された。

第1審は，入学選抜試験の答案は刑法159条1項にいう事実証明に関する文書に当たるとして，有印私文書偽造・同行使罪の成立を肯定した。Yからの控訴に対して原審は，本件各答案が，実社会生活にとって重要な意味をもつ事実の証明に関する文書であることは明らかであるとして控訴を棄却した。Yからの上告に対して最高裁の本決定は，次のように判示してこれを棄却している。

争点 私立大学の入学選抜試験（入試）の答案は「事実証明に関する文書」に当たるか。

決定要旨 「なお，本件入学選抜試験の答案は，試験問題に対し，志願者が正解と判断した内容を所定の用紙の解答欄に記載する文書であり，それ自体で志願者の学力が明らかになるものではないが，それが採点されて，その結果が志願者の学力を示す資料となり，これを基に合否の判定が行われ，合格の判定を受けた志願者が入学を許可されるのであるから，志願者の学力の証明に関するものであって『社会生活に交渉を有する事項』を証明する文書（最高裁昭和33年(あ)第890号同年9月16日第三小法廷決定・刑集12巻13号3031頁参照）に当たると解するのが相当である。したがって，本件答案が刑法159条1項にいう事実証明に関する文書に当たるとした原判断は，正当である。」

解説 本件においては，私立大学の入学選抜試験の答案が「事実証明に関する文書」に当たるか否か，が問題となった。事実証明に関する文書の意義について，大審院の判例は，「刑法第159条第1項に所謂事実証明の文書は其証明し得べき事実を法律事項に限定すべきに非ず。苟も吾人の実社会生活に交渉を有する事項を証明するに足る以上，之を事実証明の文書として其公信力を保護せざるべからず」と判示し（大判大9・12・24刑録26輯938頁），最高裁の判例もこれを踏襲して「社会生活に交渉を有する事項……を証明するに足る文書」と解している（最決昭33・9・16刑集12巻13号3031頁）。

判例は，われわれの実社会生活に交渉を有する事項を証明する文書であれば足りるとするが，通説は，このような文書の数はほとんど無限であり，そのすべてを刑法的保護の対象とすることは不適当であるので，本罪の客体を「法律的にも何らかの意味のある，社会生活の重要な利害に関係のある事実を証明し得る文書」に限るべきであるとしている。

本決定は，本件入学選抜試験の答案は，①「試験問題に対し，志願者が正解と判断した内容を所定の用紙の解答欄に記載する文書」であること，②「それ自体で志願者の学力が明らかになるものではないが，それが採点されて，その結果が志願者の学力を示す資料となり，これを基に合否の判定が行われ，合格の判定を受けた志願者が入学を許可されるのであるから，志願者の学力の証明に関するもの」であること，および③「社会生活に交渉を有する事項」を証明する文書に当たることをみとめているのである。本決定の立場は妥当である。

本決定は，私立大学の入試答案が「事実証明に関する文書」であることを最高裁として初めて判示したものとしてきわめて重要な意義を有する。この判断は，入試答案はもとより，採点により一定の学力を証明する資料として重要性を有する各種の試験答案についてもあてはまるものといえる。しかし，当該「試験」の有する法的・社会的重要性の観点からの限定は必要であり，試験答案であればすべて「私文書偽造罪の客体」となると解すべきではない。すなわち，学校で実施される小テストや期末試験などの答案は，私文書偽造罪の客体から除外されるべきであろう。

63 補助公務員の作成権限

最判昭 51・5・6（刑集 30 巻 4 号 591 頁）

事実　A市役所本庁の市民課調査係長の被告人Ｘは，自宅新築資金の借入れのため印鑑証明書が必要になったので，自己宛2通，妻，義父，知人2名宛各1通，合計6通のA市長作成名義の印鑑証明書を，申請書提出，手数料納付など正規の手続きを経ないで自ら作成取得した。印鑑証明書の作成発行は，市民課長の専決事項とされていたが，事務手続きは，市民課の市民係が分掌し，慣行上，Ｘを含む市民課員全員がその事務をとる権限を有していた。本件の各印鑑証明書は，申請書が提出されていないため，市民課長またはその代理者の決裁もなかったが，正規の手続きによれば，当然に印鑑証明書が交付されるはずのものであった。

　第1審は，義父宛印鑑証明書については本庁では本来発行し得ないものであるから，被告人には作成権限がなく，また他の5通の印鑑証明書も，本来の正規の手続きにより作成されたものではなく，印鑑証明書作成事務の正当な分担援助による作成ということはできないので，有印公文書偽造罪の成立をみとめた。被告人側から控訴がなされたが，原審は，有印公文書偽造罪が成立するとした。被告人側から上告がなされ，最高裁の本判決は，次のように判示して原判決を破棄し原審に差し戻している。

争点　印鑑証明書の作成につき事実上，作成権限を有する補助公務員が正規の手続きを経ないで印鑑証明書を発行したばあいに，公文書偽造罪が成立するか。

判旨　「公文書偽造罪における偽造とは，公文書の作成名義人以外の者が，権限なしに，その名義を用いて公文書を作成することを意味する。そして，右の作成権限は，作成名義人の決裁を待たずに自らの判断で公文書を作成することが一般的に許されている代決者ばかりでなく，一定の手続を経由するなどの特定の条件のもとにおいて公文書を作成することが許されている補助者も，その内容の正確性を確保することな

ど，その者への授権を基礎づける一定の基本的な条件に従う限度において，これを有しているものということができる。……被告人を含む市民課員も，市民課長の補助者の立場で，一定の条件のもとにおいて，これを作成する権限を有していたことは，これに対する市民課長の決裁が印鑑証明書の交付された翌日に行われる事後決裁であったことから，明らかにこれを認めることができる。そして，問題となる5通の印鑑証明書は，いずれも内容が正確であって，通常の申請手続を経由すれば，当然に交付されるものであったのであるから，被告人がこれを作成したことをもって，補助者としての作成権限を超えた行為であるということはできない。……被告人は，作成権限に基づいて，本件の5通の印鑑証明書を作成したものというべきであるから，正規の手続によらないで作成した点において権限の濫用があるとしても，……公文書偽造罪をもって問擬されるべきではないと解するのが相当である。」

解説 　本件においては，補助公務員が正規の手続きを踏まずに印鑑証明書を作成したばあい，公文書偽造罪が成立するか否か，が問題となった。本判決は，公文書の「作成権限は，作成名義人の決裁を待たずに自らの判断で公文書を作成することが一般的に許されている代決者ばかりでなく，一定の手続を経由するなどの特定の条件のもとにおいて公文書を作成することが許されている補助者も，その内容の正確性を確保することなど，その者への授権を基礎づける一定の基本的な条件に従う限度において，これを有しているものということができる」と判示している。これは，補助公務員も，「授権を基礎づける一定の条件」を充足する限度で，作成権限を有することをみとめるものであり，妥当である。

　本判決は，本件においてはXを含む市民課員にも「市民課長の補助者」として印鑑証明書の「作成権限」をみとめ，結論としてXは，作成権限に基づいて，本件の5通の印鑑証明書を作成したので，「正規の手続によらないで作成した点において権限の濫用があるとしても，そのことを理由に内部規律違反の責任を問われることはかくべつ，公文書偽造罪をもって問擬されるべきではない」と判示している。本判決は，最高裁が公文書作成の実態に即して，一定の範囲の補助公務員に文書作成の権限をみとめている点できわめて重要な意義を有する。

64 虚偽公文書作成罪の間接正犯

最判昭 32・10・4（刑集 11 巻 10 号 2464 頁）

事実　被告人 X は，県地方事務所の建築係として，一般建築に関する建築申請書類の審査，建築物の現場審査ならびに住宅金融公庫からの融資によって建築される住宅の建築設計審査，建築進行状況の審査およびこれらに関する文書の起案などの職務を担当していたが，その地位を利用して融資金を詐取しようと企て，行使の目的をもって，着工前の住宅の現場審査申請書に，建前が完了した旨，または屋根葺，荒壁が完了した旨の虚偽の報告を記載し，これを情を知らない地方事務所長に提出して記名押印させ，もって内容虚偽の現場審査合格書を作成させた。X は，虚偽公文書作成罪で起訴された。

　第 1 審は，刑法 156 条の虚偽公文書作成罪の間接正犯の成立をみとめた。被告人側からの控訴に対して，原審はこれを棄却した。被告人から上告がなされ，上告趣意において最高裁判例に違反する旨が主張されたが，本判決は，事案を異にするとして上告を棄却し次のように判示している。

争点　補助公務員が作成権限を有する公務員に内容虚偽の文書に記名捺印させて虚偽公文書を作成させたばあい，虚偽公文書作成罪の間接正犯が成立するか。

判旨　「刑法 156 条の虚偽公文書作成罪は，公文書の作成権限者たる公務員を主体とする身分犯ではあるが，作成権限者たる公務員の職務を補佐して公文書の起案を担当する職員が，その地位を利用し行使の目的をもってその職務上起案を担当する文書につき内容虚偽のものを起案し，これを情を知らない右上司に提出し上司をして右起案文書の内容を真実なものと誤信して署名若しくは記名，捺印せしめ，もって内容虚偽の公文書を作らせた場合の如きも，なお，虚偽公文書作成罪の間接正犯の成立あるものと解すべきである。けだし，この場合においては，右職員は，その職務に関し内容虚偽の文書を起案し情を知らない

作成権限者たる公務員を利用して虚偽の公文書を完成したものとみる
を相当とするからである（昭和10年(れ)第1424号同11年2月14日大
審院判決，昭和15年(れ)第63号同年4月2日大審院判決参照)。」

解説　本件においては，作成権限のない公務員が，作成権限を有する
公務員を利用するばあいには，公正証書原本等不実記載罪（157
条）との関係で，本罪の間接正犯が成立するか，が問題となった。
　判例は，刑法157条が文書の種類を限定して軽い処罰規定を設けているこ
とに鑑みると，それ以外のばあいは処罰しない趣旨と解されるから，非公務
員が虚偽の申立てをして公務員に内容虚偽の証明書を作成させたばあいに
は，156条の罪は成立しないとする（最判昭27・12・25刑集6巻12号1387頁）。
　本判決は，公文書の作成権限者を補佐して公文書の起案を担当する職員
が，その地位を利用して，職務上起案を担当する文書につき内容虚偽のもの
を起案し，情を知らない上司に真実なものと誤信させて署名などをさせたば
あいに，虚偽公文書作成罪の間接正犯の成立を肯定している。すなわち，本
判決は，「刑法156条の虚偽公文書作成罪は，公文書の作成権限者たる公務
員を主体とする身分犯ではあるが，作成権限者たる公務員の職務を補佐して
公文書の起案を担当する職員が，その地位を利用し行使の目的をもってその
職務上起案を担当する文書につき内容虚偽のものを起案し，これを情を知ら
ない右上司に提出し上司をして右起案文書の内容を真実なものと誤信して署
名若しくは記名，捺印せしめ，もって内容虚偽の公文書を作らせた」ばあい
に，虚偽公文書作成罪の間接正犯が成立するとする。なぜならば，当該「職
員は，その職務に関し内容虚偽の文書を起案し情を知らない作成権限たる公
務員を利用して虚偽の公文書を完成したものとみる」べきだからである。
　文書の作成名義と偽造概念は，形式主義の見地から把握されるべきであ
り，補助公務員のばあい，作成権限の委任の有無によって偽造か否かは決せ
られるべきである。「作成権限」を実質化することによって補助公務員に「作
成権限」をみとめたうえでその間接無形偽造を処罰するのは，形式主義の自
殺行為に等しいといえる。本判決は，形式主義の立場を堅持しつつ，端的に
156条の間接正犯として処罰することを明言するものであり妥当である。

65 代表名義の冒用と私文書偽造罪

最判昭 45・9・4（刑集 24 巻 10 号 1319 頁）

【事実】 学校法人 K の理事 X および Y は，学校法人 K の経営の実権を掌握しようと考え，共謀のうえ，行使の目的をもって「理事会決議録」と題して，理事会が数名の反対派理事を解任し，A を理事に，X を理事長にそれぞれ選任し，X を議事録署名人とすることを可決した旨の虚偽事実を記載し，末尾に「理事署名人 X」と記名し X の印を押して文書を偽造するなどの行為をおこなった。

第1審および原審は，有印私文書偽造罪の成立をみとめた。被告人側から上告がなされ，最高裁の本判決は，次のように判示して上告を棄却している。

【争点】 代表・代理名義を冒用して文書を作成したばあい，名義人は代表・代理された本人か。

【判旨】「他人の代表者または代理人として文書を作成する権限のない者が，他人を代表もしくは代理すべき資格，または，普通人をして他人を代表もしくは代理するものと誤信させるに足りるような資格を表示して作成した文書は，その文書によって表示された意識内容にもとづく効果が，代表もしくは代理された本人に帰属する形式のものであるから，その名義人は，代表もしくは代理された本人であると解するのが相当である（大判明 42.6.10 刑録 15 輯 738 頁参照）。……理事会決議録なる文書は，その内容体裁などからみて，学校法人 K 理事会の議事録として作成されたものと認められ，また，理事録署名人という記載は，普通人をして，同理事会を代表するものと誤信させるに足りる資格の表示と認められるのであるから，被告人らは，同理事会の代表者または代理人として同理事会の議事録を作成する権限がないのに，普通人をして，同理事会を代表するものと誤信させるに足りる理事録署名人という資格を冒用して，同理事会名義の文書を偽造したものというべきである。したがって，前記のとおり，これを理事会議事録署名人作成名義の文書を偽造したものとした第一審判決およびこれを是認した

原判決は，法令の解釈適用を誤ったものといわなければならない。」

解説　本判決は，代表名義の文書の名義人の問題を最高裁が直接的に取り扱った最初の事案として重要な意味をもっている。代表名義の文書のばあいは，代表される者（本人）の名前と代表する者（代表者）の名前が共に文書に表示されるので，そのいずれを文書の名義人とするか，が争われる。本判決は，大審院判決（明42・6・10刑録15輯750頁）を参照しながらも，それとは異なる理由づけによって本人が名義人であるとする。大審院の判決は，代理名義の文書においては「法律効果の帰属する主体」が本人であることを理由に，本人をその文書の作成名義人と解した。

しかし，これに対しては，ある文書が偽造であるかどうかは，「その文書の記載内容の実質的効果が本人に及ぶかどうか」ということではなくて，「もっぱら文書の外形にあらわれた作成名義がだれか」ということによって決められるべきであるという批判がある。そこで，本判決は，代理・代表名義の文書は，法律効果が「本人に帰属する形式」の文書であるから，文書の信用に重きをおく文書偽造の関係においては，このような文書については本人が名義人であると解している。

名義人を文書の記載内容の意識の主体と解するかぎり，代理・代表名義の文書の名義人は代理人・代表者であると考える方が，首尾一貫している。しかし，文書の信用性に関して，通常，代理人・代表者自身よりも本人にウェイトがおかれるので，本人の名前が記載されているという事実をまったく無視して上記のように解してよいかは，疑問である。そこで，判例・通説は，意思表示の効果の帰属主体を名義人と解することによって本人を名義人とするのである。わたくしは，名義人は「文書の作成についての責任主体」，つまり「文書作成の真正性を保証し文書作成の効果の受忍主体」として把握されるべきであると解している。

本判決では，さらに，普通人をして他人を代表または代理するものと誤信させるに足りるような資格を表示して作成した文書についても，上に述べたことと同様の取扱いを受けると解している。これは，この点に関する大審院の判例（大判大12・6・16刑集2巻546頁）を踏襲するものであり，妥当である。

66 通称の使用と人格の同一性

最判昭 59・2・17（刑集 38 巻 3 号 336 頁）

事実　日本統治下の朝鮮済州島において出生した外国人である被告人 X は，昭和 24 年わが国に密入国し，翌年，実兄 A から自己の写真が貼付された A 名義の外国人登録証明書 1 通を受け取った。X は，その後，昭和 49 年に至るまで計 9 回にわたり，外国人登録法所定の登録事項確認申請手続きに際して，X 自身の写真を提出し，指紋押捺をして申請手続きを完了して，A 名義で X の写真が貼付された新外国人登録証明書を入手し，住所，職業，世帯主などについて，X 自身の真実のそれに一致するよう適宜，正規の登録事項変更手続きをとった。A という氏名は，X を指称するものとして公的生活および一般社会生活においても定着した。X は，昭和 53 年 3 月 A 名義の再入国許可を取得して朝鮮民主主義人民共和国に出国しようと企て，行使の目的で再入国許可申請書用紙の氏名欄および申請人署名欄に A と記載し，A と刻した丸印を押捺して，大阪入国管理事務所入国審査官に対して提出した。

　第 1 審は，私文書偽造罪の成立を否定した。検察官から控訴がなされ，原審も，私文書偽造罪の成立を否定した。

　検察官から事件受理の申立てがなされ，最高裁の本判決は，次のように判示して，原判決を破棄し原裁判所に差し戻している。

争点　定着した通称名を使用して再入国許可申請書を作成したばあい，私文書偽造罪が成立するか。

判旨　「原判決が，私文書偽造とは，その作成名義を偽ること，すなわち私文書の名義人でない者が権限がないのに，名義人の氏名を冒用して文書を作成することをいうのであって，その本質は，文書の名義人と作成者との間の人格の同一性を偽る点にあるとした点は正当である。」「再入国の許可を申請するにあたっては，ことがらの性質上，当

然に，本名を用いて申請書を作成することが要求されているといわなければならない。」「被告人がAという名称を永年自己の氏名として公然使用した結果，それが相当広範囲に被告人を指称する名称として定着し，原判決のいう他人との混同を生ずるおそれのない高度の特定識別機能を有するに至ったとしても，……被告人が外国人登録の関係ではAになりすましていた事実を否定することはでき」ず，「再入国許可申請書の性質にも照らすと，本件文書に表示されたAの氏名から認識される人格は，適法に本邦に在留することを許されているAであって，密入国をし，何らの在留資格をも有しない被告人とは別の人格であることが明らかであるから，そこに本件文書の名義人と作成者との人格の同一性に齟齬を生じているというべきである。したがって，被告人は，本件再入国許可申請書の作成名義を偽り，他人の名義でこれを作成，行使したものであり，その所為は私文書偽造，同行使罪にあたると解するのが相当である。」

解説 本件においては，定着した通称名を使用して再入国許可書を作成する行為が私文書偽造罪を構成するか否か，が争われた。最高裁の判例には，すでに限られた範囲で自己の名前として通用していた他人の氏名を使って交通切符の供述書を作成することが私文書偽造罪を構成することをみとめたものがある（最決昭56・12・22刑集35巻9号953頁）。本判決は，私文書偽造の「本質は文書の名義人と作成者との間の人格の同一性を偽る点にある」とする原判決は正当であるとしたうえで，「再入国許可申請書の性質にも照らすと，本件文書に表示されたAの氏名から認識される人格は，適法に本邦に在留することを許されているAであって」，適法な在留許可のない被告人Xとは別人格であるから，人格の同一性に齟齬があるとして，私文書偽造罪の成立をみとめている。そして本判決は，人格の同一性は，文書の性質も考慮に入れて総合的に判断すべきであるとしている点に，判例としてきわめて重要な意義を有する。すなわち，再入国許可を申請できるのは適法に在留を許されている者に限られるので，適法に在留者かどうかは，名義人および作成者の人格にとって重要な意味をもっており，これらに不一致があるばあいには「人格の同一性」は否定されることになるわけである。

67 同姓同名の使用と人格の同一性

最決平 5・10・5（刑集 47 巻 8 号 7 頁）

事実 弁護士資格を有しない被告人 X は，第二東京弁護士会に所属する弁護士 X1 が自己と同姓同名であることを利用して，その弁護士であるのかのように装って，X を弁護士と信じていた不動産業者 A から弁護士報酬を詐取しようと企て，①「第二東京弁護士会所属，弁護士 X」と記載した，土地調査に関する鑑定料等として弁護士会報酬規定に基づき 7 万 8000 円を請求する「弁護士報酬金請求について」と題する書面，②「X 法律事務所大阪出張所，第二東京弁護士会所属，弁護士 X」と記載し上記金額を X 名義の普通預金口座に振り込むよう依頼する振込依頼書，③「X 法律事務所（大阪事務所）……，弁護士 X」と記載し上記金額を請求する請求書各 1 通を作成し，これを A に一括郵送した。X は，有印私文書偽造・同行使罪で起訴された。

第 1 審は，有印私文書偽造・同行使罪の成立をみとめた。被告人側からの控訴がなされ，原審は，同罪の成立をみとめ控訴を棄却した。被告人側から上告がなされ，上告趣意において，被告人の行為は私文書の無形偽造であり，非弁護士の虚偽標示罪にとどまる旨の主張がなされたが，最高裁の本決定は，次のように判示して上告を棄却している。

争点 弁護士資格を有しない者が同姓同名の弁護士の肩書きを使用して文書を作成したばあい，私文書偽造罪が成立するか。

決定要旨 「私文書偽造の本質は，文書の名義人と作成者との間の人格の同一性を偽る点にあると解されるところ（最高裁昭和 58 年（あ）第 257 号同 59 年 2 月 17 日第二小法廷判決・刑集 38 巻 3 号 336 頁参照），前示のとおり，被告人は，自己の氏名が第二東京弁護士会所属の弁護士 X1 と同姓同名であることを利用して，同弁護士になりすまし，「弁護士 X」の名義で本件各文書を作成したものであって，たとえ名義人として表

> 示された者の氏名が被告人の氏名と同一であったとしても、本件各文書が弁護士としての業務に関連して弁護士資格を有する者が作成した形式、内容のものである以上、本件各文書に表示された名義人は、第二東京弁護士会に所属する弁護士 X1 であって、弁護士資格を有しない被告人とは別人格の者であることが明らかであるから、本件各文書の名義人と作成者との人格の同一性にそごを生じさせたものというべきである。したがって、被告人は右の同一性を偽ったものであって、その各所為について私文書偽造罪、同行使罪が成立するとした原判断は、正当である。」

解説 本件においては、X が同姓同名の弁護士の肩書きを使用して「弁護士 X」名義の文書を作成することが、私文書偽造罪を構成する「有形偽造」に当たるか、が問題となった。文書の作成者として文書に表示されている名義人と現実にその文書を作り出した者とが一致しないばあい、その文書は不真正である(「名義人の同一性についての偽り」)。有形偽造の本質的要素は、①文書を作成する権限がないこと、および、②他人の名義を使用することであると解するのが、判例・通説の立場である。

本件においては、有形偽造の第 2 の要件たる他人の名義を使用すること、すなわち「名義人の人格を偽る」ことが問題となったのである。

本決定が援用する最高裁昭和 59 年判決(最判昭 59・2・17 刑集 38 巻 3 号 336 頁)は、有形偽造の「本質は、文書の名義人と作成者との間の人格の同一性を偽る点にある」と判示している。そして本決定は、被告人の氏名が弁護士 X と同姓同名であることを利用して、同弁護士に成りすまし、「弁護士 X」の名義で文書を作成して行使したばあい、たとえ名義人として表示された者の氏名が被告人の氏名と同一であったとしても、本件文書が弁護士としての業務に関連して弁護士資格を有する者が作成した形式、内容のものであることを理由に、「文書に表示された名義人」は、「弁護士 X」であって、「弁護士資格を有しない被告人」とは「別人格の者」であるから、本件文書の名義人と作成との人格の同一性を偽ったこととなると判示している。

本決定は、私文書偽造の本質を「文書の名義人と作成者との間の人格の同一性を偽る」ことに求めている点で、従来の判例・通説と同じである。

68 資格の冒用

最決平 15・10・6（刑集 57 巻 9 号 987 頁）

事実　被告人 X は，弟らと共謀のうえ，顧客にする目的で，国際運転免許証に酷似した文書を作成した。国際運転免許証は，道路交通に関する条約（ジュネーブ条約）に基づき，権限ある当局またはその当局が正当に権限を与えた団体のみが発給することをみとめられた文書であり，同条約がその形状，記載内容などの様式を詳細に規定しており，X が作成した文書は表紙に英仏語で「国際運転免許証」などの文字が記載されるなど，条約に基づく正規の国際運転免許証にその形状，記載内容などが酷似していた。さらに本件文書は，表紙に英語で「国際旅行連盟」と刻された印章様のものが印字されており，国際旅行連盟という団体がその発給者として表示されていた。X は，有印私文書偽造罪で起訴された。

第 1 審は，有印私文書偽造罪（刑 159 条 1 項）の成立をみとめた。被告人側から控訴がなされ，原審は本罪の成立を肯定し，控訴を棄却した。被告人側から上告がなされ，最高裁の本決定は，次のように判示して上告を棄却している。

争点　国際運転免許証の発給権限を有しない団体の名義で同免許証を作成したばあい，私文書偽造罪が成立するか。

決定要旨　「私文書偽造の本質は，文書の名義人と作成者との間の人格の同一性を偽る点にあると解される……。本件についてこれをみるに，……本件文書の記載内容，性質などに照らすと，ジュネーブ条約に基づく国際運転免許証の発給権限を有する団体により作成されているということが，正に本件文書の社会的信用性を基礎付けるものといえるから，本件文書の名義人は，『ジュネーブ条約に基づく国際運転免許証の発給権限を有する団体である国際旅行連盟』であると解すべきである。そうすると，国際旅行連盟が同条約に基づきその締約国等から国際運転免許証の発給権限を与えられた事実はないのであるから，所論

のように,国際旅行連盟が実在の団体であり,被告人に本件文書の作成を委託していたとの前提に立ったとしても,被告人が国際旅行連盟の名称を用いて本件文書を作成する行為は,文書の名義人と作成者との間の人格の同一性を偽るものであるといわねばならない。」

解説 本件においては,国際運転免許証の発給権限を有しない団体の名義で国際運転免許証様の文書を作成したばあいに,有印私文書偽造罪が成立するか否か,が問題となった。有形偽造における文書作成の権限は,名義人との関係において,「有効な名義人の文書として成立させ得る権限」を意味する。「偽造」概念に関する観念説(精神性説)によれば,作成名義人がその文書を精神的に「作成」したものとする基礎をなすのが,文書の作成権限にほかならない。

本決定は,「私文書偽造の本質は,文書の名義人と作成者との間の人格の同一性を偽る点にある」と解されるとして,最高裁の2つの判例(最判昭59・2・17刑集38巻3号336頁および最決平5・10・5刑集47巻8号7頁)を援用したうえで,「本件文書の記載内容,性質などに照らすと,ジュネーブ条約に基づく国際運転免許証の発給権限を有する団体により作成されているということが,正に本件文書の社会的信用性を基礎付けるものといえるから,本件文書の名義人は,『ジュネーブ条約に基づく国際運転免許証の発給権限を有する団体である国際旅行連盟』であると解すべきである」とする。そして国際旅行連盟が同条約に基づきその締約国等から国際運転免許証の発給権限を与えられた事実はないから,国際旅行連盟が実在の団体であり,被告人に本件文書の作成を委託していたとの前提に立ったとしても,被告人が国際旅行連盟の名称を用いて本件文書を作成する行為は,「文書の名義人と作成者との間の人格の同一性を偽る」ものであると明言している。これは,Xが「国際旅行連盟」の名義を冒用したとして,有印私文書偽造罪の成立を肯定するものである。国際運転免許証に酷似する文書をその団体名義で作成する行為は,一般人に,正規の発給権限を有する団体が作成したという社会的信用を生じさせるために,文書の名義人と作成者の人格的同一性を偽っているので,有印私文書偽造罪が成立するのである。この立場は妥当である。

69 名義人の承諾と私文書偽造罪の成否

最決昭 56・4・8（刑集 35 巻 3 号 57 頁）

事実 被告人Xは，酒気帯び運転などにより運転免許停止処分を受けていたが，これを聞いた会社の共同経営者Aは，「免許がなかったら困るだろう。俺が免許証を持っているから，俺の名前を言ったら」と勧めて，メモ紙に自分の本籍，住所，氏名，生年月日を書いて，交通安全協会発行のカードとともにXに交付した。その後，Xは，無免許運転中に警察の取締りを受けた際に，「免許証は家に忘れてきました」と言って，Aの氏名などを称し，警察官が作成する道路交通法違反（免許証不携帯）の交通事件原票中の，道路交通法違反現認報告書記載のとおり違反したことに相違ない旨の記載がある供述書欄の末尾に「A」と署名した。そして，Xは，免許証不携帯による反則金 2000 円を同日，納付し，その後，経過をAに報告したところ，Aは特段抗議をしなかった。

第1審および原審は，Xについて有印私文書偽造罪および同行使罪の成立をみとめた。これに対して被告人側から上告がなされ，最高裁の本決定は，適法な上告理由に当たらないとしてこれを棄却したうえで，次のように判示している。

争点 名義人が自己の名義の使用を承諾しているばあい，私文書偽造罪が成立するか。

決定要旨 「なお，交通事件原票中の供述書は，その文書の性質上，作成名義人以外の者がこれを作成することは法令上許されないものであって，右供述書を他人の名義で作成した場合は，あらかじめその他人の承諾を得ていたとしても，私文書偽造罪が成立すると解すべきであるから，これと同趣旨の原審の判断は相当である。」

解説 本件においては，名義人の承諾に基づいてその名義人の氏名を使用して交通切符中の供述書を作成する行為は私文書偽造罪を構成するか，が問題になった。名義人の承諾がある以上，他人名義の「冒用」が否定されて私文書偽造罪は成立しないのではないか，という疑問が生ずる。この点について本決定は，交通事件原票の供述書の作成が私文書偽造罪を構成することを肯定している。

すなわち，交通事件原票中の供述書は，その文書の性質上，作成名義人以外の者がこれを作成することは，法令上許されないので，前記供述書を他人の名義で作成したばあい，あらかじめその他人の承諾を得ていたとしても，私文書偽造罪が成立するとされるのである。

私文書のばあい，名義人の事前の承諾があれば，他人がその名義を用いて文書を作成しても有形偽造とならない点については争いはない。観念説（精神性説）のもとでは，名義人が文書作成を承諾することによって，現実に他人が作出した文書であっても名義人自身が作成したものと評価されるからである。このような一般的原則が，法令上，作成名義人以外の者の作成が禁止されている私文書についても妥当するのか，が問題となる。他人名義で供述書を作成することが法令上禁止されているばあいに，名義人の事前の承諾に基づいて他人が供述書を作成すると，その供述書が，本来，予定していた証拠価値はまったく生じないことになる。たしかに，法令上禁止されている文書を作成するのは，当該法令に違反し不適法（違法）であり，当該文書は無効になることが多い。しかし，そのことと「不真正文書の作成」とは区別されなければならない。

形式主義のもとにおいては，文書作成の「不真正性」が重要なのであり，作成行為の不適法性および作成された文書の無効性は，重要ではない。文書の作成が真正かどうかは，「制度としての文書」の基礎を侵害するかどうか，という観点から決められるべきである。名義人の承諾があったとしても，その名義人自身が作成すべき文書を作成させるのは，文書の証拠性を著しく損なうものであって，不真正文書の作成に当たると解すべきである。このようにして，わたくしは，判例の立場を支持する。

70 権限の内部的制限と有価証券偽造罪

最判昭 43・6・25（刑集 22 巻 6 号 490 頁）

事実 被告人 X は，A 県鰹鮪漁業協同組合の参事で約束手形発行の事務を担当していたが，同組合の内規によれば，組合員または准組合員に対して融通手形として同組合長振出名義の約束手形を作成・発行するためには，専務理事 B の決済が必要とされ，X 単独では作成・発行することはできないことになっていた。ところが X は，72 回にわたって専務理事の決済を受けずに，准組合員に対して組合長振出名義の約束手形を融通手形として作成して，これを他人を介して金融業者に適式に振り出されたもののように装って交付して手形割引きを受けた。

第 1 審および原審は，有価証券偽造罪・同行使罪の成立をみとめた。被告人側から上告がなされ，最高裁の本判決は，上告を棄却したが，カッコ内で次のように判示している。

争点 融通手形の振出権限につき内部的制限が付されているばあい，それに違反して融通手形を振り出す行為は，有価証券偽造罪を構成するか。

判旨 「記録によれば，被告人は第一審判示 A 県鰹鮪漁業協同組合の参事であったが，当時同組合内部の定めとしては，同組合が組合員または准組合員のために融通手形として振り出す組合長振出名義の約束手形の作成権限はすべて専務理事 B に属するものとされ，被告人は単なる起案者，補佐役として右手形作成に関与していたにすぎないものであることが，明らかである。もっとも，同人は，水産業協同組合法 46 条 3 項により準用されている商法 38 条 1 項の支配人としての地位にあった者であるけれども，右のような本件の事実関係のもとにおいては，単に同人の手形作成権限の行使方法について内部的制約があったというにとどまるものではなく，実質的には同人に右手形の作成権限そのものがなかったものとみるべきであるから，同人が組合長または専務理事の決済・承認を受けることなく准組合員のため融通手形として組合長振出名義の約束手形を作成した本件行為が有価証券偽造罪に

あたるとした原審の判断は，その結論において相当である。」

解説 有価証券偽造とは，作成権限のない者が他人名義の有価証券を作成することをいう。代理・代表権限がまったくないのに有価証券を作成し，または代理・代表権限の範囲を超えて有価証券を作成したばあい，本人（被代理人・被代表者）の作成名義を偽ったことになるから偽造罪が成立する。したがって，代理（代表）権限の有無・範囲如何が重要である。水産業協同組合法（旧）46条3項により商法（旧）38条1項・3項が準用される結果，漁業協同組合参事は，支配人と同様の包括的権限を有することとなり，一般的に手形発行の代理権限をもつと解される。他方，商法（旧）38条3項（現21条3項）は，支配人の代理権に制限を加え得ることを前提としてその制限を善意の第3者に対抗できない旨を規定している。そこで，本件の被告人のように，内規によって融通手形の発行について専務の決済が必要とされている参事は，刑法上手形作成の権限を有するものとみとめるべきかどうか，が問題となる。

この点について本判決は，被告人は，融通手形の作成に関しては「単なる起案者，補佐役」にすぎず，形式的には商法38条1項の支配人としての地位を有するけれども，本件の事実関係のもとにおいては，手形作成権限の「行使方法」について制約があったというにとどまらず，実質的には手形作成権限がまったくなかったのであるから，偽造罪が成立するとしている。本判決は，作成権限の行使方法の制約に違背するばあいには偽造罪の成立をみとめないが，本件のように「単なる起案者，補佐役とされている参事には，実質的に見て作成権限がない」と宣明しているにとどまる。もし，本判決が，融通手形以外の手形作成の権限をもみとめないとするのであれば，疑問である。

問題は，包括的な手形作成権限をもつ参事が，融通手形についてだけ作成権限をみとめられていないばあい，すなわち，包括的代理権が制限されているばあいに，善意の第3者との関係では有効とされる手形の作成が偽造罪を構成するかどうか，にある。本判決は，この点について，一般的に，私法上，有効とされるばあいのすべてに偽造罪の成立をみとめる趣旨かどうか，を明言していない。

71 行使の意義

最[大]判昭 44・6・18（刑集 23 巻 7 号 950 頁）

事実　被告人 X は，①昭和 40 年 1 月 28 日，行使の目的で，公務所である福岡県公安委員会作成名義の大型自動車運転免許証 1 通を偽造し，②昭和 42 年 10 月 22 日から同年 12 月 1 日までの間，前後 19 回にわたり福岡市内などにおいて，営業用普通乗用車を運転し，その都度，当該偽造運転免許証を携帯していた。なお，X は，①と②の中間に，窃盗，有印私文書偽造，同行使の各罪による懲役 1 年の確定判決を受けていた。

第 1 審は，①の行使は有印公文書偽造罪に，②の行為は偽造公文書行使罪（および無免許運転罪）にそれぞれ該当し，両罪は牽連犯の関係にあるとし，両罪の中間に別罪の確定判決が存在しても，なお科刑上一罪として処断すべきであるとした。被告人側から控訴がなされたが，原審はこれを棄却した。被告人側から，上告がなされた。

最高裁の本判決は，罪数処理に関して「牽連犯を構成する手段となる犯罪と結果となる犯罪との中間に別罪の確定裁判が介在する場合においても，なお刑法 54 条の適用があるものと解するのが相当である」と判示し，従来の判例を変更して原審判断を是認したが，職権判断で，②の行為を偽造公文書行使罪とした点につき，次のように判示して，法令の解釈適用および審理不尽の違法があるとして原判決を破棄し，原裁判所に差し戻している。

争点　自動車を運転する際に，偽造した免許証を携帯するにとどまるばあい，偽造公文書行使罪が成立するか。

判旨　「本件偽造公文書行使の各事実は，前記のように，被告人が自動車を運転した際に偽造にかかる運転免許証を携帯していたというものであるところ，偽造公文書行使罪は公文書の真正に対する公共の信用が具体的に侵害されることを防止しようとするものであるから，同罪にいう行使にあたるためには，文書を真正に成立したものとして他人に交付，提示等して，その閲覧に供し，その内容を認識させまたはこれ

を認識しうる状態におくことを要するのである。したがって，たとい自動車を運転する際に運転免許証を携帯し，一定の場合にこれを提示すべき義務が法令上定められているとしても，自動車を運転する際に偽造にかかる運転免許証を携帯しているに止まる場合には，未だこれを他人の閲覧に供しその内容を認識しうる状態においたものというには足りず，偽造公文書行使罪にあたらないと解すべきである。」

解説 偽造文書・虚偽文書の「行使」とは，偽造文書を真正な文書として，虚偽文書を内容の真実な文書としてそれぞれ使用することをいう（大判明 44・3・24 刑録 17 輯 458 頁）。偽造文書の行使といえるためには，偽造文書を相手方に提示・交付・送付し，または一定の場所に備え付けて，相手方にその内容を認識させ，または認識できる状態におくことが必要である。そのことによって当該文書に対する公共の信用が害される虞が生ずるからである（大判大 12・10・13 刑集 2 巻 700 頁）。

　携帯・提示を義務づけられている文書が偽造または変造にかかるばあい，携帯しているだけで行使といえるか，が問題となる。本件のように，自動車を運転する際に偽造の運転免許証を携帯しているにとどまるばあい，本判決は，いまだこれを他人の閲覧に供しその内容を認識し得る状態においたものとはいえないので，偽造公文書行使罪に当たらないとする。すなわち，本判決は，「本件偽造公文書行使の各事実は，前記のように，被告人が自動車を運転した際に偽造にかかる運転免許証を携帯していたというものであるところ，偽造公文書行使罪は公文書の真正に対する公共の信用が具体的に侵害されることを防止しようとするものであるから，同罪にいう行使にあたるためには，文書を真正に成立したものとして他人に交付，提示等して，その閲覧に供し，その内容を認識させまたはこれを認識しうる状態におくことを要するのである」としたうえで，「たとい自動車を運転する際に運転免許証を携帯し，一定の場合にこれを提示すべき義務が法令上定められているとしても，自動車を運転する際に偽造にかかる運転免許証を携帯しているに止まる場合には，未だこれを他人の閲覧に供しその内容を認識しうる状態においたものというには足りず，偽造公文書行使罪にあたらないと解すべきである」と判示している。この立場は，通説によって支持されており，妥当である。

72 「わいせつ」性の判断方法
—— 「四畳半襖の下張」事件

最判昭 55・11・28（刑集 34 巻 6 号 433 頁）

事実 被告人の雑誌社社長 X と同社が発行する雑誌『面白半分』の編集長で著名な作家 Y は，昭和 47 年 7 月号の同誌に，故永井荷風の作といわれる金阜山人戯作「四畳半襖の下張」（男女の情交の場面を内容とする戯作調の短編）を掲載し，同年 6 月に同誌を A 出版販売会社に合計 2 万 8457 冊，代金合計 288 万 276 円で売り渡した。X および Y は，わいせつの文書を販売したとして，刑法 175 条違反の罪で起訴された。

第 1 審は，わいせつ文書販売罪の成立をみとめ，X に罰金 15 万円，Y に罰金 10 万円の刑を言い渡した。被告人側から控訴がなされた。原審は，本作品はわいせつ文書に当たるとして控訴を棄却した。

被告人側から，刑法 175 条の違憲性などを理由に上告がなされたが，本判決は次のように判示して上告を棄却している。

争点 「わいせつ」性の判断は，いかなる点を考慮してなされるべきか。

判旨 「なお，文書のわいせつ性の判断にあたっては，当該文書の性に関する露骨で詳細な描写叙述の程度とその手法，右描写叙述の文書全体に占める比重，文書に表現された思想等と右描写叙述との関連性，文書の構成や展開，さらには芸術性・思想性等による性的刺激の緩和の程度，これらの観点から該文書を全体としてみたときに，主として，読者の好色的興味にうったえるものと認められるか否かなどの諸点を検討することが必要であり，これらの事情を総合し，その時代の健全な社会通念に照らして，それが『徒らに性欲を興奮又は刺激せしめ，かつ，普通人の正常な性的羞恥心を害し，善良な性的道義観念に反するもの』……といえるか否かを決すべきである。……本件『四畳半襖の下張』は，男女の性的交渉の情景を扇情的な筆致で露骨，詳細かつ具体的に描写した部分が量的質的に文書の中枢を占めており，その構成や展開，さらには文芸的，思想的価値などを考慮に容れても，主として読者の好色的興味にうったえるものと認められるから，以上の諸

点を総合検討したうえ，本件文書が刑法175条にいう『わいせつの文書』にあたると認めた原判断は，正当である。」

解説　175条における「わいせつ」とは，「徒らに性欲を興奮又は刺激せしめ且つ普通人の正常な性的羞恥心(しゅうち)を害し善良な性的道義に反するもの」をいう（最判昭26・5・10刑集5巻6号1026頁。『サンデー娯楽』事件）。わいせつ性の要件は，①徒らに性欲を興奮または刺激させること，②普通人の正常な性的羞恥心を害すること，③善良な性的道義観念に反すること，という3つの要素からなる（いわゆる3要件）。通説は，この立場を支持している。判例は，芸術性・科学性とわいせつ性とは別の次元に属する概念であるから，芸術作品・科学的著作であっても，わいせつ文書となり得ることをみとめる（最[大]判昭32・3・13刑集11巻3号997頁。チャタレー事件判決）。したがって，芸術的・思想的価値のある文書も，わいせつ文書に当たり得る（最[大]判昭44・10・15刑集23巻10号1239頁。『悪徳の栄え』事件判決）。

　わいせつ性の判断をする際の基準は，「一般社会において行われている良識すなわち社会通念」であり，その社会通念は，「個々人の認識の集合又はその平均値でなく，これを超えた集団意識」であり，わいせつ性の存否は，「純客観的に，つまり作品自体から」判断されるべきであって「作者の主観的意図」を問題にするべきではないとされる（前記チャタレー事件判決）。そして，わいせつ性の判断方法は，個々の章句によるのでなくて「全体的考察方法」によるべきであるとされる（前記『悪徳の栄え』事件判決）。

　本判決は，わいせつ性を判断する際に検討されるべき事項を具体的に判示しており，そこに判例としての重要性があるとされている。その事項は，①当該文書の性に関する露骨で詳細な描写叙述の程度とその手法，②描写叙述の文書全体に占める比重，③文書に表現された思想などと描写叙述との関連性，④文書の構成や展開，⑤芸術性・思想性等による性的刺激の緩和の程度，⑥これらの観点から当該文書を全体として見たときに，主として，読者の好色的興味に訴えるものとみとめられるか否か，である。これらの検討事項は，妥当であるとおもう。

73 わいせつ物・公然陳列の意義

最決平 13・7・16（刑集 55 巻 5 号 317 頁）

事実 被告人 X は，自ら開設・運営していたパソコンネットのホストコンピュータのハードディスクにわいせつな画像データを記憶・蔵置させ，それにより，不特定多数の会員が，自己のパソコンを操作して，電話回線を通じ，ホストコンピュータのハードディスクにアクセスして，そのわいせつな画像データをダウンロードし，画像表示ソフトを使用してパソコン画面にわいせつな画像として顕現させ，これを閲覧することができる状態を設定した。X は，わいせつ物公然陳列罪で起訴された。

第 1 審および原審は，わいせつ物公然陳列罪の成立をみとめた。被告人側から上告がなされたが，本決定は次のように判示して上告を棄却している。

争点 ①わいせつな画像データを記憶・蔵置させたホストコンピュータのハードディスクは，わいせつ物に当たるか。②パソコンネットのホストコンピュータのハードディスクにわいせつな画像データを記憶・蔵置させる行為は，わいせつ物の公然陳列に当たるか。

決定要旨 「被告人がわいせつな画像データを記憶，蔵置させたホストコンピュータのハードディスクは，刑法 175 条が定めるわいせつ物に当たるというべきである。」「同条が定めるわいせつ物を『公然と陳列した』とは，その物のわいせつな内容を不特定又は多数の者が認識できる状態に置くことをいい，その物のわいせつな内容を特段の行為を要することなく直ちに認識できる状態にするまでのことは必ずしも要しないものと解される。被告人が開設し，運営していたパソコンネットにおいて，そのホストコンピュータのハードディスクに記憶，蔵置させたわいせつな画像データを再生して現実に閲覧するためには，会員が，自己のパソコンを使用して，ホストコンピュータのハードディスクから画像データをダウンロードした上，画像表示ソフトを使用して，画像を再生閲覧する操作が必要であるが，そのような操作は，ホストコンピュ

> ータのハードディスクに記憶，蔵置された画像データを再生閲覧するために通常必要とされる簡単な操作にすぎず，会員は，比較的容易にわいせつな画像を再生閲覧することが可能であった。そうすると，被告人の行為は，ホストコンピュータのハードディスクに記憶，蔵置された画像データを不特定多数の者が認識できる状態に置いたものというべきであり，わいせつ物を『公然と陳列した』ことに当たると解されるから，これと同旨の原判決の判断は是認することができる。」

解説 本件においては，パソコンネットにおける「わいせつ」画像とわいせつ物性および「公然と陳列」する行為の意義が問題となった。パソコンネットにおけるわいせつ画像について，そのデータを記憶・蔵置させたコンピュータのハードディスク自体が「わいせつ図画」に当たるとした下級審判例が多かった。この点につき本決定は，「被告人がわいせつな画像データを記憶，蔵置させたホストコンピュータのハードディスクは，刑法175条が定めるわいせつ物に当たる」と判示している。

次に，「公然と陳列」するとは，不特定または多数の人が観覧できる状態におくことをいう。本決定は，「同条が定めるわいせつ物を『公然と陳列した』とは，その物のわいせつな内容を不特定又は多数の者が認識できる状態に置くことをいい，その物のわいせつな内容を特段の行為を要することなく直ちに認識できる状態にするまでのことは必ずしも要しない」と判示している。そして会員が「ホストコンピュータのハードディスクから画像データをダウンロードした上，画像表示ソフトを使用して，画像を再生閲覧する操作」は，「ホストコンピュータのハードディスクに記憶，蔵置された画像データを再生閲覧するために通常必要とされる簡単な操作にすぎず，会員は，比較的容易にわいせつな画像を再生閲覧することが可能」であるから，「被告人の行為は，ホストコンピュータのハードディスクに記憶，蔵置された画像データを不特定多数の者が認識できる状態に置いたものというべきであり，わいせつ物を『公然と陳列した』ことに当たる」と判示している。

平成23年の法改正により，わいせつ罪の1つとして「電磁的記録に係る記録媒体」が追加されたので，①の論点は立法的に解決されたが，②公然陳列の意義に関して，本決定は，判例としてなお重要な意義を有する。

74 「販売の目的」の意義

最決平 18・5・16（刑集 60 巻 5 号 413 頁）

事実 被告人 X は，自らデジタルカメラで児童を相手方とする性交などを露骨に撮影し，その画像データをパーソナルコンピュータ上のハードディスク（HDD）に記憶，蔵置させ，さらに，そこに保存された画像データを光磁気ディスク（MO）に記憶，蔵置させ，これを所持していた。X は，HDD に保存された上記画像データについて，画像上の児童の目の部分にぼかしを入れ，ファイルのサイズを縮小する加工を施したうえ，そのデータを HDD に記憶，蔵置させ，そこに保存されるデータをコンパクトディスクにそのまま記憶させ，これを販売する目的を有していたが，本件 MO については，不測の事態に備えて上記加工前のデータを保存しておくバックアップのために作成したものであった。

第 1 審は，児童買春，児童ポルノに係る行為等の処罰及び児童の保護等に関する法律 7 条 2 項および刑法 175 条後段にいう「販売の目的」を肯定し販売目的所持罪の成立をみとめた。被告人から控訴がなされ，原審は，目のぼかしも容易な加工であり，児童ポルノと評価される部分は，ほぼそのまま複写されることになるから，MO 自体については販売目的を有していなくても，販売目的の所持といえるとして，控訴を棄却した。

被告人側から上告がなされ，上告趣意において，編集用に保存していたばあいは不可罰であるなどの主張がなされた。最高裁の本決定は，次のように判示して上告を棄却している。

争点 販売用コンパクトディスク作成に備えてバックアップ用の光磁気ディスクを所持したばあい，「販売の目的」があるといえるか。

決定要旨 「被告人は，本件光磁気ディスク自体を販売する目的はなかったけれども，これをハードディスクの代替物として製造し，所持していたものであり，必要が生じた場合には，本件光磁気ディスクに保存され

た画像データを使用し、これをコンパクトディスクに記憶させて販売用のコンパクトディスクを作成し、これを販売する意思であったものである。その際、画像上の児童の目の部分にぼかしを入れ、ファイルのサイズを縮小する加工を施すものの、その余はそのまま販売用のコンパクトディスクに記憶させる意思であった。そうすると、本件光磁気ディスクの製造、所持は、法7条2項にいう『前項に掲げる行為の目的』のうちの児童ポルノを販売する目的で行われたものであり、その所持は、刑法175条後段にいう『販売の目的』で行われたものということができる。」

解説 本件においては、わいせつ物所持罪にいう「販売の目的」の存否が問題となった。本罪における「販売の目的」は、「日本国内において」販売する目的に限られる（最判昭52・12・22刑集31巻7号1176頁）。

本決定は、わいせつ物に当たる児童の姿態に係る画像データをパーソナルコンピュータ上のハードディスクに記憶、蔵置させ、さらに、そこに保存された画像データを光磁気ディスクに記憶、蔵置させ、これを所持していた事案において、「販売の目的」を肯定している。

本決定は、販売用のコンパクトディスクが作成できなくなる事態に備えて、加工前のデータを保存しておくバックアップのためのものであった本件光磁気ディスク自体を販売する目的はなかったが、これをハードディスクの代替物として製造し、所持していたものであり、必要が生じれば、本件光磁気ディスクに保存された画像データを使用し、これをコンパクトディスクに記憶させて販売用のコンパクトディスクを作成し、これを販売する意思であったものであると認定したうえで、画像上の児童の目の部分にぼかしを入れるなどの加工を施して販売用のコンパクトディスクに記憶させる意思であったので、本件光磁気ディスクの所持は、「販売の目的」でなされたと判示したのである。

平成23年（2011年）の刑法の一部改正により、所持罪は175条2項に規定され、電磁的記録に係る記録媒体は「保管」罪の対象とされているが、本決定は、「販売の目的」に関して重要な判例としての意義を有する。

75 職務行為の適法性

最[大]判昭42・5・24（刑集21巻4号505頁）

事実 　県議会議員である被告人Xは、県議会で議案に質疑中に、自らに対するものを含む懲罰動議が提出されたため、それの先議を主張し、質疑続行を求めたが、議長が、反対会派から出された「すべての質疑を打ち切り、討論省略の上全上程議案一括採決すべき」旨の緊急動議に基づいて全上程議案の一括採択を誇(はか)ろうとした際、これを阻止しようとして、他の議員らとともに議長席に殺到し、議長に対して暴行を加えた。

　第1審は、議長の行為は「議長としての抽象的職務権限の範囲に属するばかりでなく、一応形式的に議長の職務執行々為であると認められるから、なおもって公務執行妨害罪の対象となる公務の執行」に当たるとして、公務執行妨害罪の成立を肯定した。被告人側からの控訴に対して、原審は、議長の「職責に基いて適法に議事を執行したものであると認められ、同議長の右職務の執行には毫(ごう)も適法はない」として、控訴を棄却した。被告人側からの上告に対して、最高裁の本判決は、次のように判示して上告を棄却している。

争点 　地方議会の議長の措置が会議規則に違反するなど法令上の適法要件を完全には充足していなくても、適法な職務の執行とみとめられるか。

判旨 　「議長のとった本件措置が、本来、議長の抽象的権限の範囲内に属することは明らかであり、かりに当該措置が会議規則に違反するものである等法令上の適法要件を完全には満たしていなかったとしても、原審の認定した具体的な事実関係のもとにおいてとられた当該措置は、刑法上には少なくとも、本件暴行等による妨害から保護されるに値いする職務行為にほかならず、刑法95条1項にいう公務員の職務の執行に当るとみるのが相当であって、これを妨害する本件所為については、公務執行妨害罪の成立を妨げないと解すべきである。」

解説 公務執行妨害罪（刑95条1項）が成立するためには，公務員の執行する公務が「適法」であることを必要とするかどうか，が問題となる。その理由は，形式的には，明文上，適法性を要件としていない点，実質的には，保護法益との関連で，保護に値する公務を決定する明確な基準が存在しない点にある。適法性を必要としたばあい，その要件をいかに解するか，が問題となる。これは，「どういうばあいに公務は違法なのか」という「内容」の問題と「何を基準にしてそれを確定するのか」という「基準」の問題を含む。本件では「内容」が問題となった。

公務執行の適法性の問題は，刑法的保護に値するに足りる要件は何か，ということに尽きる。この観点から，現行憲法を頂点とする法秩序のもとで公務の円滑な遂行と個人の自由とのバランスを考えたばあい，職務執行が適法であるといえるためには，①当該行為がその行為をした公務員の抽象的職務権限に属すること，②当該公務員がその職務行為をおこなう具体的職務権限を有すること，③その職務の執行を有効にする法律上の重要な要件または方式を履践していること，という3つの要件を具備する必要がある。

この点について，判例は，抽象的権限の存在を必要とする点では一致しているが（大判昭2・7・21刑集6巻357頁），具体的権限および重要な方式の履践は，必ずしも厳格には要求していない。本判決は，地方議会の議長が一括採決をはかる措置は，会議規則に違反するなど法令上の適法要件を完全には充足していなくても，職務の執行に当たると解している。本判決は，適法性の要件①について，「議長のとった本件措置が，本来，議長の抽象的権限の範囲内に属することは明らかであ」ると判示してその存在を肯定している。要保護性については，「かりに当該措置が会議規則に違反するものである等法令上の適法要件を完全には満たしていなかったとしても，原審の認定した具体的な事実関係のもとにおいてとられた当該措置は，刑法上には少なくとも，本件暴行等による妨害から保護されるに値いする職務行為にほかならず，刑法95条1項にいう公務員の職務の執行に当る」と判示している。

本判決は，「抽象的職務権限」の存在をみとめた点，および，公務の要保護性を明確に判示した点において，判例としてきわめて重要な意義を有している。

76 職務行為の適法性の判断基準

最決昭41・4・14（判時449号64頁，判夕191号146頁）

事実 警ら中のA，B両巡査は，日本刀の仕込み杖を所持していた被告人Xを銃砲刀剣類等所持取締法違反罪の現行犯人として路上で逮捕しようとした際，Xの傍らに寄りかかってきた被告人Yが，Xから何かを手渡されたのを察知した。そこでAがX，Y両名の間に割って入ったところ，Yの腹のあたりから拳銃が路上に落下したので，AおよびBが，Yをも同違反罪の現行犯人として逮捕しようとした際，これを免れようとしてXおよびYが，A・Bの顔面を殴打するなどの暴行を加えた。

第1審は，Yの銃砲刀剣類等所持取締法違反について無罪を言い渡した（確定）が，公務執行妨害罪の成立をみとめ有罪を言い渡した。原審は，「公務執行妨害罪が成立するには公務員の職務行為が適法であることを要する」が，「職務行為の適否は事後的に純客観的な立場から判断されるべきでなく，行為当時の状況にもとづいて客観的，合理的に判断されるべきであって」，認定された状況の下においては，たとえ「所持が同法違反罪の構成要件に該当せずとして事後的に裁判所により無罪の判断を受けたとしても，その当時の状況としてはYの右挙動は客観的にみて同法違反罪の現行犯人と認められる十分な理由があるものと認められるから，右両巡査がYを逮捕しようとした職務行為は適法である」と判示し，職務行為が適法であるとする第1審の結論を支持し控訴を棄却した。

被告人側から上告がなされ，上告趣意において，Yを現行犯人として逮捕しようとした両巡査の行為は明らかに違法であり，これに対するYの行為は正当防衛であるとの主張がなされた。本決定は，次のように判示して上告を棄却している。

争点 職務行為の適法性は，いかなる基準によって判断されるのか。

決定要旨　「上告趣意は，事実誤認，単なる法令違反の主張であって，上告適法の理由に当らない（なお，所論の点に関する原判決の判断は，相当である。）」

解説　公務執行妨害罪が成立するためには，公務員の職務執行が適法でなければならない。その職務行為の適法性の判断基準に関して学説は，①主観説（公務員基準税），②客観説（裁判官基準説），③折衷説（一般人基準説）の3説に分かれている。②説はさらに，行為時基準説（やわらかな客観説）と裁判時基準説（純客観説）に分かれる。

判例も，公務員の職務行為の適法性の判断について，①公務員が真実その職務の執行と信じてこれをおこなったかどうか，によって定めるべきであるとする主観説（大判昭7・3・24刑集11巻296頁），②裁判所が法令の定める要件に従いながら客観的に定めるべきであるとする客観説（最決昭41・4・14），③一般人の見解を基準として定めるべきであるとする折衷説（大判大7・5・14刑録24輯605頁）が対立している。最高裁の本件決定が客観説・行為時基準説を採っている原判決を是認している点は，きわめて重要である。

主観説を採ると，抽象的職務権限さえみとめられれば適法となるので，実質上職務行為の適法性の要件を不要とする結果となり，妥当でない。客観説は，裁判所が法律の定める要件に従って客観的に職務行為の適法性を判断すべきであるとするが，刑法が一般人に向けられた行為規範であることを看過するものであって妥当でない。この観点からは，折衷説が妥当である。

判断の基準時は，客観説を採るかぎり，適法性は行為後の事情も含めて，事後的に純客観的な立場から判断すべきであるとする純客観説（裁判時基準説）が首尾一貫するといえる。しかし，刑法の「行為規範性」の見地からは，行為当時の状況に基づいて客観的・合理的に判断すべきであるとする「行為時基準説」が妥当である。別の観点からいえば，職務行為の適法性の要件は，当該執行行為が職務行為として法律上みとめられるかどうか，の問題であるから，行為当時の状況に基づいて客観的に判断されるべきであって，裁判時に判明した事後的な事情までも考慮するのは，公務の保護を不当に軽視するものである。したがって，行為時基準説が妥当なのである。

77 「職務を執行するに当たり」の意義

最決平元・3・10（刑集43巻3号188頁）

事実　K県議会公害対策特別委員会委員長Aが，同委員会室で開催された委員会において，水俣病認定申請患者協議会代表者から陳情を受け，その事項に関して同委員会の回答文を取りまとめ，これを朗読したうえ，昼食のための休憩を宣するとともに，当該陳情に関する審議の打切りを告げて席を離れ同委員会室出入口に向かおうとしたところ，同協議会の役員である被告人Xとその他の構成員らが，打切りに抗議し，Aを引きとめるべく，その右腕などをつかんで引っ張る暴行を加え，Aがこれを振り切って委員会室の出入口から廊下に出ると，上記構成員らの一部がAに対し，押す，引く，体当たり，足蹴りにするなどの暴行を加えた。

Xは，公務執行妨害罪で起訴された。第1審および原審は，同罪の成立をみとめた。

被告人側から上告がなされ，上告趣意において，委員長の職務は終了しており，本罪は成立しないなどの主張がなされた。最高裁の本決定は，次のように判示して上告を棄却している。

争点　休憩宣言後の県議会委員長は職務の執行を終えたことになるのか，それとも職務を現に執行していることになるのか。

決定要旨　「右の事実関係のもとにおいては，A委員長は，休憩宣言により職務の執行を終えたものではなく，休憩宣言後も，前記職責に基づき，委員会の秩序を保持し，右紛議に対処するための職務を現に執行していたものと認めるのが相当であるから，同委員長に対して加えられた前記暴行が公務執行妨害罪を構成することは明らかであり，これと同旨の原判断は正当である（最高裁昭和51年(あ)第310号同53年6月29日第一小法廷判決・刑集32巻4号816頁）。」

解説 公務執行妨害罪は，公務員の「職務を執行するに当たり」これに対して暴行または脅迫を加えることによって成立する（刑95条）。「職務を執行するに当たり」とは，「具体的・個別的に特定された職務の執行を開始してからこれを終了するまでの時間的範囲およびまさに当該職務の執行を開始しようとしている場合のように当該職務の執行と時間的に接着し，これと切り離し得ない一体的関係にあるとみることができる範囲内の職務行為」に限られ，「広く漫然と公務員の勤務時間中との意味に解す」べきではない（最判昭45・12・22刑集24巻13号1812頁，最判昭53・6・29刑集32巻4号816頁）。「職務執行」の「終了後」は，当然これに含まれない。

本件においては，県議会委員長が昼食のための休憩を宣言し，陳情に関する審議の打切りを告げた時点で委員長としての職務執行は終了したものと見るべきか否か，が問題となった。たしかに，形式的・機械的に解するならば，休憩宣言により「審議」そのものに関する職務行為は終了したと見ることができるであろう。しかし，職務をつねに機械的に分解して把握するのは妥当でない。職務の性質上，「ある程度継続した一連の職務として把握することが相当と考えられるもの」があることを前出の昭53・6・29最高裁判例はみとめており，本決定もこれを援用している。本決定は，県議会委員長は「委員会の議事を整理し，秩序を保持する職責を有するもの」であり，本件の「事実関係のもとにおいては」「休憩宣言により職務の執行を終えたものではなく，休憩宣言後も，前記職責に基づき，委員会の秩序を保持し，右紛議に対処するための職務を現に執行していたもの」であるとした。これは妥当な判断である。なぜならば，委員長は，委員会の審議が円滑におこなわれるように委員会内の秩序を保持する職務を有しており，審議の打切りも広義の審議に含まれ，また，これに付随して生じた紛議の処理も上記の職務に包含されていると解されるからである。

本決定は事例判例であり，その趣旨は本件のように，休憩宣言直後に審議に関連して生じた紛議を処理すると見られるばあいに限定されると解すべきであり，休憩宣言後もつねに職務の執行中であるという形で一般化されるべきではない。本決定は，職務執行が終了した観を呈していても，なお，「執行中」と見得る事例を提示したものとして重要な意義を有する。

78 公務執行妨害罪における「暴行」の程度

最判昭 33・9・30（刑集 12 巻 13 号 3151 頁）

事実 某党創立 30 周年記念文化祭が，昭和 27 年 7 月 15 日午前 10 時ころから神戸市兵庫区湊川公園内において多数の人の参加のもとに開催されたため，相当数の警察官が，同所付近に出動して警備ならびに交通整理に当たっていたところ，文化祭に参加していた被告人 X らは，警察官の出動に対する反感から，警察官に対し投石をおこなった。①X は，同日午後 7 時ころ，湊川公園内音楽堂付近において，同所を通りかかった巡査 A に対し，後方より，石 1 個を投げつけ，同人の耳の辺りをかすめさせた。②被告人 Y は，同日午後 6 時 50 分ころ，同公園西側道路上にいた巡査 B に対し，石 1 個（約 7.5cm × 5.3cm）を投げつけ，同人の鉄兜に命中させた。③被告人 Z は，同日午後 7 時 20 分ころ，巡査 C が同市内の道路上に停車していた装備車に乗車した際，巡査 C に対し背後から石 1 個（握拳の半分くらいの大きさ）を投げつけ，でん部に命中させた。

第 1 審は，「同被告人等の右各暴行をもって，これによりいずれも警察職員の職務の執行を妨害するに足るものと認めるには尚その証拠は充分でない」とし，被告人らの所為は，いずれも刑法 208 条の暴行罪に当たるとした。

検察官から控訴がなされ，原審は，「かくの如く只 1 回の瞬間的な暴行に過ぎない程度のものである」から「未だ以て公務執行の妨害となるべきもの」ではないとし，控訴を棄却した。これに対して，検察官から上告がなされた。

最高裁の本判決は，「検察官の上告趣意第 1 点は，判例違反をいうけれども所論引用の判例は事案を異にする本件には適切でなく，同第 2 点は単なる法令違反の主張であって，いずれも刑訴 405 条の上告理由に当らない」としつつ，職権調査のうえ，以下のように判示して原判決を破棄し，差し戻している。

争点 公務執行妨害罪における暴行は，いかなる程度の有形力の行使なのか。

> **判旨**「公務執行妨害罪は公務員が職務を執行するに当りこれに対して暴行又は脅迫を加えたときは直ちに成立するものであって，その暴行又は脅迫はこれにより現実に職務執行妨害の結果が発生したことを必要とするものではなく，妨害となるべきものであれば足りうるものである。」「そして投石行為はそれが相手に命中した場合は勿論，命中しなかった場合においても本件のような状況の下に行われたときは，暴行であることはいうまでもなく，しかもそれは相手の行動の自由を阻害すべき性質のものであることは経験則上疑を容れないものというべきである。されば本件被告人等の各投石行為はその相手方である前記各巡査の職務執行の妨害となるべき性質のものであり，従って公務執行妨害罪の構成要件たる暴行に該当すること明らかである。そうだとすれば被告人等の各投石行為がたとえ只1回の瞬間的なものであったとしても，かかる投石行為があったときは，……直ちに公務執行妨害罪の成立があるものといわなければならない。」

解説 公務執行妨害罪の行為は，暴行または脅迫を加えることである。もともと「暴行」とは，有形力の不法な行使をいい，「脅迫」とは，恐怖心を起こさせる目的で他人に害悪を告知することをいう。本罪における暴行・脅迫は，公務員に向けられていれば足りる。つまり，これは，広義の暴行・脅迫に当たる。

本判決は，暴行・脅迫について，本罪の性質上，職務執行の妨害となるべき程度のものであれば足りると解している。したがって，投石行為は，直接に公務員の身体に命中したばあいはもとより，身体に当たらないばあいであっても，公務員に向けられたものであるかぎり，暴行に含まれるのである。

妨害の結果の有無が構成要件要素となるかどうか，が問題となり得るが，本罪が成立するためには暴行または脅迫を加えれば足りる。したがって，暴行・脅迫の結果として公務員の職務執行が現実に害されたことを要しない（抽象的危険犯）。本判決もこれと同旨である。すでに最高裁の判例も，暴行・脅迫は，これによって現実に職務執行妨害の結果が発生したことを必要とせず，妨害となるべきものであれば足りるとしていたのである（最判昭25・10・20刑集4巻10号2115頁）。

79 仮処分の公示札の有効性

最決昭62・9・30（刑集41巻6号297頁）

事実 被告人Xが，AおよびBから賃借していた土地にゴルフ練習場を建築するため土盛りをし，その周囲に練習用ネットを張るためコンクリート製支柱11本を建てたところ，Bの代理人から仮処分申請がなされ，執行官において，Xの占有を解き執行官の占有に移すとともに，当該土地上のゴルフ練習場の建築工事続行を禁止する仮処分を執行し，同所にその旨を記載した公示札を立てた。その公示札は，犯行当時，茶色の包装紙で覆われ，その上から当該包装紙が飛ばないように白のビニールテープで十文字に縛りつけられた状態（そのままでは公示札の内容を読むことができない状態）で立てられていたが，Xは，事情を知らない工事業者Cに本件土地を練習場施設として囲い込ませて，仮処分の効力を事実上，無効にさせた。

第1審は，練習場施設として囲い込み差押えの標示を無効にした行為につき封印破棄罪，執行官の占有する土地を侵奪した行為につき不動産侵奪罪の成立をそれぞれみとめて両者を観念的競合とした。被告人側から控訴がなされたが，原審は第1審判決を支持し控訴を棄却した。

被告人側から判例違反（最判昭29・11・9刑集8巻11号1742頁）を理由とする上告がなされた。最高裁の本決定は，上告を棄却し，なお書きで次のように判示している。

争点 包装紙とビニールテープで覆いがかけられ記載内容を認識できないが，その覆いを容易に除去できる公示札は，封印破棄罪の対象である「差押えの表示」に当たるか。

決定要旨 「原判決の認定によれば，第1審判示第1の仮処分の公示札は，被告人が本件行為に及んだ際には，仮処分執行の際執行官が立てた場所に外見上も立札とわかるように立っており，包装紙で覆われその上か

らビニールひもが十文字に掛けられていて，そのままではその記載内容を知ることができなかったものの，右包装紙，ビニールひもとも容易に除去して記載内容を明らかにすることができる状態にあったというのであるから，右公示札は，差押の標示としての効用を一部減殺されてはいたけれども，いまだその効用を減却されるまでには至っておらず，有効な差押の標示として刑法96条の罪の客体になるというべきであり，これと同旨の原判断は正当である。」

解説 　封印破棄罪（刑96条）の保護法益は封印または差押えの表示により示された公務員による命令・処分の作用・効力である（通説・判例）。封印破棄罪は，封印または差押えの表示を損壊またはその他の方法により無効化する行為を処罰している。本罪が成立するためには，行為時において有効な封印または差押えの表示が存在する必要がある（最判昭29・11・9および最判昭33・3・28刑集12巻4号708頁）。

　本件においては，公示札の有効性の有無が問題となった。本決定は，本件公示札「包装紙で覆われその上からビニールひもが十文字に掛けられていて，そのままではその記載内容を知ることができなかったものの，右包装紙，ビニールひもとも容易に除去して記載内容を明らかにすることができる状態にあった」が，公示札としての効用が減却されるまでには至っていないので，差押え表示としての有効性を肯定している。本決定は，封印破棄罪の対象である「差押え」の表示の有効性について判示した事例判例として重要な意義を有する。

　本決定は，損壊行為時に適法・有効な表示の存在を封印破棄罪の成立要件とする先例である最判昭29・11・9および最判昭33・3・28を踏襲しつつ，公示札の差押え表示としての効用が一部減殺されていても，まだ減却するまでに至っていない事例について，原状回復の容易性，公示の表示機能の充足および公示札の存在・内容を熟知している被告人自身による行為であることを根拠にして公示札の有効性をみとめた点で，重要判例である。ここにおいては，公示札の有効性をみとめるための基準が明確に提示されている。今後，この点に関する基準を示したものとして，本決定は，指導的役割を果たすものと考えられる。

80 強制執行妨害罪と債務名義の存在

最判昭 35・6・24（刑集 14 巻 8 号 1103 頁）

事実 被告人Xは，義弟に対する貸し金 110 万円の連帯保証債務があるとしてAから民事訴訟を提起され，昭和 29 年 3 月 6 日に訴状の送達を受けた。そこでXは，この債務に基づく強制執行を免れる目的をもって，妻と共謀し，X所有の宅地 16 坪，土地 7 坪，および居宅 1 棟建坪 22 坪 5 合と付属物置 3 坪の建物を長女に仮に譲渡することを企て，司法書士に贈与証書および所有権移転登記申請関係書類を作成させたうえ，法務局において登記を完了させて上記不動産を長女名義に仮装譲渡した。

第 1 審は，強制執行免脱罪（強制執行妨害罪）の成立をみとめ，Xを執行猶予付きの罰金 5000 円に処した。被告人側から控訴がなされ，原審は控訴を棄却した。上記民事訴訟においては，第 1 審および控訴審は，Xの保証債務は存在しないとして原告Aの敗訴となった。

被告人側から上告がなされ，最高裁の本判決は，適法な上告理由に当たらないとしたうえで，職権により次のように判示して原判決を破棄し原審に差し戻した。

争点 ①強制執行妨害罪の保護法益は何か。②本罪が成立するためには，基本たる債権の存在が必要か。

判旨「およそ刑法 96 条の 2 の罪は，国家行為たる強制執行の適正に行われることを担保する趣意をもってもうけられたものであることは疑のないところであるけれども，強制執行は要するに債権の実行のための手段であって，同条は究極するところ債権者の債権保護をその主眼とする規定であると解すべきである。同条は『強制執行ヲ免ルル目的ヲ以テ』と規定しているのであるが，その目的たるや，単に犯人の主観的認識若しくは意図だけでは足らず，客観的に，その目的実現の可能性の存することが必要であって，同条の罪の成立するがためには現実に強制執行を受けるおそれのある客観的な状態の下において，強制執

行を免れる目的をもって同条所定の行為を為すことを要するものと解すべきである。そして、いかなる場合に強制執行を受けるおそれありとみとめるべきかは具体的な事案について個々に決するの外はないのであるが、本件のように、何らの執行名義も存在せず単に債権者がその債権の履行請求の訴訟を提起したというだけの事実をもっては足らず、かくのごとき場合に本条の罪の成立を肯定するがためには、かならず、刑事訴訟の審理過程において、その基本たる債権の存在が肯定されなければならないものと解すべきである。従って、右刑事訴訟の審理過程において債権の存在が否定されたときは、保護法益の存在を欠くものとして本条の罪の成立は否定されなければならない。」

解説 本件においては、強制執行妨害罪の保護法益と基本たる債権の存在の要否が問題となった。保護法益について、学説は、第1次的には国家の作用としての強制執行の適正な運用を図りつつ、第2次的に債権者の保護を考慮する罪であるとする説と第1次的には債権者保護を図りつつ、第2次的に強制執行の適正な運用を考慮する罪であるとする説とに分かれている。判例は、究極において本罪は債権者の債権保護をその主眼とするものと解している。本判決は、「およそ刑法96条の2の罪は、国家行為たる強制執行の適正に行われることを担保する趣意をもってもうけられたものであることは疑のないところであるけれども、強制執行は要するに債権の実行のための手段であって、同条は究極するところ債権者の債権保護をその主眼とする規定であると解すべきである」と判示している。

「強制執行を免れる目的」について、本判決は、「単に犯人の主観的認識若しくは意図だけでは足らず、客観的に、その目的実現の可能性の存することが必要であって、同条の罪の成立するがためには現実に強制執行を受けるおそれのある客観的な状態の下において、強制執行を免れる目的をもって同条所定の行為を為すことを要する」としている。そして、「かならず、刑事訴訟の審理過程において、その基本たる債権の存在が肯定されなければなら」ず、したがって、「右刑事訴訟の審理過程において債権の存在が否定されたときは、保護法益の存在を欠くものとして本条の罪の成立は否定されなければならない」と判示している。本判決の判断は、妥当である。

81 犯人蔵匿罪における「犯人」の意義

最判昭 24・8・9（刑集 3 巻 9 号 1440 頁）

【事実】被告人 X は，恐喝罪の被疑者として逮捕状を発付されて逃走中の A を，捜査機関からの逮捕を免れさせるため，自己が一定の目的で使用していた家に 3 日間宿泊させてかくまった。

X は，犯人蔵匿罪で起訴された。第 1 審は同罪の成立をみとめた。被告人側からの控訴に対して，原審も，同罪の成立を肯定して控訴を棄却した。

被告人側から上告がなされ，上告趣意において，刑法 103 条は蔵匿の対象者を「罰金以上の罪を犯した者」としているので，その者が罪を犯したという事実が確定されないかぎり，犯人蔵匿罪は成立しない旨の主張がなされた。最高裁の本判決は，次のように判示して上告を棄却している。

【争点】被疑者は，犯人蔵匿罪における「罪を犯した者」に含まれるか。

【判旨】「上告論旨第三点は，刑法第 103 条は蔵匿の対象者を『罰金以上ノ罪ヲ犯シタル者』〔『罰金以上の刑に当たる罪を犯した者』〕と規定しているのであるから，その者が罪を犯したという事実が確認されるまでは犯人蔵匿は成立しない，と主張する。なるほどその趣旨の学説もないではないが，刑法第 103 条は，司法に関する国権の作用を防害する者を処罰しようとするものであるから，『罪ヲ犯シタル者』〔『罪を犯した者』〕は，犯罪の嫌疑によって捜査中の者をも含むと解釈しなくては，立法の目的を達し得ない。大審院の判例も同趣旨であり（大正10 年（れ）2969 号同年 12 月 16 日判決，大正 11 年（れ）2046 号 12 月 5 月 8 日判決）論旨は採用できない。」

【解説】本件においては，刑法 103 条にいう「罪を犯した者」の意義が問題となった。この点について，見解が分かれている。すなわち，①実際にその罪を犯した者，つまり真犯人を意味すると解する説（多数説），②真犯人に限らず，犯罪の嫌疑をかけられ，捜査または訴

追を受けている者を含むと解する説，③真犯人だけでなく，蔵匿・隠避行為がなされた段階で，客観的かつ合理的判断に基づいて真犯人であると強く疑われる者をも含むと解する説，が主張されているのである。

　①説は，法文上「罪を犯した者」と規定されていること，無実の被疑者・被告人を蔵匿・隠避しても，真犯人のばあいよりも司法作用を害する程度が低いので違法性が弱いこと，無実の被疑者・被告人をかくまうことは，人情上も無理からぬ点があり，真犯人のばあいに比べて期待可能性が著しく低く責任が少ないこと，を論拠として挙げる。②説は，本罪の保護法益を国家の広義の司法作用と解し，真犯人に限らず，捜査または訴追中の者を蔵匿・隠避すれば広義の刑事司法作用が害されるので，本罪が成立するとする。③説は，上記の①説と②説の中間に位置するものである。

　本判決は，大審院の判例を援用して，捜査中の被疑者も「罪を犯した者」に含まれることをみとめている。これは，②説をとる従来の判例の立場を明確に採用するものである。本判決が援用する大審院の判決は，「苟も罰金以上の刑に当る罪を犯したる者とし，捜査中の犯罪人なることを知り之を蔵匿し又は隠避せしむるに於ては，刑法第百三条の罪を構成すること勿論にして，同条の罪を以て処断するには，必しも所論の如く所謂罪を犯したる者が確定的犯人たることの事実及証拠の説示を要することなし」と判示した（大判大12・5・9刑集2巻401頁）。

　大審院の判決に比べて本判決は，「司法に関する国権の作用」を保護法益と解したうえで，法益侵害との関連において本罪の成立を根拠づけている点で，より進んだ立場として評価され得る。すなわち，本判決は，本罪の保護法益が「司法に関する国権の作用」である以上，罪を犯した者は「犯罪の嫌疑によって捜査中の者をも含むと解釈しなくては，立法の目的を達し得ない」と判示しているのである。

　わたくしは，真犯人に限るとする①説が妥当であると考えている。真犯人に限定するのは，本罪が「犯人庇護罪」的性格を有し，真実の犯人に対する国家の刑罰権の行使を妨げる点に実質的処罰根拠があるからである。本判決は，①説によれば，従来の誤った判例の立場を踏襲し不当であるとされることになる。

82 捜査段階における参考人の隠匿と証拠隠滅罪の成否

最決昭 36・8・17（刑集 15 巻 7 号 1293 頁）

事実 被告人 X は，殺人未遂事件に関して A が捜査機関から参考人として追及されていることを知りながら，事情を知らない B の居宅に 5 日間宿泊させて A をかくまった。

X は，証憑湮滅罪（証拠隠滅罪）で起訴された。第 1 審は，証拠隠滅罪の成立をみとめたが，被告人側から控訴がなされた。控訴趣意において，A は捜査段階における参考人にすぎないので，本罪は成立しない旨の主張がなされたが，原審はその主張を排斥して犯人隠避罪の成立をみとめた。

被告人側から上告がなされたが，最高裁の本決定は，次のように判示して上告を棄却している。

争点 ①捜査段階における参考人は，104 条にいう「証拠」に当たるか。
②証拠の「隠匿」は，「隠滅」に当たるか。

決定要旨 「なお，刑法 104 条の証憑湮滅罪〔証拠隠滅罪〕は犯罪者に対する司法権の発動を阻害する行為を禁止しようとする法意に出たものであるから，捜査段階における参考人に過ぎない者も右法条にいわゆる他人の刑事被告人に関する証憑〔証拠〕たるに妨げなく，これを隠匿すれば証憑湮滅罪が成立するものと解すべきであり，且つまた原判決の是認した第一審の確定した事実関係の下では被告人について犯人隠匿罪の成立する余地がないものとした原裁判所の判断は当審もこれを正当として是認する。」

解説 本件においては，捜査段階における参考人にすぎない者を隠匿したばあいに，証拠隠滅罪の成否および犯人隠匿罪の成否が問題となった。証拠隠滅罪の成否の問題には，次の 2 つの論点がある。すなわち，①「他人の刑事事件」は被疑事件も含むのか，②「証拠」は物的証拠のほかに人的証拠をも含むのか，が論点となる。

①について通説・判例は，将来刑事被告事件となり得べきものを包含す

る，と解している。通説は，本条制定当時，刑訴法上，被疑者と被告人は厳密に区別されていなかったという沿革的理由と，捜査開始前になされた証拠隠滅によって起訴できない事態が生じ得るという実質的理由を挙げる。

判例は，捜査中の被疑事件についても（大判明45・1・15刑録18輯1頁），捜査開始前についても（大判大2・2・7刑録19輯194頁），本罪の成立をみとめている。捜査開始前の行為について本罪の成立を肯定すべきか，については，通説の中でも見解が分かれている。公訴提起後の刑事被告人に限るべきであるとする有力説もあるが，本決定は，従来の判例・通説の立場を是認している。その根拠として本決定は，証拠隠滅罪が「犯罪者に対する司法権の発動を阻害する行為を禁止しようとする法意に出たものであること」をあげている。これは，適正な「司法権の発動」という観点から，「捜査段階」における参考人も「刑事被告事件」の証拠に包含されると解するものである。

②について，刑法104条の文理上，物証に限定すべきであるとする学説がある。すなわち，証拠は隠滅・偽造・変造され得べきことが法文上要求されているので，物証を意味すると解すべきであるとされるのである。しかし，大審院の判例は，「証憑〔証拠〕たるべき物件を湮滅することの外に証人又は参考人として刑事被告事件の証憑となるべき者を隠匿する場合をも包含するものと解するは同条の規定により刑事被告事件の証憑を保全せんとする立法の趣旨に適合する」（大判明44・3・21刑録17輯445頁）として，目的論的観点を加味して，本条の証拠に人証も含むと解している。通説は，証拠は，犯罪の成否・態様・刑の軽重に影響を及ぼすとみとめられる一切の資料を意味するので，物証のほかに人証をも含むとして，判例の立場を支持しており，妥当である。

本決定は，参考人を証拠に当たると解しているので，従来の判例・通説の見地を踏襲することを明らかにしたものと評価される。すなわち，本決定は，証拠隠滅罪は「犯罪者に対する司法権の発動を阻害する行為を禁止しようとする法意に出ているものであるから，捜査段階における参考人に過ぎない者も右法条にいわゆる他人の刑事被告事件に関する証憑〔証拠〕たるに妨げな」いと判示しているのである。

次に，本決定は，第1審が認定した事実関係の下では犯人隠匿罪が成立する余地はないとしている。

83 身代り犯人と犯人隠避罪の成否

最決平元・5・1（刑集43巻5号405頁）

事実 暴力団某組の若頭であるXは、同組長Aが殺人未遂の被疑事実により逮捕されたことを知り、Aを訴追および処罰から免れさせる目的で、その身代わり犯人を立てAを隠避させようと企てた。そこでXは、同組員Bに対し、「どうしても組長を助けないかん。判るやろ。事件の現場にいたのは、俺とお前だから、どっちかが身代わりに出るしかない」「俺が代わりに立つより、お前が出た方が自然だ」などと申し向け、さらに、あらかじめXが入手していた拳銃1丁・実包2発を手渡したうえ、重ねて「警察に行ったら、最初についた嘘をあくまで貫け。どんなに追及されても自分が撃ったんだということで押し通せ」などと申し向けてAの身代わり犯人となるように教唆したため、Bはその旨決意し、警察署において、上記拳銃と実包を提出するとともに、B自身が殺人未遂事件の犯人である旨の虚偽の事実を申し立てた。Xは、犯人隠避罪の教唆で起訴された。

第1審は、犯人隠避罪の成立を否定したが、原審は、同罪の成立をみとめた。最高裁の本決定は、上告を棄却して次のように判示している。

争点 逮捕勾留中の犯人の身代わりを出頭させる行為は犯人隠避教唆罪を構成するか。

決定要旨 「刑法103条は、捜査、審判及び刑の執行等広義における刑事司法の作用を妨害する者を処罰しようとする趣旨の規定であって（最高裁昭和24年(れ)第1566号同年8月9日第三小法廷判決・刑集3巻9号1440頁参照）、同条にいう『罪ヲ犯シタル者』〔『罪を犯した者』〕には、犯人として逮捕勾留されている者も含まれ、かかる者をして現になされている身柄の拘束を免れさせるような性質の行為も同条にいう『隠避』に当たると解すべきである。そうすると、犯人が殺人未遂事件で逮捕勾留された後、被告人が他の者を教唆して右事件の身代わり犯人として警察署に出頭させ、自己が犯人である旨の虚偽の陳述をさせた行為を犯人隠避教唆罪に当たるとした原判断は、正当である。」

解説 判例・通説によれば，犯人隠避罪における隠避とは「蔵匿以外の方法により官憲の発見逮捕を免れしむべき一切の行為」をいい（大判昭5・9・18刑集9巻668頁），身代わり犯人を立てて捜査機関に対して自己の犯罪である旨虚偽の申告をさせる行為は，これに当たるとされる（大判大4・8・24刑録21輯1244頁）。

犯人がまだ官憲によって発見逮捕されていない段階で身代わり犯人を立てる行為が「官憲の発見逮捕を免れさせる行為」に当たることは，明らかである。逆に，すでに犯人が逮捕勾留されている段階で，身代わり犯人として自首する行為は，官憲の発見逮捕を免れさせる行為に当たらないか，が問題になる。

従来，この問題は学説上，自覚的に論議されたのではなく，本件を契機として論じられることとなったのである。原判決は，刑法103条は「広く司法に関する国権の作用を妨害する行為を処罰する趣旨，目的に出たもの」であって「単に身柄の確保に限定した司法作用の保護のみを目的としたものではない」から，逮捕勾留中の犯人の身代り自首は犯人隠避罪を構成するとした。その際，身代り自首が「現実にも捜査の円滑な遂行に支障を生じさせる結果を招いた」ことを論拠としてあげているので，本罪を「侵害犯」として把握していることになる。

これに対して，本決定は，保護法益の理解については原判決と同じであるが，罪質の理解を異にしていると見るべきであろう。すなわち，本決定は，本条の趣旨を「捜査，審判及び刑の執行等広義における刑事司法の作用を妨害する者を処罰しようとする」点に求め，本罪の客体には犯人として逮捕勾留されている者も含まれ，「かかる者をして現になされている身柄の拘束を免れさせるような性質の行為」も隠避に当たると判示しているのである。これは，隠避行為を抽象的危険犯として捉えるものといえる。なぜならば，身代り自首により誤って身柄を解放する危険は抽象的にみとめられるのであり，そのような行為は隠避に当たるとされたことになるからである。

犯人として逮捕勾留中の者の身代りで自首する行為を隠避と解した点において，本決定は最初の最高裁判例であり，内容的にも妥当な重要判例であるといえる。

84 「偽証」の意義

大判大 3・4・29（刑録 20 輯 654 頁）

事実 被告人 X は，A ほか 3 名連署による借用証書の記載金額 20 円を 30 円に改ざんし，実際には 20 円しか貸していないのに 30 円の返済を受けたとして，文書偽造，同行使および詐欺で起訴された。X は，その刑事事件第 1 審において C, D を通じて B を教唆し，借用証書差しいれ当時に受け取ったのは 30 円であることは記憶しているが，それとは別に E 名義の 10 円の借用証書を X に渡したかどうかは記憶していないと証言させた。

原審は，文書偽造，同行使および詐欺については証拠不十分で無罪とし，偽証教唆については有罪とした。これに対して上告がなされ，弁護人は，「文書偽造行使詐欺取財の公訴事実にして之を認むるを得ざるものとせんか偽証教唆の事実の存在も亦当然否定せざるべからざるの関係に在る」にもかかわらず，「原判決が同一判決中に於て前者を以て之を認むべき証憑充分ならずと判断しながら偽証教唆の行為を以て証憑充分なりとして有罪の言渡を為したるは違法にして此点に於て破棄せらるべきものとす」と主張した。大審院の本判決は，次のように判示して上告を棄却している。

争点 偽証罪における「虚偽の陳述」とは，証人の記憶に反する供述なのか，客観的事実に反する供述なのか。

判旨 「証言の内容たる事実が真実に一致し若くは少くとも其不実なることを認むる能はざる場合と雖も，苟くも証人か故らに其記憶に反したる陳述を為すに於ては偽証罪を構成すべきは勿論にして，即ち偽証罪は証言の不実なることを要件と為すものに非ざるが故に裁判所は，一面偽証の犯罪事実を認め他面証言の内容か不実ならざることを認むるも 2 箇の認定は必ずしも相抵触するものと謂ふを得ず。」

解説 本件においては，偽証罪の本質とそれとの関連で「虚偽の陳述」の意義が問題となった。

偽証罪は，法律によって宣誓した証人が，虚偽の陳述をおこなう犯罪であり，その保護法益は，国家の審判作用の適正である。すなわち，本罪は，証人の供述の真実性を担保することによって，真実がゆがめられないようにして，司法作用の適正な運営を図ろうとするものである。本罪の行為は，虚偽の陳述をすることである。

「虚偽」の意味について，客観説と主観説が対立している。客観説は，陳述の内容となっている事実が客観的真実に反することであると解する。客観説によれば，証人が偽証の意思で陳述しても，それが真実に合致している以上，国家の審判作用が害される可能性はないので本罪は成立しないことになる。主観説は，証人の記憶に反することと解する。主観説によれば，記憶に反する陳述が客観的真実に合致しているばあいにも，偽証罪を構成することになる。

判例は，早くから主観説の立場に立っている（大判明35・9・22刑録8輯27頁〔旧刑法事件〕）。大審院の本判決も，「証言の内容たる事実が真実に一致し若くは少くとも其不実なることを認むる能はざる場合と雖も，苟くも証人が故らに其記憶に反したる陳述を為すに於ては，偽証罪を構成すべきは勿論」である旨判示して，主観説を採っているのである。すなわち，これは，供述内容が真実と一致するか否か，ではなくて，証人の「記憶に反する」供述をしたか否か，が重要であると解するものである。そして，「偽証罪は証言の不実なることを要件と為すものに非ざるが故に，裁判所は一面偽証の犯罪事実を認め，他面証言の内容が不実ならざることを認むるも，2箇の認定は必ずしも相抵触するものと謂ふを得ず」と判示している。

もともと証人は，みずから体験した事実を，自己の記憶に従って述べなければならないのであり，記憶に反する事実を陳述すること自体が，国家の審判作用を害する抽象的危険を生じさせるのである。ここに偽証罪の処罰根拠があり，主観説が妥当であるといえる。客観説のように解すると，証人が自己の記憶に反する事実を真実と信じて陳述するかぎり，それが真実でなかったばあいにも，本罪の故意が阻却され，過失による偽証は処罰されていないので，不可罰とせざるを得ないという不都合が生ずる。

85 賄賂罪の客体
―― 殖産住宅事件

最決昭63・7・18（刑集42巻6号861頁）

事実　大蔵省証券局証券監査官として，有価証券届出書，報告書の審査などの職務を担当していた被告人Xは，殖産住宅相互株式会社および日本電気硝子株式会社が株式を東京証券取引所に上場させるため，新規に株式を発行して一般募集をするに当たり，大蔵省に対し有価証券届出書を提出した際，両社関係者からその新株1万株と2万2,000株の公開価格による割当を受け，その代金の振込みをした。Xは，新株の割合が届出書の審査に対する謝礼の趣旨でなされた株式の提供であり，その株が上場後，確実に値上がりによる利益が取得され得ることを認識していた。

Xは，収賄罪で起訴された。第1審は，収賄罪の成立をみとめ，原審は，第1審判決を破棄自判し収賄罪の成立を肯定した。最高裁の本決定は，次のように判示して上告を棄却している。

争点　価格が公開時に確実に公開価格を上回ると見込まれる新規上場会社の公開株式の割当取得は，収賄罪を構成するか。

決定要旨　「原判決の認定によれば，本件は，殖産住宅相互株式会社，日本電気硝子株式会社その他株式会社の株式が東京証券取引所等において新規に上場されるに先立ち，あらかじめその株式が公開された際，贈賄側の者が公開に係る株式を公開価格で提供する旨の申し出をし，収賄側の者がこれを了承してその代金を払い込むなどしたという事案であるが，右株式は，間近に予定されている上場時にはその価格が確実に公開価格を上回ると見込まれるものであり，これを公開価格で取得することは，これらの株式会社ないし当該上場事務に関与する証券会社と特別の関係にない一般人にとっては，極めて困難であったというのである。以上の事実関係のもとにおいては，右株式を公開価格で取得できる利益は，それ自体が贈収賄罪の客体になるものというべきであるから，これと同趣旨に出た原判断は，正当である。」

解説 本件においては、価格が公開時に確実に公開価格を上回ると見込まれる公開株式が賄賂罪の客体となるか、が問題となった。本件株式は、間近に予定されている上場時にはその価格が確実に公開価格を上回ると見込まれ、これを公開価格で取得することは一般人にとってはきわめて困難であったものであり、本決定は、その事実関係のもとにおいては、その「株式を公開価格で取得できる利益は、それ自体が贈収賄の客体になる」と判示しており、この点に関する重要判例となっている。

弁護人は、適正かつ妥当な公開価格を払い込んで公開株式を取得しているにすぎないので、財産上の不法の利益を得たことにならず、賄賂罪が成立する余地はないと主張した。たしかに、公開価格は適正かつ妥当であるといえるが、しかし、その価格は実勢より低くなっているのが取引きの現実であるといわれている。それゆえ、上場時には確実に公開価格を上回ることが見込まれるのである。しかも、本決定が認定しているように、当該株式を公開価格で取得することは、発行会社またはその上場事務に関与する証券会社と特別の関係がない一般人にとってはきわめて困難であるわけである。つまり、排他的な利益の取得がみとめられる点において、通常の株式取引きと著しく異なることになる。そこで、公務員が職務に関してその利益を取得すれば収賄罪が成立するのである。

しかし、本件において、賄賂の客体となる利益の「内容」の理解をめぐって見解の相違があり、第1審判決は公開株式の「上場始値と公開価格との差額に相当する利益」と解し、原判決は「株券の交付日ないし株式受渡期日にその株主となるべき地位」と解した。これに対して本決定は、「株式を公開価格で取得できるその利益」それ自体がこれに当たると解している。この見地においては、公開株式の割当て、引受け、代金支払いがなされれば、「株式を公開価格で取得できる利益」を得たわけであるから、賄賂罪が成立し、上場後に株価が上がったか否かは関係ないことになる。従来、判例は賄賂概念を拡張する傾向にあり、本決定はその枠内にあるものとして通説によって支持され得るであろう。

本件の要件のもとで賄賂性を肯定しても、不当に処罰範囲が広がるわけではないので、本決定は妥当である。

86 社交儀礼と賄賂罪

最判昭 50・4・24（判時 774 号 119 頁，判タ 321 号 66 頁）

事実　被告人Xは，昭和 41 年 3 月上旬ころから同 43 年 3 月下旬ころにかけて，国立大学付属中学校教諭としての学習指導などの職務に関し，生徒Aらの父母 9 名から前後 12 回にわたり，贈答用小切手 12 通額面合計 12 万円を受け取った。Xは，収賄罪で起訴された。

第 1 審は，うち 3 回の収受につき有罪，9 回の収受の点につき無罪を言い渡した。被告人側から控訴がなされ，原審は，控訴を棄却した。

被告人側から上告がなされたが，最高裁の本判決は，職権調査により，原判決を破棄し，次のように判示して原審に差し戻している。

争点　国立大学付属中学校教諭が生徒の親から職務に関して社交儀礼として贈与を受けたばあい，収賄罪が成立するか。

判旨　「小切手の授受についてみると，それが供与されたのは，被告人が新規に右Ａの学級担任になった直後の時期においてであるところ，……かねてから子女の教員に対しては季節の贈答や学年初めの挨拶を慣行としていたものであって，これらの贈答に関しては，儀礼的挨拶の限度を超えて，教育指導につき他の生徒に対するより以上の特段の配慮，便益を期待する意図があったとの疑惑を抱かせる特段の事情も認められないのであるから，本件小切手の供与についても，被告人が新しく学級担任の地位についたことから父兄からの慣行的社交儀礼として行われたものではないかとも考えられる余地が十分存するのであって，右供与をもって直ちに被告人が学級担任の教諭として行うべき教育指導の職務行為そのものに関する対価的給付であると断ずるには，記録上窺知することのできる被告人に対する他の父兄からの贈答状況，金額，被告人以外の教員の場合における同種事情，被告人が無罪とされた他の 9 個の事実との対比等の諸事情一切を総合考慮するときは，なお合理的な疑が存するものといわなければならないのである。」

2 年間学級主任を担当した 2 名の生徒の父母からの贈答用小切手の

> 供与に関して「前記2件の供与をもって，被告人の教諭としての公的職務に関し，これに対してなされたものであると断定するには，なお合理的な疑いの存することを払拭することができず，右2件の供与は，被告人の職務行為を離れた，むしろ私的な学習上生活上の指導に対する感謝の趣旨と，被告人に対する敬慕の念に発する儀礼の趣旨に出たものではないかと思われる余地があると言わなくてはならない。」

解説 本件においては，公務員である国立大学付属中学校の教諭が，その職務に関して中元・歳暮などの社交的儀礼としての贈与を受け取った行為は，収賄罪を構成するか否か，が問題となった。

この点に関して，大審院の判例の主流は，職務に関する贈物と社交的儀礼としての贈物は両立し得ない関係にあると解している。両者の区別は，「職務行為に対する対価」と見られ得るか否か，によることになる。

職務行為に対する報酬であっても，社交儀礼に属するものであれば「不法の利益」には当たらないとする学説も，主張されている。社交儀礼としての贈答について賄賂罪の成立が否定されるのは，社会一般の通常の社交儀礼とし評価される程度の価額，頻度であれば，職務の公正に対する社会の信用は害されていないからである。

本判決は，社交的儀礼としてなされた贈与が職務行為に対する対価関係を有すると断定するには疑いがあるとしている。すなわち，本判決は，「かねてから子女の教員に対しては季節の贈答や学年初めの挨拶を慣行としたものであって，これらの贈答に関しては，儀礼的挨拶の限度を超えて，教育指導につき他の生徒に対する以上の特段の配慮，便益を期待する意図があったとの疑惑を抱かせる特段の事情も認められない」から，「本件小切手の供与についても，被告人が新しく学級担任の地位についたことから父兄からの慣行的社交儀礼として行われたものではないかとも考えられる余地が十分存するのであって，右供与をもって直ちに被告人が学級担任の教諭として行うべき教育指導の職務行為そのものに関する対価的給付であると断ずるには……なお合理的な疑いが存する」として，原判決を破棄し原裁判所に差し戻したのである。これは，判例の主流の立場から，社交的儀礼としての贈与が職務行為との対価関係が否定され得ることをみとめたものであると解される。

87 「職務に関し」の意義（1）
──大学設置審事件
最決昭59・5・30（刑集38巻7号2682頁）

事実 国立医科歯科大学教授の被告人Xは，大学の設置の認可などに関する事項を調査審議する大学設置審議会の委員および同審議会内の設立歯科大学の専門課程における教員組織の適否を審査する歯学専門委員会の構成員をしていたところ，ある歯科大学設立準備委員会の実行委員をしていたYから，その歯科大学の設置認可申請の調査審議に関して便宜な取扱いを受けたい旨でまたはその取扱いを受けたことの謝礼として供与されるものであることの情を知りながら，現金合計150万円などの供与を受けた。XおよびYは，収賄罪・贈賄罪でそれぞれ起訴された。

第1審は，贈収賄の成立をみとめ，被告人両名を有罪とした。これに対して被告人両名から控訴がなされたが，原審も贈賄罪の成立を肯定して控訴を棄却した。

被告人側から上告がなされたが，最高裁の本決定は，次のように判示して上告を棄却している。

争点 大学設置審議会委員・同会内の歯学専門委員会委員Xが，教員予定者の教員資格を予め判定し，中間的審査結果を事前に通知する行為は，職務に密接な関係のある行為といえるか。

決定要旨「Xは，文部大臣の任命により同大臣の諮問に応じて大学の設置の認可等に関する事項を調査審議する大学設置審議会の委員をし，同時に歯科大学の専門課程における教員の資格等を審査する同審議会内の歯学専門委員会の委員をしていたところ，歯科大学設置の認可申請をしていた関係者らに対し，各教員予定者の適否を右専門委員会における審査基準に従って予め判定してやり，あるいは同専門委員会の中間的審査結果をその正式通知前に知らせてやったというのであって，Xの右各行為は，右審議会の委員であり且つ右専門委員会の委員である者としての職務に密接な関係のある行為というべきであるから，これ

を収賄罪にいわゆる職務行為にあたるとした原判断は，正当である。」

解説 本件においては，「賄賂」の要件の1つである「職務」関連性の存否が問題となった。具体的には職務との「密接関連性」の存否が争われたのである。

まず，賄賂は，職務に関する報酬であることを要する。「職務に関し」（刑197条1項）は，「職務に関連して」という意味であり，職務行為自体に対するばあいのほか，「職務と密接な関係を有する行為」（準職務行為・事実上所管する職務行為）に対するばあいをも含む（大判大2・12・9刑録19輯1393頁，最判昭25・2・28刑集4巻2号268頁）。職務の範囲は，職務の公正とそれに対する社会一般の信頼を保護する見地から決められるべきであるから，公務員が法律上有する権限の範囲とは必ずしも一致しない。

「職務と密接な関係のある行為」とは，公務員の職務を根拠として，当該公務員が事実上，所管し執務すべき行為をいう（最決昭31・7・12刑集10巻7号1058頁）。判例は，早くから「職務自体なることを要せず，其職務に干渉するものなるを以て足る。即ち，賄賂の対価たる給付が公務員又は仲裁人の職務執行たる行為に属せざるも，其職務執行と密接の関係を有するに於ては，職務に関して収賄若くは贈賄の行為ありと謂ふを妨げず」として，これをみとめてきた（大判大2・12・9刑録19輯1393頁）。これは，最高裁判例によって踏襲されている（最判昭25・2・28刑集4巻2号268頁ほか多数）。

職務との密接関連性の基準に関して，学説は，公務としての性格を有するか（公務説），本来の職務行為に対して影響力を有するか（影響力説），公務員たる地位を利用して行為の相手方に対する影響力が行使されたか（地位利用説）を基準とする見解が主張されている。

本決定は，大学設置審議会およびその歯学専門委員会の委員が，教員予定者の適否をあらかじめ判定し，同委員会の中間的審査結果を正式通知前に知らせた行為は，同審議会および委員会の委員としての「職務と密接な関係のある行為」というべきであるから，職務行為に当たるとしている。本決定は，「職務に密接な関係のある行為」について新たな事例を加えるもので，判例として重要な意義を有する。

88 「職務に関し」の意義（2）
──ロッキード事件（丸紅ルート）

最[大]判平 7・2・22（刑集 49 巻 2 号 1 頁）

事実　昭和47年8月，ロッキード社の日本販売代理店である丸紅の社長Ｘら被告人が，同社製の航空機（L1011型機）の全日空への売り込みに際し，内閣総理大臣Ｙに対して，全日空にＬ1011型機の購入を勧奨する行政指導をするよう運輸大臣を指揮すること（Ａルート），Ｙ自ら直接全日空に同趣旨の働きかけをすること（Ｂルート）を依頼して，請託し，その成功報酬として現金5億円の供与を約束し，その後，全日空がL1011型機の購入を決定し，5億円の授受がなされた。Ｘらは，贈賄罪で起訴された。

第1審は，Ａルートについて，内閣総理大臣の指揮監督権限をみとめ，Ｂルートについて，内閣総理大臣の準職務行為として贈賄罪の成立をみとめた。被告人側からの控訴に対して原審は控訴を棄却した。被告人側から上告がなされ，本判決は次のように判示して上告を棄却している。

争点　内閣総理大臣が，運輸大臣に対し，民間会社に特定機種の航空機の選定購入を勧奨するように働きかけることは，内閣総理大臣の職務権限に属するか。

判旨　「内閣総理大臣は，憲法上，行政権を行使する内閣の首長として（66条），国務大臣の任免権（68条），内閣を代表して行政各部を指揮監督する職務権限（72条）を有するなど，内閣を統率し，行政各部を統轄調整する地位にあるものである。そして，内閣法は，閣議は内閣総理大臣が主宰するものと定め（4条），内閣総理大臣は，閣議にかけて決定した方針に基づいて行政各部を指揮監督し（6条），行政各部の処分又は命令を中止させることができるものとしている（8条）。このように，内閣総理大臣が行政各部に対し指揮監督権を行使するためには，閣議にかけて決定した方針が存在することを要するが，閣議にかけて決定した方針が存在しない場合においても，内閣総理大臣の右のような地位及び権限に照らすと，流動的で多様な行政需要に遅滞な

> く対応するため，内閣総理大臣は，少なくとも，内閣の明示の意思に反しない限り，行政各部に対し，随時，その所掌事務について一定の方向で処理するよう指導，助言等の指示を与える権限を有するものと解するのが相当である。」
>
> 「運輸大臣が全日空に対しL1011型機の選定購入を勧奨する行為は，運輸大臣の職務権限に属する行為であり，内閣総理大臣が運輸大臣に対し右勧奨行為をするよう働き掛ける行為は，内閣総理大臣の運輸大臣に対する指示という職権権限に属する行為ということができる。」

解説 本件においては，内閣総理大臣の職務権限が問題となった。判例によれば，職務は，当該公務員の一般的な職務権限に属するものであれば足り，本人が具体的に担当している事務であることを要しないとされる（最判昭37・5・29刑集16巻5号528頁）。本判決も，「公務員が具体的事情の下においてその行為を適法に行うことができたかどうかは，問うところではない」と判示し，従来の判例と同じ立場に立つことを明言している。本判決の特徴は，その結論に至る理由を，「公務員が右のような行為の対価として金品を収受することは，それ自体，職務の公正に対する社会一般の信頼を害する」ことに求めている点にある。これは，信頼保護説を採ることを改めて明らかにするものである。

本判決は，内閣総理大臣の職務権限について，内閣総理大臣は，憲法上，内閣法上の地位および権限に照らし，閣議にかけて決定した方針が存在しないばあいでも，内閣の明示の意思に反しないかぎり，行政各部に対し指示を与える権限を有するから，内閣総理大臣が運輸大臣に対し，民間航空会社に特定機種の航空機の選定購入を勧奨するように働きかけることは，運輸大臣に対する指示として，賄賂罪の職務行為に当たる旨判示している。これは，組織法，作用法を根拠としてみとめられる任務，所掌事務を比較的緩やかに解し，その範囲内でなされる行政指導は公務員の職務権限に基づく職務行為であるとしたものと理解されている。この点は，賄賂罪の要件である「職務に関して」の意義の理解にとって重要な意義を有する。このように，本判決が，職務権限を比較的広く把握し，従来の見地においては職務密接関連行為とされ得た行為を「職務行為」と解している点が重要であるとされる。

89 抽象的職務権限の変更と賄賂罪の成否

最決昭 58・3・25（刑集 37 巻 2 号 170 頁）

事実 H県職員で昭和46年4月から50年3月末まで，同県建築部建築振興課宅建業係長として，宅建業者に対する指導監督および同業者で組織する社団法人同県宅地建物取引業協会に対する指導助言などの職務に従事していたAは，昭和50年4月1日に同県建築部建築総務課課長補佐に任命されると同時に同県住宅供給公社に出向となり，同公社開発部参事兼開発課長となった。宅建業を営む株式会社の代表取締役で前記協会常任理事兼総務委員長で同協会の支部長であった被告人Xは，昭和50年7月末頃，Aから前記協会の指導育成および同協会支部所属の宅建業者に対する指導監督などに便宜な取計いを受けたことの謝礼の趣旨で，Aに対し現金50万円を供与した。Xは，贈賄罪で起訴された。

　第1審は，Xに贈賄罪の成立をみとめて懲役8月に処した。被告人側から控訴がなされたが，原審は控訴を棄却した。被告人側から上告がなされ，上告趣意において一般的職務権限を異にする職員に転じた後になされた現金の授受は贈賄罪を構成しないなどの主張がなされた。最高裁の本決定は，次のように判示して上告を棄却している。

争点 県建築部建設振興課係長から抽象的職務権限を異にする同県住宅供給公社に出向した者に対して，係長当時に便宜を受けたことの謝礼として金銭を供与したばあい，贈賄罪が成立するか。

決定要旨 「贈賄罪は，公務員に対し，その職務に関し賄賂を供与することによって成立するものであり，公務員が一般的職務権限を異にする他の職務に転じた後に前の職務に関して賄賂を供与した場合であっても，右供与の当時受供与者が公務員である以上，贈賄罪が成立するものと解すべきである（最高裁昭和26年(あ)第2529号同28年4月25日第二小法廷決定・刑集7巻4号881頁，同26年(あ)第2452号同28年5月1

日第二小法廷判決・刑集7巻5号917頁参照)。これを本件についてみると、被告人は、外1名と共謀の上、原判示Aに対し、兵庫県建築部建築振興課宅建業係長としての職務に関し現金50万円を供与したというのであって、その供与の当時、右Aは兵庫県住宅供給公社に出向し、従前とは一般的職務権限を異にする同公社開発部参事兼開発課長としての職務に従事していたものであったとしても、同人が引き続き兵庫県職員(建築部建築総務課課長補佐)としての身分を有し、また、同公社職員は地方住宅供給公社法20条により公務員とみなされるものである以上、被告人らの右所為につき贈賄罪が成立するものというべきであり、これと同旨の原判断は相当である。」

解説 本件においては、公務員が、その一般的職務権限を異にする他の職務に転じた後に、転職前の職務に関して賄賂罪が成立するか否か、が問題となった。抽象的職務権限を同じくする過去の職務に関して賄賂を収受したばあいに収賄罪の成立がみとめられるのは、過去の担当職務が買収されたから、または「将来に向って」職務の公正が害されるからであって、その理は、一般的職務権限を異にする職場に転職した後の収賄についても当てはまる。つまり、転職により一般的・抽象的職務権限を異にする職務に従事するばあい、収受者が公務員である以上、過去にその者が現に担当していた職務に関して賄賂が供与されたかぎり、その「職務の公正」に対する一般の信頼は害されるので、賄賂罪が成立するのである。

大審院の判例は、転職により職務権限の同一性が失われたばあいには贈収賄罪は成立しないとしたが(大判大4・7・10刑録21輯1011頁)、最高裁の判例は、積極説を採っている(最決昭28・4・25刑集7巻4号881頁、最判昭28・5・1刑集7巻5号917頁)。これらの事案は、抽象的職務権限の同一性は失われていないとも解され得るものであるとされる。

本決定は、転職により明らかに抽象的権限を異にするに至った事案において、「公務員が一般的職務権限を異にする他の職務に転じた後に前の職務に関して賄賂を供与した場合であっても、右供与の当時受供与者が公務員である以上、贈賄罪が成立する」と判示して、積極説の立場に立つことを明言している点で、きわめて重要な判例である。

90 公務員職権濫用罪の成否
——盗聴事件

最決平元・3・14（刑集43巻3号283頁）

【事実】 警察官であるXおよびYは、職務として、A党に関する警備情報を得るため、他の警察官とも意思を通じたうえ、同党中央委員会国際部長B方の電話を盗聴したが、それが電気通信事業法違反の違法行為であるため、電話回線への工作など盗聴行為全般を通じ警察官による行為でないことを装う行動をとっていた。

Bが、公務員職権濫用罪で告訴したが不起訴処分になったので、事件を裁判所の審判に付することを求めたところ、原々審東京地裁がこれを棄却し、原審東京高裁がこれに対する抗告も棄却したため、さらに本件特別抗告の申立てに及んだ。

本決定は、抗告を棄却し職権による判断をして次のように判示している。

【争点】 公務員職権濫用罪における職権は、行為の相手方の意思に働きかけ、これに影響を与える性質のものであることを要するか。警察官による行為ではないことを装ってなされた盗聴行為は、警察官の職権濫用に当たるか。

【決定要旨】 「刑法193条の公務員職権濫用罪における『職権』とは、公務員の一般的職務権限のすべてをいうのではなく、そのうち、職権行使の相手方に対し法律上、事実上の負担ないし不利益を生ぜしめるに足りる特別の職務権限をいい（最高裁昭和55年（あ）第461号同57年1月28日第二小法廷決定・刑集36巻1号1頁参照）、同罪が成立するには、公務員の不法な行為が右の性質をもつ職務権限を濫用して行われたことを要するものというべきである。すなわち、公務員の不法な行為が職務としてなされたとしても、職権を濫用して行われていないときは同罪が成立する余地はなく、その反面、公務員の不法な行為が職務とかかわりなくなされたとしても、職権を濫用して行われたときには同罪が成立することがあるのである（前記昭和57年1月28日第二小法廷

> 決定，最高裁昭和58年(あ)第1309号同60年7月16日第三小法廷決定・刑集39巻5号245頁参照)。これを本件についてみると，被疑者らは盗聴行為の全般を通じて終始何人に対しても警察官による行為ではないことを装う行動をとっていたというのであるから，そこに警察官に認められている職権の濫用があったとみることはできない。したがって，本件行為が公務員職権濫用罪に当たらないとした原判決は，正当である。」

解説 公務員職権濫用罪に関する判例が少ないうえ，本決定は，従来，あまり論議されなかった点に関する判断を示しているので，判例上，きわめて重要な意義を有する。

本決定は，①最決昭57・1・28（刑集36巻1号1頁）および②最決昭60・7・16（刑集39巻5号245頁）を援用しつつ，「何人に対しても警察官による行為でないことを装う行動をとっていた」ことを理由にして本罪の成立を否定している。①は，「職権」について，法律上の強制力はなくても「これに応ずべき事実上の負担を生じせしめる効果」を有するものであればよいとし，②は，「職権行使としての外形」を備えることによって職権行使と誤信させるばあいも職権濫用に当たるとした。本決定は，①を拡張して「法律上，事実上の負担ないし不利益を生じせしめるに足りる」職務権限と解しているが，「不利益」という観念を導入することにより，客観的利益侵害がすべて包括される余地が生ずる。これは，職権濫用罪の本質の把握を強要罪型から客観的利益侵害型に転換するものと解されている。

①②の事案は，公務員の正当な職権行使を仮装したものであるが，本決定は，逆に「警察官による行為ではないことを装う行動」を取っていた事案であり，このことを理由に職権の濫用はないとしている。そうすると，「警察官による行為」であることを示さないかぎり，警察官の職権の濫用はないという結論に到達せざるを得ないが，これは，問題であろう。本件のように，秘密裡になされた職権行使による利益侵害はあり得るからである。

本決定は，職務権限を広げて強要罪型からの脱皮の可能性を包含しつつ，職権行使の明視性を要求して強要罪型への回帰の足掛かりを残す点に，なお問題があるとされている。

判例索引

■大審院・最高裁判所

大判明 35・9・22 刑録 8 輯 27 頁……………………………………303
大判明 42・4・16 刑録 15 輯 452 頁…………………………………235
大判明 42・6・8 刑録 15 輯 728 頁……………………………………205
大判明 42・6・10 刑録 15 輯 750 頁…………………………………265
大判明 43・3・4 刑録 16 輯 384 頁……………………………………241
大判明 43・5・1 刑録 16 輯 1012 頁…………………………………205
大判明 43・5・23 刑録 16 輯 906 頁…………………………………175
大判明 43・6・17 刑録 16 輯 1210 頁………………………196, 197
大判明 43・7・5 刑録 16 輯 1361 頁…………………………………177
大判明 43・9・22 刑録 16 輯 1531 頁…………………………………177
大判明 43・10・11 刑録 16 輯 1620 頁…………………………………47
大判明 44・3・21 刑録 17 輯 445 頁…………………………………299
大判明 44・3・24 刑録 17 輯 458 頁…………………………………277
大判明 44・4・24 刑録 17 輯 655 頁…………………………………249
大判明 44・11・27 刑録 17 輯 2041 頁………………………………217
大判明 45・1・15 刑録 18 輯 1 頁……………………………………299
大判明 45・4・8 刑録 18 輯 443 頁……………………………………231
大判大元・11・28 刑録 18 輯 1431 頁………………………………225
大判大 2・2・7 刑録 19 輯 194 頁……………………………………299
大判大 2・4・17 刑録 19 輯 479 頁……………………………………133
大判大 2・12・9 刑録 19 輯 1393 頁………………………177, 309
大判大 2・12・19 刑録 19 輯 1472 頁…………………………………231
大判大 2・12・24 刑録 19 輯 1517 頁…………………………………245
大判大 3・1・21 刑録 20 輯 41 頁……………………………………229
大判大 3・3・23 刑録 20 輯 326 頁……………………………………231
大判大 3・4・29 刑録 20 輯 654 頁……………………………………302
大判大 3・5・12 刑録 20 輯 856 頁……………………………………217
大判大 3・6・9 刑録 20 輯 247 頁……………………………………245
大判大 3・12・24 刑録 20 輯 2615 頁……………………………………35

大判大 4・2・26 刑録 21 輯 164 頁 ……………………………205
大判大 4・6・2 刑録 21 輯 721 頁……………………………233
大判大 4・7・10 刑録 21 輯 1011 頁 …………………………313
大判大 4・8・24 刑録 21 輯 1244 頁 …………………………301
大判大 6・5・23 刑録 23 輯 517 頁 ……………………………233
大判大 6・9・10 刑録 23 輯 999 頁……………………………95
大判大 7・5・14 刑録 24 輯 605 頁 ……………………………287
大判大 7・11・16 刑録 24 輯 1352 頁 …………………………84
大判大 7・12・6 刑録 24 輯 1506 頁……………………………161
大判大 7・12・18 刑録 24 輯 1558 頁 …………………………8
大判大 8・4・18 新聞 1556 号 25 頁……………………………163
大判大 8・7・31 刑録 25 輯 899 頁……………………………15
大判大 9・2・4 刑録 26 輯 26 頁 ……………………………187
大判大 9・5・4 刑録 26 輯 329 頁 ……………………………35
大判大 9・11・17 刑録 26 輯 837 頁……………………………217
大判大 9・12・24 刑録 26 輯 938 頁……………………………259
大判大 10・3・7 刑録 27 輯 158 頁 ……………………………235
大判大 10・10・24 刑録 27 輯 643 頁 …………………………171
大判大 11・7・4 刑集 1 巻 381 頁………………………………217
大判大 11・7・12 刑集 1 巻 393 頁 ……………………229, 231, 233
大判大 11・11・7 刑集 1 巻 642 頁 ……………………………179
大判大 11・12・22 刑集 1 巻 815 頁 …………………………205
大判大 12・4・14 刑集 2 巻 336 頁 ……………………………233
大判大 12・5・9 刑集 2 巻 401 頁………………………………297
大判大 12・6・16 刑集 2 巻 546 頁 ……………………………265
大判大 12・7・2 刑集 2 巻 610 頁 ……………………………111, 115
大判大 12・10・13 刑集 2 巻 700 頁……………………………277
大判大 13・12・12 刑集 3 巻 867 頁 …………………………62
大判大 14・1・28 刑集 4 巻 14 頁………………………………117
大判大 14・2・20 刑集 4 巻 73 頁 ……………………………109
大判大 14・5・26 刑集 4 巻 325 頁 ……………………………149
大判大 15・3・24 刑集 5 巻 117 頁 ……………………………169
大判昭 2・7・21 刑集 6 巻 357 頁 ……………………………285
大判昭 2・11・15 新聞 2780 号 14 頁……………………………27

大判昭 3・12・13 刑集 7 巻 766 頁	163
大判昭 4・5・16 刑集 8 巻 251 頁	204
大判昭 5・5・26 刑集 9 巻 342 頁	179
大判昭 5・8・5 刑集 9 巻 534 頁	217
大判昭 5・9・18 刑集 9 巻 668 頁	301
大判昭 5・11・22 刑集 9 巻 823 頁	130
大判昭 6・7・2 刑集 10 巻 303 頁	251
大判昭 6・7・8 刑集 10 巻 312 頁	29
大判昭 6・10・29 刑集 10 巻 511 頁	203
大判昭 7・1・25 刑集 11 巻 1 頁	55
大判昭 7・3・24 刑集 11 巻 296 頁	287
大判昭 8・4・15 刑集 12 巻 427 頁	141
大判昭 8・9・11 刑集 12 巻 1599 頁	221
大判昭 9・4・23 刑集 13 巻 517 頁	221
大判昭 9・7・19 刑集 13 巻 983 頁	222
大判昭 9・8・2 刑集 13 巻 1011 頁	179
大判昭 9・10・19 刑集 13 巻 1473 頁	81
大判昭 10・2・13 刑集 14 巻 83 頁	109
大判昭 10・6・6 刑集 14 巻 631 頁	251
大判昭 11・11・12 刑集 15 巻 1431 頁	109
大判昭 11・12・7 刑集 15 巻 1561 頁	56
大判昭 12・2・27 刑集 16 巻 241 頁	175
大判昭 12・9・21 刑集 16 巻 1303 頁	87
大判昭 12・11・19 刑集 16 巻 1513 頁	163
大判昭 13・3・11 刑集 17 巻 237 頁	8
大判昭 17・8・11 新聞 4794 号 16 頁	132
最判昭 23・3・16 刑集 2 巻 3 号 227 頁	26, 231
最判昭 23・6・5 刑集 2 巻 7 号 641 頁	176
最判昭 23・6・22 刑集 2 巻 7 号 694 頁	55
最判昭 23・11・2 刑集 12 巻 1443 頁	241
最判昭 23・11・18 刑集 2 巻 12 号 1614 頁	194
最判昭 24・2・8 刑集 3 巻 2 号 75 頁	195
最判昭 24・2・8 刑集 3 巻 2 号 113 頁	99
最判昭 24・4・5 刑集 3 巻 4 号 421 頁	64

最判昭24・5・17刑裁集10号177頁 …………………………………………93
最[大]判昭24・5・18刑集3巻6号772頁…………………………………61
最判昭24・5・21刑集3巻6号858頁………………………………188, 189
最判昭24・5・28刑集3巻6号873頁………………………………………202
最判昭24・6・28刑集3巻7号1129頁……………………………………245
最判昭24・7・9刑集3巻8号1174頁………………………………………87
最判昭24・7・12刑集3巻8号1237頁…………………………111, 115, 125
最判昭24・8・9刑集3巻9号1440頁……………………………………296
最判昭24・8・18刑集3巻9号1465頁…………………………………59, 61
最判昭24・10・1刑集3巻10号1629頁…………………………………102
最判昭24・10・20刑集3巻10号1660頁…………………………………232
最判昭24・11・8刑裁集14号477頁 ………………………………………27
最判昭24・12・17刑集3巻12号2028頁…………………………………114
最[大]判昭24・12・21刑集3巻12号2048頁……………………………125
最判昭24・12・24刑集3巻12号2088頁…………………………………201
最判昭25・2・28刑集4巻2号268頁……………………………………309
最判昭25・4・21刑集4巻4号655頁……………………………………235
最判昭25・5・25刑集4巻5号854頁……………………………………240
最判昭25・7・4刑集4巻7号1168頁……………………………………174
最判昭25・7・11刑集4巻7号1261頁 ……………………………………29
最判昭25・10・20刑集4巻10号2115頁…………………………………291
最判昭25・12・5刑集4巻12号2475頁…………………………………175
最[大]判昭26・1・17刑集5巻1号20頁…………………………………72
最判昭26・5・10刑集5巻6号1026頁……………………………………279
最判昭26・5・25刑集5巻6号1186頁……………………………………220
最判昭26・6・1刑集5巻7号1222頁……………………………………179
最判昭26・6・7刑集5巻7号1236頁………………………………………45
最判昭26・8・17刑集5巻9号1789頁………………………………………36
最判昭27・9・19刑集6巻8号1083頁……………………………………117
最判昭27・12・25刑集6巻12号1387頁…………………………………263
最決昭28・3・5刑集7巻3号506頁………………………………………35
最判昭28・3・13刑集7巻3号529頁………………………………………83
最決昭28・4・25刑集7巻4号881頁……………………………………313
最判昭28・5・1刑集7巻5号917頁………………………………………313

最[大]判昭29・1・20 刑集 8 巻 1 号 41 頁 ……………………………………92
最判昭29・3・2 刑裁集93号59頁 ……………………………………107
最決昭29・5・27 刑集 8 巻 5 号 741 頁 ……………………………………130
最判昭29・8・20 刑集 8 巻 8 号 1277 頁 …………………………………141
最判昭29・11・9 刑集 8 巻 11 号 1742 頁 ………………………292, 293
最判昭30・4・8 刑集 9 巻 4 号 827 頁 ……………………………………218
最[大]判昭30・6・22 刑集 9 巻 8 号 1189 頁 ……………………………254
最決昭30・7・7 刑集 9 巻 9 号 1856 頁 …………………………………212
最判昭30・10・14 刑集 9 巻 11 号 2173 頁 ………………………178, 181
最判昭31・1・22 刑集 11 巻 1 号 31 頁 ……………………………………55
最決昭31・7・12 刑集 10 巻 7 号 1058 頁 ………………………………309
最判昭31・12・7 刑集 10 巻 12 号 1592 頁 ………………………………224
最判昭31・12・11 刑集 10 巻 12 号 1605 頁 ………………………………79
最[大]判昭32・3・13 刑集 11 巻 3 号 997 頁 ……………………32, 279
最判昭32・3・28 刑集 11 巻 3 号 1275 頁 …………………………………47
最判昭32・4・4 刑集 11 巻 4 号 1327 頁 …………………………………234
最判昭32・7・18 刑集 11 巻 7 号 1861 頁 ………………………125, 203
最判昭32・8・1 刑集 11 巻 8 号 2065 頁 …………………………………205
最決昭32・9・10 刑集 11 巻 9 号 2202 頁 …………………………………87
最判昭32・9・13 刑集 11 巻 9 号 2263 頁 …………………………………196
最判昭32・10・4 刑集 11 巻 10 号 2464 頁 ………………………………262
最判昭32・11・8 刑集 11 巻 12 号 3061 頁 ………………………………182
最[大]判昭32・11・27 刑集 11 巻 12 号 3113 頁 …………………………7
最判昭33・2・24 刑集 12 巻 2 号 297 頁 …………………………………56
最判昭33・3・28 刑集 12 巻 4 号 708 頁 …………………………………293
最決昭33・4・10 刑集 12 巻 5 号 877 頁 …………………………………126
最判昭33・4・18 刑集 12 巻 6 号 1090 頁 …………………………………45
最[大]判昭33・5・28 刑集 12 巻 8 号 1718 頁 ……………………………98
最判昭33・7・10 刑集 12 巻 11 号 2471 頁 ………………………………78
最判昭33・7・25 刑集 12 巻 12 号 2746 頁 ………………………………45
最判昭33・9・9 刑集 12 巻 13 号 2882 頁 …………………………………8
最決昭33・9・16 刑集 12 巻 13 号 3031 頁 ………………………………259
最判昭33・9・30 刑集 12 巻 13 号 3151 頁 ………………………………290
最判昭33・10・10 刑集 12 巻 14 号 3246 頁 ……………………………223

最判昭 33・11・21 刑集 12 巻 15 号 3519 頁 …………………………………136
最判昭 34・2・9 刑集 13 巻 1 号 76 頁…………………………229, 231, 233
最判昭 34・5・7 刑集 13 巻 5 号 641 頁 ………………………162, 163, 167
最判昭 34・7・3 刑集 13 巻 7 号 1099 頁…………………………………231
最決昭 34・9・28 刑集 13 巻 11 号 2993 頁 …………………………206, 209
最判昭 35・2・4 刑集 14 巻 1 号 61 頁 ……………………………………60
最判昭 35・2・18 刑集 14 巻 2 号 138 頁…………………………………253
最判昭 35・3・18 刑集 14 巻 4 号 416 頁 …………………………………152
最判昭 35・4・26 刑集 14 巻 6 号 748 頁 …………………………………181
最判昭 35・6・24 刑集 14 巻 8 号 1103 頁 ………………………………294
最決昭 36・8・17 刑集 15 巻 7 号 1293 頁 ………………………………298
最判昭 37・3・23 刑集 16 巻 3 号 305 頁 …………………………………94
最判昭 37・5・4 刑集 16 巻 5 号 510 頁…………………………………35
最判昭 37・5・29 刑集 16 巻 5 号 528 頁…………………………………311
最［大］判昭 38・4・17 刑集 17 巻 3 号 229 頁 ……………………128, 129
最判昭 38・5・10 刑集 17 巻 4 号 261 頁 …………………………………221
最判昭 38・11・12 刑集 17 巻 11 号 2399 頁 ……………………………127
最決昭 39・1・28 刑集 18 巻 1 号 31 頁 …………………………………140
最決昭 40・3・9 刑集 19 巻 2 号 69 頁 …………………………………80
最判昭 40・3・26 刑集 19 巻 2 号 83 頁 …………………………………6
最決昭 40・3・30 刑集 19 巻 2 号 125 頁 …………………………………117
最判昭 41・4・8 刑集 20 巻 4 号 207 頁 …………………………………184
最決昭 41・4・14 判時 449 号 64 頁，判タ 191 号 146 頁 ………286, 287
最決昭 41・12・20 刑集 20 巻 10 号 1212 頁………………………………41
最判昭 42・3・7 刑集 21 巻 2 号 417 頁 …………………………………116
最［大］判昭 42・5・24 刑集 21 巻 4 号 505 頁…………………………284
最判昭 42・10・13 刑集 21 巻 8 号 1097 頁 ………………………………40
最決昭 42・12・21 刑集 21 巻 10 号 1453 頁 ……………………………217
最決昭 43・2・27 刑集 22 巻 2 号 67 頁…………………………………74
最判昭 43・6・25 刑集 22 巻 6 号 490 頁 …………………………………274
最判昭 43・6・28 刑集 22 巻 6 号 569 頁 …………………………………236
最決昭 43・9・17 刑集 22 巻 9 号 853 頁 …………………………………125
最決昭 43・9・17 刑集 22 巻 9 号 862 頁 …………………………………83
最判昭 43・12・24 刑集 22 巻 13 号 1625 頁 ……………………………120

最［大］判昭 44・6・18 刑集 23 巻 7 号 950 頁 ……………………………125, 276
最［大］判昭 44・6・25 刑集 23 巻 7 号 975 頁 ……………………………………166
最決昭 44・7・17 刑集 23 巻 8 号 1061 頁 …………………………………………108
最［大］判昭 44・10・15 刑集 23 巻 10 号 1239 頁 ………………………………279
最判昭 44・12・4 刑集 23 巻 12 号 1573 頁 …………………………………………59
最判昭 45・1・29 刑集 24 巻 1 号 1 頁………………………………………………158
最判昭 45・3・26 刑集 24 巻 3 号 55 頁 ……………………………………………216
最決昭 45・7・28 刑集 24 巻 7 号 585 頁 ……………………………………………82
最判昭 45・9・4 刑集 24 巻 10 号 1319 頁 …………………………………………264
最判昭 45・10・21 民集 24 巻 11 号 1560 頁 ………………………………………177
最決昭 45・12・3 刑集 24 巻 13 号 1707 頁 ……………………………………146, 149
最判昭 45・12・22 刑集 24 巻 13 号 1812 頁 ………………………………………289
最判昭 46・11・16 刑集 25 巻 8 号 996 頁……………………………………… 55, 57
最判昭 47・3・14 刑集 26 巻 2 号 187 頁…………………………………………148
最判昭 48・5・22 刑集 27 巻 5 号 1077 頁…………………………………………23
最［大］判昭 49・5・29 刑集 28 巻 4 号 114 頁 ………………………13, 126, 133
最判昭 50・4・24 判時 774 号 119 頁，判タ 321 号 66 頁…………………………306
最決昭 50・6・12 刑集 29 巻 6 号 365 頁 …………………………………………230
最判昭 50・11・28 刑集 29 巻 10 号 983 頁 …………………………………………56
最判昭 51・4・30 刑集 30 巻 3 号 453 頁…………………………………………256
最判昭 51・5・6 刑集 30 巻 4 号 591 頁 …………………………………………260
最［大］判昭 51・9・22 刑集 30 巻 8 号 1640 頁 …………………………………128
最決昭 52・7・21 刑集 31 巻 4 号 747 頁……………………………………… 54, 119
最決昭 52・12・22 刑集 31 巻 7 号 1176 頁 ………………………………………283
最決昭 53・3・22 刑集 32 巻 2 号 381 頁 ……………………………………………12
最決昭 53・5・31 刑集 32 巻 3 号 457 頁 ……………………………………………48
最判昭 53・6・29 刑集 32 巻 4 号 816 頁…………………………………………289
最判昭 53・7・28 刑集 32 巻 5 号 1068 頁…………………………………………28
最決昭 54・3・27 刑集 33 巻 2 号 140 頁 ………………………………………25, 31
最決昭 54・11・19 刑集 33 巻 7 号 710 頁 …………………………………………200
最決昭 55・10・30 刑集 34 巻 5 号 357 頁 …………………………………………186
最決昭 55・11・13 刑集 34 巻 6 号 396 頁 …………………………………………50
最判昭 55・11・28 刑集 34 巻 6 号 433 頁 …………………………………………278
最判昭 55・12・23 刑集 34 巻 7 号 767 頁 …………………………………………123

最決昭 56・4・8 刑集 35 巻 3 号 57 頁················272
最判昭 56・4・16 刑集 35 巻 3 号 84 頁················164
最決昭 56・12・22 刑集 35 巻 9 号 953 頁················267
最決昭 57・1・28 刑集 36 巻 1 号 1 頁················315
最決昭 57・2・17 刑集 36 巻 2 号 206 頁················132, 133
最判昭 57・3・16 刑集 36 巻 3 号 260 頁················125
最決昭 57・4・2 刑集 36 巻 4 号 503 頁················34
最判昭 57・5・20 刑集 38 巻 6 号 2144 頁················249
最決昭 57・7・16 刑集 36 巻 6 号 695 頁················102
最決昭 58・3・25 刑集 37 巻 2 号 170 頁················312
最判昭 58・4・8 刑集 37 巻 3 号 215 頁················160
最決昭 58・9・27 刑集 37 巻 7 号 1078 頁················124
最決昭 58・11・1 刑集 37 巻 9 号 1341 頁，判時 1099 号 35 頁，判タ 515 号 126 頁
················168
最判昭 59・2・17 刑集 38 巻 3 号 336 頁················266, 269, 271
最決昭 59・4・27 刑集 38 巻 6 号 2584 頁················47
最決昭 59・5・30 刑集 38 巻 7 号 2682 頁················308
最決昭 59・7・3 刑集 38 巻 8 号 2783 頁················70
最決昭 59・7・6 刑集 38 巻 8 号 2793 頁················15
最決昭 59・12・21 刑集 38 巻 12 号 3071 頁················238
最判昭 60・3・28 刑集 39 巻 2 号 75 頁················250
最決昭 60・7・16 刑集 39 巻 5 号 245 頁················315
最決昭 60・10・21 刑集 39 巻 6 号 362 頁················44
最[大]判昭 60・10・23 刑集 39 巻 6 号 413 頁················2
最決昭 61・2・3 刑集 40 巻 1 号 1 頁················47
最決昭 61・6・9 刑集 40 巻 4 号 269 頁················25, 30
最決昭 61・6・24 刑集 40 巻 4 号 292 頁················46
最決昭 62・2・23 刑集 41 巻 1 号 1 頁················122
最決昭 62・3・12 刑集 41 巻 2 号 140 頁················170
最決昭 62・3・24 刑集 41 巻 2 号 173 頁················156
最決昭 62・3・26 刑集 41 巻 2 号 182 頁················66
最決昭 62・7・16 刑集 41 巻 5 号 237 頁················76
最決昭 62・9・30 刑集 41 巻 6 号 297 頁················292
最決昭 63・1・19 刑集 42 巻 1 号 1 頁················150

最決昭63・2・29刑集42巻2号314頁	138
最決昭63・7・18刑集42巻6号861頁	304
最決平元・3・10刑集43巻3号188頁	288
最決平元・3・14刑集43巻3号283頁	314
最決平元・5・1刑集43巻5号405頁	300
最決平元・6・26刑集43巻6号567頁	110
最決平元・7・7刑集43巻7号607頁	180
最決平元・7・7判時1326号157頁,判タ710号125頁	242
最決平元・7・14刑集43巻7号641頁	244
最判平元・11・13刑集43巻10号823頁	58
最決平2・2・9判時1341号157頁,判タ722号234頁	24
最決平2・11・20刑集44巻8号837頁	16
最決平4・6・5刑集46巻4号245頁	118
最決平4・12・17刑集46巻9号683頁	18
最決平5・10・5刑集47巻8号7頁	268
最決平5・11・25刑集47巻9号242頁	42
最決平6・7・19刑集48巻5号190頁	188
最決平6・11・29刑集48巻7号453頁	258
最判平6・12・6刑集48巻8号509頁	112
最[大]判平7・2・22刑集49巻2号1頁	310
最判平8・2・8刑集50巻2号221頁	4
最決平9・10・21刑集51巻9号755頁	246
最決平10・11・25刑集52巻8号570頁	226
最決平11・12・9刑集53巻9号1117頁	190
最決平12・2・17刑集54巻2号38頁	171
最判平12・12・15刑集54巻9号923頁	193
最決平12・12・15刑集54巻9号1049頁	192
最決平12・12・20刑集54巻9号1095頁	38
最決平13・7・16刑集55巻5号317頁	280
最判平13・7・19刑集55巻5号371頁	208
最決平14・2・14刑集56巻2号86頁	199
最決平14・7・1刑集56巻6号265頁	228
最決平14・9・30刑集56巻7号395頁	171, 172
最判平15・1・24判時1806号157頁	22

最決平 15・3・12 刑集 57 巻 3 号 322 頁⋯⋯⋯⋯⋯⋯⋯⋯⋯⋯⋯⋯⋯⋯⋯⋯⋯⋯⋯210
最決平 15・4・14 刑集 57 巻 4 号 445 頁 ⋯⋯⋯⋯⋯⋯⋯⋯⋯⋯⋯⋯⋯⋯⋯248, 251
最決平 15・5・1 刑集 57 巻 5 号 507 頁⋯⋯⋯⋯⋯⋯⋯⋯⋯⋯⋯⋯⋯⋯⋯⋯⋯⋯⋯100
最決平 15・6・2 刑集 57 巻 6 号 749 頁⋯⋯⋯⋯⋯⋯⋯⋯⋯⋯⋯⋯⋯⋯⋯⋯⋯⋯⋯252
最決平 15・7・16 刑集 57 巻 7 号 950 頁⋯⋯⋯⋯⋯⋯⋯⋯⋯⋯⋯⋯⋯⋯⋯⋯⋯⋯⋯14
最決平 15・10・6 刑集 57 巻 9 号 987 頁⋯⋯⋯⋯⋯⋯⋯⋯⋯⋯⋯⋯⋯⋯⋯⋯⋯⋯⋯270
最決平 16・2・9 刑集 58 巻 2 号 89 頁⋯⋯⋯⋯⋯⋯⋯⋯⋯⋯⋯⋯⋯⋯⋯⋯⋯⋯⋯⋯214
最決平 16・8・25 刑集 58 巻 6 号 515 頁⋯⋯⋯⋯⋯⋯⋯⋯⋯⋯⋯⋯⋯⋯⋯⋯⋯⋯⋯183
最判平 16・12・10 刑集 58 巻 9 号 1047 頁⋯⋯⋯⋯⋯⋯⋯⋯⋯⋯⋯⋯⋯⋯⋯⋯⋯⋯198
最決平 17・3・29 刑集 59 巻 2 号 54 頁⋯⋯⋯⋯⋯⋯⋯⋯⋯⋯⋯⋯⋯⋯⋯⋯⋯⋯⋯142
最決平 17・7・4 刑集 59 巻 6 号 403 頁⋯⋯⋯⋯⋯⋯⋯⋯⋯⋯⋯⋯⋯⋯⋯⋯⋯⋯⋯⋯10
最決平 17・12・6 刑集 59 巻 10 号 1901 頁⋯⋯⋯⋯⋯⋯⋯⋯⋯⋯⋯⋯⋯⋯⋯⋯⋯⋯154
最決平 18・3・14 刑集 60 巻 3 号 363 頁⋯⋯⋯⋯⋯⋯⋯⋯⋯⋯⋯⋯⋯⋯⋯⋯⋯⋯⋯144
最決平 18・3・27 刑集 60 巻 3 号 382 頁⋯⋯⋯⋯⋯⋯⋯⋯⋯⋯⋯⋯⋯⋯⋯⋯⋯⋯⋯⋯20
最決平 18・5・16 刑集 60 巻 5 号 413 頁⋯⋯⋯⋯⋯⋯⋯⋯⋯⋯⋯⋯⋯⋯⋯⋯⋯⋯⋯282
最決平 19・7・2 刑集 61 巻 5 号 379 頁⋯⋯⋯⋯⋯⋯⋯⋯⋯⋯⋯⋯⋯⋯⋯⋯⋯⋯⋯161
最決平 20・2・18 刑集 62 巻 2 号 37 頁⋯⋯⋯⋯⋯⋯⋯⋯⋯⋯⋯⋯⋯⋯⋯⋯⋯⋯⋯189
最決平 20・4・11 刑集 62 巻 5 号 1217 頁 ⋯⋯⋯⋯⋯⋯⋯⋯⋯⋯⋯⋯⋯⋯⋯⋯⋯⋯161

■高等裁判所

名古屋高判昭 29・5・31 ジュリ 62 号 58 頁⋯⋯⋯⋯⋯⋯⋯⋯⋯⋯⋯⋯⋯⋯⋯⋯⋯⋯45
広島高裁岡山支判昭 30・11・15 刑裁特 2 巻 22 号 1173 頁⋯⋯⋯⋯⋯⋯⋯⋯⋯249
仙台高判昭 30・12・8 刑裁特 2 巻 24 号 1267 頁 ⋯⋯⋯⋯⋯⋯⋯⋯⋯⋯⋯⋯⋯⋯141
名古屋高裁金沢支判昭 32・10・29 刑裁特 4 巻 8 号 558 頁 ⋯⋯⋯⋯⋯⋯⋯⋯⋯⋯63
仙台高裁秋田支判昭 32・12・10 刑裁特 4 巻 24 号 654 頁 ⋯⋯⋯⋯⋯⋯⋯⋯⋯⋯249
名古屋高裁金沢支判昭 36・5・2 下刑集 3 巻 5＝6 号 399 頁⋯⋯⋯⋯⋯⋯⋯⋯⋯159
広島高判昭 36・7・10 高刑集 14 巻 5 号 310 頁 ⋯⋯⋯⋯⋯⋯⋯⋯⋯⋯⋯⋯⋯⋯⋯96
大阪高判昭 38・12・19 高検速報昭和 39 年 1 号 44 頁⋯⋯⋯⋯⋯⋯⋯⋯⋯⋯⋯⋯83
東京高判昭 39・6・8 高刑集 17 巻 5 号 446 頁⋯⋯⋯⋯⋯⋯⋯⋯⋯⋯⋯⋯⋯⋯⋯185
大阪高判昭 40・12・17 高刑集 18 巻 7 号 877 頁⋯⋯⋯⋯⋯⋯⋯⋯⋯⋯⋯⋯⋯⋯193
仙台高判昭 41・10・18 下刑集 8 巻 10 号 1313 頁⋯⋯⋯⋯⋯⋯⋯⋯⋯⋯⋯⋯⋯⋯125
大阪高判昭 42・5・12 高刑集 20 巻 3 号 291 頁⋯⋯⋯⋯⋯⋯⋯⋯⋯⋯⋯⋯⋯⋯⋯193
大阪高判昭 44・10・17 判タ 244 号 290 頁⋯⋯⋯⋯⋯⋯⋯⋯⋯⋯⋯⋯⋯⋯⋯⋯⋯90

大阪高判昭45・6・11判タ259号319頁……………………………………………83
東京高判昭45・11・26判タ263号355頁 …………………………………………63
福岡高判昭46・10・11刑月3巻10号1311頁……………………………………141
東京高判昭47・11・30刑月4巻11号1807頁………………………………………63
福岡高判昭48・11・29高刑集26巻5号578頁………………………………………5
札幌高判昭51・3・18高刑集29巻1号78頁………………………………………39
大阪高判昭53・7・28高刑集31巻2号118頁……………………………………125
東京高判昭53・9・21刑月10巻9＝10号1191頁…………………………………39
東京高判昭54・4・12刑月11巻4号277頁………………………………………183
福岡高判昭57・9・6高刑集35巻2号85頁………………………………………39
福岡高判昭61・3・6高刑集39巻1号1頁…………………………………………86
大阪高判昭61・6・12判時1201号153頁…………………………………………123
大阪高判昭62・7・10高刑集40巻3号720頁……………………………………104
東京高判昭62・7・16判時1247号140頁，判タ653号205頁……………………88
大阪高判昭62・10・2判タ675号246頁…………………………………………107
東京高判平2・4・24判時1350号156頁……………………………………………39
大阪高判平3・3・22判タ824号83頁………………………………………………39
東京高判平3・4・1判時1400号128頁……………………………………………183
東京高判平6・9・12判時1545号113頁……………………………………………211
札幌高判平12・3・16判時1711号170頁…………………………………………106
東京高判平16・12・15東高刑時報55巻1〜12号113頁…………………………145

■地方裁判所・簡易裁判所

仙台地判昭40・4・5下刑集7巻4号602頁………………………………………125
新潟地判昭41・2・28下刑集8巻2号305頁 ……………………………………125
東京地判昭46・3・19刑月3巻3号444頁…………………………………………149
東京地判昭47・4・8判時673号96頁 ……………………………………………125
和歌山地判昭47・9・27判時775号178頁…………………………………………215
宮崎地裁都城支判昭50・11・5判タ333号363頁………………………………125
東京地判昭55・2・14刑月12巻1＝2号47頁……………………………………187
東京地判昭58・6・1判時1095号27頁………………………………………………39
東京地判昭59・6・15判時1126号3頁……………………………………………187
東京地判昭59・6・22刑月16巻5＝6号467頁…………………………………243

大阪地判昭 59・12・7 判タ 553 号 257 頁 ……………………………………123
大阪地判昭 60・4・17 刑月 17 巻 3 = 4 号 314 頁 ………………………………39
新潟地判昭 60・7・2 刑月 17 巻 7 号 663 頁 ……………………………………185
大阪簡判昭 60・12・11 判時 1204 号 161 頁……………………………………68
東京地判昭 61・1・13 判時 1196 号 167 頁……………………………………123
大阪地判昭 61・1・17 判時 1196 号 166 頁……………………………………123
東京地判平 4・6・19 判タ 806 号 227 頁………………………………………157
千葉地判平 7・12・13 判時 1565 号 144 頁……………………………………52

〔著者略歴〕

川 端　　博（かわばた・ひろし）

昭和42年明治大学法学部卒業，司法修習終了，東京大学大学院法学政治学研究科修士課程修了

〈現職〉　明治大学法科大学院教授・法学博士，法制審議会（総会）委員，放送大学客員教授，旧司法試験委員（昭和63年度～平成9年度刑法担当），日本学術会議員（第18期・19期），新司法試験考査委員（平成18年度～同22年度刑法担当）等歴任

〈主要著書等〉

「正当化事情の錯誤」，「違法性の理論」，「錯誤論の諸相」，「財産犯論の点景」，「正当防衛権の再生」，「定点観測・刑法の判例」，「共犯論序説」，「事実の錯誤の理論」，「共犯の理論」，「風俗犯論」，「法学・刑法学を学ぶ」，「司法試験」，「集中講義刑法総論」，「集中講義刑法各論」，「刑法総論講義」，「刑法各論講義」，「刑事訴訟法講義」，「刑法各論概要」，「疑問からはじまる刑法Ⅰ（総論）・Ⅱ（各論）」，「刑法講話Ⅰ総論・Ⅱ各論」（以上，成文堂），「刑法総論25講」（青林書院），「通説刑法各論」（三省堂），「文書偽造罪の理論」（立花書房），「事例式演習教室刑法」（勁草書房），「刑法判例演習教室」（一粒社），カウフマン＝ドルンザイファー著「刑法の基本問題」（翻訳・成文堂），「論点講義刑法総論」（弘文堂），「刑法入門」（共著・有斐閣），「リーガルセミナー刑法1総論・2各論」（共著・有斐閣），「レクチャー刑法総論・各論」，「刑法基本講座（全6巻）」（共編著）（以上，法学書院），「刑事訴訟法」（共著・創成社），「刑法総論」・「刑法各論」・「刑事訴訟法」（編著・八千代出版），リュービング著「ドイツ刑法史綱要」（共訳・成文堂）ほか

刑法基本判例解説

平成24年7月25日　第1刷発行
令和6年9月25日　第6刷発行

著　者　川　端　　　博
発行者　橘　　　茂　雄
発行所　立　花　書　房

東京都千代田区神田小川町3-28-2
電　話　03-3291-1561（代表）
FAX　03-3233-2871
https://www.tachibanashobo.co.jp

©2012　Hiroshi Kawabata　　　　倉敷印刷・和光堂
乱丁・落丁の際は本社でお取り替えいたします。

立花書房 創立60周年記念出版

立花書房 好評書

裁判例コンメンタール刑法
〔全三巻〕

第一巻（§1～§72）	第二巻（§73～§211）	第三巻（§212～§264）
A5判・上製・680頁	A5判・上製・664頁	A5判・上製・664頁
定価（本体6477円＋税）	定価（本体6477円＋税）	定価（本体6477円＋税）
送料：300円	送料：300円	送料：300円
		〈事項・判例索引付〉

編集代表（50音順）
- 川端　博　明治大学法科大学院教授
- 西田　典之　元学習院大学法科大学院教授
- 原田　國男　慶應義塾大学法科大学院教授・元東京高等裁判所判事
- 三浦　守　札幌高等検察庁検事長

編集委員
- 大島　隆明　東京高等裁判所判事

第一線で遭遇する
事案に即した

刑法の理解に役立つ

- 全条文の意義、要件等を**裁判例に沿って解説**
- **全裁判例を対象に**、いわゆるリーディング・ケースと限界判・事例判例に区別して究明

好評『捜査法演習』の姉妹書！

立花書房 好評書

刑事公判法演習
理論と実務の架橋のための15講

立教大学大学院法務研究科教授 **廣瀬健二** 編

**証拠の扱い、
刑事公判の実際を学べる。
警察実務家**の学修に最適！

A5判・並製・386頁（送料：300円）
定価(本体2800円＋税)

法科大学院教育に関わる 現役裁判官 を中心に 判例・通説・実務 の運用を踏まえ 具体的事例の 分析・考察・結論 を 分かりやすく 検討・解説 した演習書

[主要目次]

序 説	刑事訴訟法(公判法)の学び方	◎廣瀬健二（立教大学大学院法務研究科教授）
第1講	訴因変更の可否	◎河村俊哉（東京地裁判事・首都大学東京法科大学院派遣裁判官）
第2講	訴因変更の要否	◎細谷泰暢（最高裁調査官、判事、元千葉大学法科大学院派遣裁判官）
第3講	訴因変更と訴訟条件	◎香川徹也（最高裁事務総局刑事局第二課長、判事）
第4講	証拠開示	◎佐藤弘規（東京地裁判事）
第5講	科学的証拠	◎下津健司（東京地裁判事、早稲田大学法科大学院派遣裁判官）
第6講	伝聞供述	◎水上洋（立教大学大学院法務研究科特任教授、弁護士）
第7講	供述書・供述録取書	◎日野浩一郎（東京地裁判事）
第8講	借用書・領収書等	◎西村真人（大阪地裁判事）
第9講	検証・鑑定	◎梅田健史（東京地検検事〔内閣官房参事官補佐併任〕、前東京地裁判事）
第10講	写真・録音・録画	◎江口和伸（福岡地家裁判事、九州大学法科大学院派遣裁判官）
第11講	自白の証拠能力	◎丹羽芳徳（千葉地裁判事、元東北大学法科大学院派遣裁判官）
第12講	違法収集証拠	◎宮田祥次（司法研修所刑事裁判教官、判事）
第13講	併合と分離	◎青木美佳（大阪地家裁堺支部判事）
第14講	立証趣旨・証人尋問	◎井戸俊一（札幌地家裁判事、北海道大学法科大学院派遣裁判官）
第15講	裁判の効力	◎梶山太郎（東京家裁判事補）

立花書房

裁判例を基にした唯一の少年法コンメンタール

立花書房 好評書

裁判例コンメンタール少年法

廣瀬健二 編
立教大学大学院法務研究科教授

逐条解説書

少年法の適正な運用を導く、同法全裁判例を総合的に考察した

裁判官や検察官として、少年事件の実務経験のある、あるいは法改正に関わった12名が執筆を担当し、理論と実務の架橋を図る！

○全条文、規則の意義、要件等を裁判例に沿って解説
○全裁判例を対象、いわゆるリーディングケースと限界判例・事例判例に区別して研究。
○1200余りの主要裁判例を掲載。事項索引・判例索引付。

立花書房 創立60周年記念出版

A5判・上製・552頁（送料：300円）
定価（本体6572円＋税）

「重要判決50選」シリーズ第2弾！

立花書房創立**60**周年記念出版

立花書房 好評書

少年事件重要判決50選

編集代表
廣瀬健二
（立教大学大学院法務研究科教授）

編集委員
川出敏裕
（東京大学大学院法学政治学研究科教授）

角田正紀
（日本大学大学院法務研究科教授）
（元東京高等裁判所判事）

丸山雅夫
（南山大学大学院法務研究科教授）

A5判・上製・336頁（送料：300円）
定価（本体3619円＋税）

気鋭の**裁判官・研究者等17名**により、
少年事件判決・決定の法則を
59判決に探る！

少年事件の事実認定、法的判断、処遇選択等の重要問題を研究。
少年事件の理念、近時の法改正の概要・意義、今後の課題にも言及。